高等学校“十二五”应用型



# 会计学

## （第2版）

陈晓园◎主　编

纪晶华　刘景波　杨丛　金花玉　高媛◎副主编

電子工業出版社

Publishing House of Electronics Industry

北京·BEIJING

## 内 容 简 介

本书以讲解会计学基本原理、基本方法、基本技能为主，以《企业会计准则》和最新会计规范为依据，结合会计实务对企业会计要素的核算及会计报表的编制、分析利用，进行了深入浅出的阐述。学习本教材可以了解会计信息的加工生成过程，理解各项会计信息指标的经济含义，并能够熟练地运用会计处理方法和阅读财务报表。



图书在版编目（CIP）数据

会计学 / 陈晓园主编. —2 版. —北京：电子工业出版社，2014.8
高等学校“十二五”应用型经管规划教材
ISBN 978-7-121-24019-5

Ⅰ. ①会⋯ Ⅱ. ①陈⋯ Ⅲ. ①会计学—高等学校—教材 Ⅳ. ①F230

中国版本图书馆 CIP 数据核字（2014）第 182390 号

策划编辑：姜淑晶
责任编辑：王凌燕
印　　刷：三河市鑫金马印装有限公司
装　　订：三河市鑫金马印装有限公司
出版发行：电子工业出版社
　　　　　北京市海淀区万寿路 173 信箱　邮编 100036
开　　本：787×1092　1/16　印张：18.25　字数：467 千字
版　　次：2009 年 1 月第 1 版
　　　　　2014 年 8 月第 2 版
印　　次：2014 年 8 月第 1 次印刷
定　　价：38.00 元

凡所购买电子工业出版社图书有缺损问题，请向购买书店调换。若书店售缺，请与本社发行部联系，联系及邮购电话：（010）88254888。
质量投诉请发邮件至 zlts@phei.com.cn，盗版侵权举报请发邮件至 dbqq@phei.com.cn。
服务热线：（010）88258888。

# 前　言

《会计学》主要作为我国高等院校经济类、管理类（非会计学专业）“会计学”课程教学之用，同时也可作为从事经济管理工作相关人员的自学和培训教材。

本书在编写过程中突出了以下几点：第一，全书在体例和内容上根据非会计学专业的培养目标，从管理者和实务的角度进行安排，目的是使读者掌握会计的基本原理和基本方法，了解会计信息的加工生成过程，理解各项会计信息指标的经济含义，并能够熟练地运用会计处理方法和阅读会计报表。第二，以会计的基本理论为基础，做到知识体系完整，内容精练；表述形式直观，由浅入深，通俗易懂。第三，为了帮助读者更好地掌握各章的内容，每章都安排了引导案例分析和相应的思考题、练习题，以加深读者对教材内容的理解，提高分析和思考能力。

本书是吉林省会计学精品课教材，是在2009年1月第1版的基础上，吸收了近几年优秀会计学教材的精华，体现我国会计准则的最新要求，并结合了我国现行的税法和公司法等相关法律规范在会计上的运用编写而成的。本书在第1版教材的基础上，做了较为全面地梳理、补充和完善，内容更加完整、准确。

本书由陈晓园教授任主编，纪晶华、刘景波、杨丛、金花玉、高媛任副主编（按姓氏笔画排序）。由陈晓园负责全书写作大纲的拟定和编写的组织工作，并对全书进行了总纂。

具体的写作分工是：第一、二章由纪晶华撰写；第三章由高媛、金花玉撰写；第四、五章由高媛撰写；第六、七章由陈晓园撰写；第八、九章由陈晓园、纪晶华撰写；第十、十一、十二章由刘景波撰写；第十三、十四章由杨丛、金花玉撰写。

在本书的编写过程中，参阅了很多同类教材和著作，在此谨向相关作者致以诚挚的谢意。本书在内容和编写思路方面做了一些新的尝试，但因水平有限，若在体系安排和表述上有不当之处，恳请广大读者和同人批评指正。

编　者

# 目 录

# 第一章

# 会计理论概述

## 学习目标

本章主要介绍会计学的基本理论。通过本章的学习，要求了解会计的本质、目标与职能；了解什么是会计信息、会计应向谁提供会计信息、提供什么样的会计信息及会计信息生成的过程；理解会计核算的基本前提和会计要素确认、计量的原则；重点掌握会计要素的内容及其相互关系。

## 引导案例

张明是一家有限责任公司的第一大股东，2014 年年初，他和家人进行了一次欧洲十日游。旅行结束后，他把此次旅行的相关发票拿给公司会计，让会计下账。

问题讨论：会计应该把这笔费用记到公司账上吗？会计主体有何意义？

## 第一节　会计的产生和发展

会计是经济管理的重要组成部分，它通过收集、加工和利用以一定的货币单位作为计量标准来表现的经济信息，对经济活动进行组织、控制、调节和指导。会计是促使人们比较得失、权衡利弊、讲求经济效益的一种管理活动，它的产生和发展离不开人们对生产活动进行管理的客观需要。

## 一、会计的产生

会计是为适应社会生产实践和经济管理的客观需要而产生的，并随着生产的发展而发展。人类生产活动的过程，同时也是消费的过程。在生产活动过程中，一定是先有投入，而后有产出。只有记录生产过程的投入与产出，并加以比较，才能判断其是否能产生经济效益、继续生产是否有意义，基于此社会才会进步，经济才会发展。记录、计算和比较投入与产出的活动即为会计，因此，会计是出于对管理生产和分配的需要而产生的。

## 二、我国会计的发展

"会计"一词大约产生于我国西周时期，它本来的含义主要是指对财务收支业务的记录、计算和考核。同世界上许多国家一样，我国的会计发展经历了原始记录计量、单式簿记和复式簿记三个主要的阶段。大约在西周时期前后，我国进入了单式簿记阶段。从东汉时期开始，我国逐步形成了一套以"四柱结算法"为核心的记账算账会计方法，这是我国最早的复式记账。直到 11 世纪，我国的会计方法在当时世界上依然具有先导性作用。

从 15 世纪中叶起，我国开始在政治、经济、文化及科学技术方面落后于西方国家，自此，文明古国的会计方法占主导地位的时代过去了，从此之后近 500 年的世界会计史一直朝着由西方经济发达国家占主导地位的方向发展。新中国成立后，特别是改革开放以后，我国的会计在发挥自身传统优势基础上，在吸收西方会计精华的同时，取得了长足的进展。

## 三、西方会计的发展

马克思指出："资本主义生产的最初萌芽，在 14 世纪、15 世纪，已经稀疏地可在地中海沿岸看到。"这便是借贷复式簿记得以在意大利北部城邦萌芽、产生并得以初步发展，最终促使西式簿记崛起，并取代东方会计历史地位的主要原因。由单式记账法过渡到复式记账法是近代会计形成的标志。

到了 18 世纪，兴旺发达起来的公共会计师事业及它在审计、复式簿记原理与早期成本会计方面的贡献，使得英国成为世界会计发展的中心，英国会计大家狄克西、皮西斯利及利司尔的著作影响了当时的世界。在 18 世纪与 19 世纪之交，德国在会计研究方面也实现了大的突破，由于德国在会计理论研究与方法处理应用方面充分体现了西欧大陆国家的特色，而与英国（及后来的美国）分道扬镳，因此在世界会计发展史上自成一派，成为"大陆式会计"的创始国，从而与"英美式会计"并列成为会计的两大流派。

到 20 世纪初，伴随着资本主义市场经济发展中心的转移，世界会计中心从英国乃至西欧转移到了美国。

### 四、现代世界会计的发展及现状

20 世纪 30 年代以后，为了使会计工作规范化，提高会计报表的真实性与可比性，西方各国先后研究和制定了会计准则，进一步把会计理论和方法推上了一个新的台阶。为适应经济业务国际化和全球资本市场发展的需要，提高会计报表信息在国际的可比性，协调各国会计实务，国际会计准则委员会于 1973 年成立，并制定和发布了一系列国际会计准则。

20 世纪是世界会计发展史上最伟大的一百年。从总体上讲，这一百年发生了三大转折，并迅速地显示出三大转变，即由簿记时代向会计时代的转变、由传统会计向现代会计的转变，以及开始由产业经济时代的会计向信息与知识经济时代的会计转变。其中，第三个转变将使现代会计工作者面临新的历史机遇，迎接新的挑战。

## 第二节　会计的目标与职能

### 一、会计目标

会计目标是会计理论体系的基础，会计目标主要明确为什么要提供会计信息、向谁提供会计信息、提供哪些会计信息等问题。只有会计目标明确了，才能进一步明确会计应当收集哪些会计数据，以及如何加工、采用何种方法加工和处理这些会计数据，从而为会计信息的使用者提供有用的信息。

因为会计是整个经济管理的重要组成部分，所以会计目标要从属于经济管理的总目标——提高经济效益。经济效益是对投入与产出、得与失比较的结果。所以，作为经济管理重要组成部分的会计管理工作也应该以提高经济效益为最终目标。会计目标可以划分为三个层次：第一层次是满足政府宏观调控的需要；第二层次是满足投资者进行决策的需要；第三层次是满足企业自身经营管理的需要。其中，前两个层次都是满足外部的需要，强调会计要满足政府进行宏观调控的需要，这是我国会计目标的一个重要特点。

### 二、会计职能

会计职能是指会计在经济管理中所具有的功能及其发挥的作用。马克思曾经指出“会计是对生产过程的控制和观念总结”，这是对会计职能的科学概括。所谓“控制”，一般理解为监督；所谓“观念总结”，一般理解为反映（即核算）。会计在任何社会都具有对生产过程反映和监督的职能，只是随着生产的发展，其反映和监督的具体内容和表现形式有所不同。

### （一）会计的基本职能

#### 1. 会计核算

会计核算是会计的首要职能，也是全部会计管理工作的基础。会计的核算职能是指会计通过确认、计量、记录和报告，从数量上反映企事业单位已经发生或完成的经济活动，为经营管理提供经济信息的功能。会计核算职能的基本特点是：

（1）会计主要是利用货币计量，综合反映经济活动情况，为经营管理提供可靠的经济信息。

（2）会计不仅是记录和陈述过去、如实反映已发生的经济业务，还包括预测未来，为企业的经营决策提供依据。

（3）会计核算具有连续性、系统性、全面性和综合性的特点。

（4）随着计算机在会计领域的大量运用，手工会计信息系统逐步发展为电算化会计信息系统，从而使会计变得更为完善，更加及时、灵活、准确，更能满足多方面、多层次的需求。

#### 2. 会计监督

监督的内涵是监察、督促，而会计的监督职能是指会计按照一定的目标和要求，利用会计信息系统所提供的信息，对会计主体的经济活动进行控制，使之达到预期的目的。其特征是：

（1）会计监督具有强制性和严肃性。

（2）会计监督具有连续性。

（3）会计监督具有完整性。

会计监督的依据有合法性依据和合理性依据两种。合法性依据是国家颁布的法令、法规；合理性依据是客观经济规律及经营管理方面的要求。会计监督的目的是保证企业会计目标的顺利实现。

#### 3. 会计两大基本职能的关系

会计的核算职能与监督职能是相辅相成的，只有在对经济业务活动进行正确核算的基础上，才可能提供可靠资料作为监督依据；同时，也只有搞好会计监督，保证经济业务按规定的要求进行，并且达到预期的目的，才能发挥会计核算的作用。

### （二）会计的其他职能

#### 1. 评估经营业绩

业绩的评估是通过财务报表的分析完成的。这种分析可以从整体上对企业的经营活动绩效进行评估、发现问题并提出改进对策。

2．参与经济决策

现代会计的职能是提供有助于决策的信息。决策包括狭义的决策和广义的决策。狭义的决策是指做出未来行动的决定；广义的决策是指通过收集数据、提供信息、讨论各种备选方案，直到最后选出最优方案的全过程。会计活动是广义的决策活动。在这个过程中，会计提供信息的活动是其中的一部分，而会计部门和会计人员则是决策的参与者和支持者。

3．预测经营前景

从财务会计看，具有预测价值的历史信息能预测企业的经营前景。在西方国家，这种预测信息通常要从财务报表以外的其他财务报告中发掘；在我国，类似于其他财务报告的财务情况说明书也可用来对企业未来的发展前景做出描述。

## 第三节　会计信息生成系统

### 一、会计信息及其使用者

会计的产生与发展深受社会经济、政治环境的影响，所以会计信息使用者的范围不是一成不变的。早期会计主体的组织形式相对简单，资金来源以投资人投入为主，且投资者多为经营者，因此利益相关者相对较少，会计信息使用者范围有限。随着经济的发展，股份有限公司规模日益扩大，更多的利益相关者得到了认定，所以原来利益相关者的特征也发生了变化。

我国会计信息的使用者主要有投资者、债权人、经营管理者、政府及其有关部门和社会公众。

### 二、会计核算基础

#### （一）会计基本假设

会计信息生成的基本前提又称会计基本假设，是企业会计确认、计量和报告的前提，是对会计核算所处时间、空间环境等所做的合理设定，包括会计主体、持续经营、会计分期和货币计量。

1．会计主体

进行会计核算，首先要明确其核算的空间范围，即为谁记账。会计主体假设是指假设会计所核算的是一个特定的企业或单位的经济活动，而非核算该企业投资者、债权人或其他单位的经济活动。

会计主体不同于法律主体。一般来说，法律主体必然是一个会计主体，但是会计主体不一定是法律主体。例如，某公司分设在各地的销售机构，就法律地位而言，它不是法律主体，但是它需要独立核算，需要单独反映财务状况、经营成果和现金流量。在这种情况下，尽管销售机构不属于法律主体，但它却是会计主体。

#### 2. 持续经营

持续经营是指在可以预见的将来，企业将会按当前的规模和状态继续经营下去，不会停业，也不会大规模削减业务。会计确认、计量和报告应当以企业持续、正常的生产经营活动为前提，失去了这个前提，会计确认、计量就失去了基础。

#### 3. 会计分期

会计分期是指将一个企业持续经营的生产经营活动划分为一个个连续的、长短相同的期间。由于持续经营假设，要反映企业的财务状况和经营成果只有等到企业所有的生产经营活动结束后，才能核算收入和费用，进行准确的计算，但那时会计信息已经失去了应有的作用。会计分期的目的在于通过会计期间的划分，将持续经营的生产经营活动划分成连续、相等的期间，据以结算盈亏，按期编报财务报告，从而及时向财务报告使用者提供有关企业经营成果和现金流量的信息。

明确会计分期假设意义重大，由于会计分期，才产生了当期与以前期间、以后期间的差别，才使不同类型的会计主体有了记账的基础，进而出现了折旧、摊销等会计处理方法。在会计分期假设下，企业应当划分会计期间，分期结算账目和编制财务报告。会计期间通常分为年度和中期。其中，中期是指短于一个完整的会计年度的报告期间。

#### 4. 货币计量

货币计量是指会计主体在财务会计确认、计量和报告时以货币计量，反映会计主体的生产经营活动。我国会计法规规定，企业会计核算以人民币为记账本位币。业务收支以人民币以外的其他货币为主的企业，也可以选择该种货币作为记账本位币，但编制的会计报表应当折算为人民币反映。

### （二）权责发生制

《企业会计准则——基本准则》第九条规定：“企业应当以权责发生制为基础进行会计确认、计量和报告。”

权责发生制是指企业以收入的权利和支出的义务是否归属于本期为标准来确认收入、费用的一种会计处理基础。权责发生制要求，凡是当期已经实现的收入和已经发生或应当负担的费用，无论款项是否收付，都应当作为当期的收入和费用，记入利润表；凡是不属于当期的收入和费用，即使款项已在当期收付，也不应当作为当期的收入和费用。

在实务中，企业交易或事项的发生时间与相关货币收支时间有时并不完全一致。例如，款项已经收到，但产品并未交付，销售并未实现；或者款项已经支付，但并不是为本期生产经营活动而发生的。为了更加真实、公允地反映特定会计期间的财务状况和经营成果，基本准则明确规定，企业在会计确认、计量和报告中应当以权责发生制为基础。

收付实现制是与权责发生制相对应的一种会计基础，它是以收到或支付的现金作为确认收入和费用等的依据。目前。我国的行政单位会计采用收付实现制，事业单位会计除经营业务可以采用权责发生制外，其他大部分业务采用收付实现制。

## 三、会计信息的质量要求

会计信息质量要求是对企业财务报告中所提供会计信息质量的基本要求，是使财务报告中所提供会计信息对投资者等使用者决策有用应具备的基本特征，根据基本准则规定，它包括可靠性、相关性、可理解性、可比性、实质重于形式、重要性、谨慎性和及时性等。其中，可靠性、相关性、可理解性和可比性是会计信息的首要质量要求，是企业财务报告中所提供会计信息应具备的基本质量特征；实质重于形式、重要性、谨慎性和及时性是会计信息的次级质量要求，是对可靠性、相关性、可理解性和可比性等首要质量要求的补充和完善，尤其是在对某些特殊交易或事项进行处理时，需要根据这些质量要求来把握其会计处理原则，另外，及时性还是会计信息相关性和可靠性的制约因素，企业需要在相关性和可靠性之间寻求一种平衡，以确定信息及时披露的时间。

### 1. 可靠性

可靠性要求企业应当以实际发生的交易或事项为依据进行确认、计量和报告，如实反映符合确认和计量要求的各项会计要素及其他相关信息，保证会计信息真实可靠、内容完整。

### 2. 相关性

相关性要求企业提供的会计信息应当与投资者等财务报告使用者的经济决策需要相关，以有助于投资者等财务报告使用者对企业过去、现在或未来的情况做出评价或预测。

### 3. 可理解性

可理解性要求企业提供的会计信息应当清晰明了，便于投资者等财务报告使用者理解和使用。

### 4. 可比性

可比性要求企业提供的会计信息应当相互可比。这主要包括两层含义：

（1）同一企业不同时期可比。会计信息的可比性要求同一企业不同时期发生的相同或相似的交易或事项，应当采用一致的会计政策，不得随意变更。

（2）不同企业相同会计期间可比。会计信息的可比性要求不同企业同一会计期间发生的相同或相似的交易或事项，应当采用规定的会计政策，确保会计信息口径一致、相互可比，以使不同企业按照一致的确认、计量和报告要求提供有关会计信息。

#### 5. 实质重于形式

实质重于形式要求企业应当按照交易或事项的经济实质进行会计确认、计量和报告，而不仅仅以交易或事项的法律形式为依据。

企业发生的交易或事项，在多数情况下其经济实质和法律形式是一致的，但在有些情况下也会出现不一致。例如，企业按照销售合同销售商品，但又签订了售后回购协议，虽然从法律形式上看实现了收入，但如果企业没有将商品所有权上的主要风险和报酬转移给购货方，没有满足收入确认的各项条件，那么即使签订了商品销售合同或已将商品交付给购货方，也不应当确认销售收入。

#### 6. 重要性

重要性要求企业提供的会计信息应当反映与企业财务状况、经营成果和现金流量有关的所有重要交易或事项。如果财务报告中提供的会计信息的省略或错报会影响投资者等使用者据此做出决策，那么该信息就具有重要性。重要性的应用需要依赖职业判断，企业应当根据其所处环境和实际情况，从项目的性质和金额大小两方面加以判断。

#### 7. 谨慎性

谨慎性要求企业对交易或事项进行会计确认、计量和报告时保持应有的谨慎，不应高估资产或收益、低估负债或费用。

#### 8. 及时性

及时性要求企业对已经发生的交易或事项应当及时进行确认、计量和报告，不得提前或延后。

## 四、会计信息生成的内容

### （一）会计对象

会计对象是指会计作为一项管理活动所要核算（反映）和监督（控制）的内容，即资金运动的具体体现。

#### 1. 工业企业会计对象

工业企业进行生产经营活动，首先要用货币资金去购买材料物资，为生产过程做准备；生产产品时，到仓库领取材料物资；生产出产品后，要对外出售，售后还应收回已售产品的收入。这样，工业企业的资金就陆续经过采购过程、生产过程和销售过程。具体情况如图 1-1 所示。

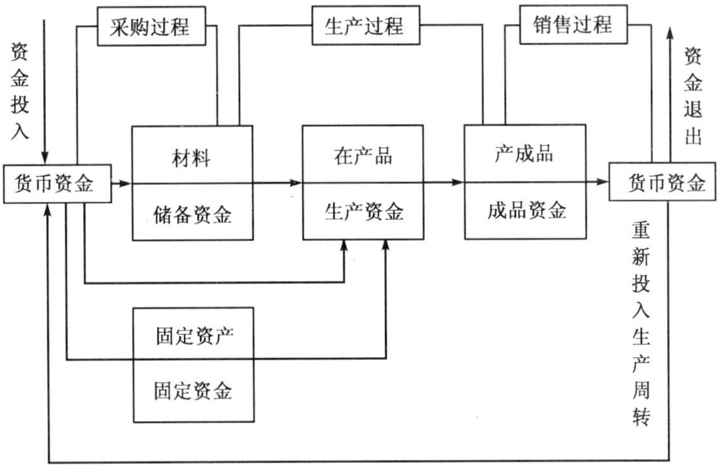


图 1-1 工业企业资金运动图

### 2．商品流通企业会计对象

商品流通企业的经营过程分为商品购进和商品销售两个过程。在前一个过程中，主要是采购商品，此时货币资金转换为商品资金；在后一个过程中，主要是销售商品，此时资金又由商品资金转换为货币资金，如图 1-2 所示。在企业经营过程中，也要消耗一定的人力、物力和财力，它们表现为商品流通费用。在销售过程中，也会获得销售收入和实现经营成果。因此，商品流通企业的资金是以“货币资金—商品资金—货币资金”方式运动。

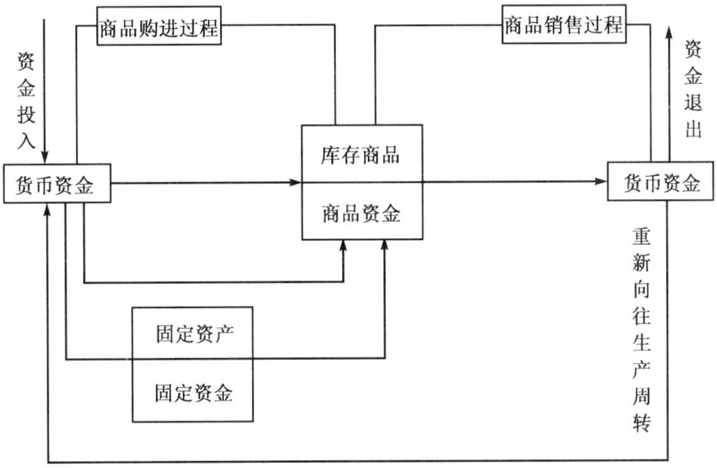


图 1-2 商品流通企业资金运动图

3．行政、事业单位会计对象

行政、事业单位为完成国家赋予的任务，同样需要一定数量的资金，但其资金来源主要是国家财政拨款。行政、事业单位在正常业务活动过程中所消耗的人力、物力和财力的货币表现，即为行政费用和业务费用。一般来说，行政、事业单位没有或只有很少一部分业务收入，因为其费用开支主要是靠国家财政预算拨款。因此，行政、事业单位的经济活动，一方面按预算向国家财政取得拨入资金；另一方面又按预算以货币资金支付各项费用。其资金运动的形式是：资金拨入—资金付出。因此，行政、事业单位会计对象的内容是预算资金及其收支。

综上所述，无论是工业企业、商品流通企业，还是行政、事业单位，都是社会再生产过程中的基层单位，会计反映和监督的对象都是资金及其运动过程。正因为如此，我们可以把会计对象概括为社会再生产过程中的资金运动。

## （二）会计要素

会计要素是对会计对象的基本分类。会计要素按照交易或事项的经济特征分为资产、负债、所有者权益、收入、费用和利润。其中，资产、负债和所有者权益要素侧重于反映企业的财务状况，是静态会计要素；收入、费用和利润要素侧重于反映企业的经营成果，是动态会计要素，如图 1-3 所示。

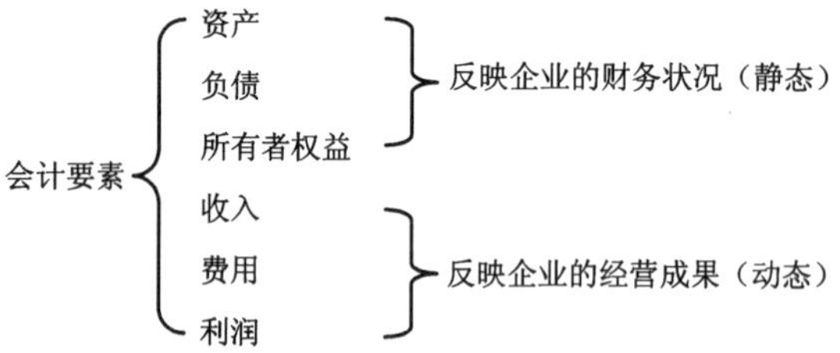


图 1-3　会计要素构成图

1．资产的定义及其确认条件

资产是指企业过去的交易或事项形成的，由企业拥有或控制的，预期会给企业带来经济利益的资源。资产具有以下特征：资产是企业拥有或控制的；资产能力企业带来未来经济利益；资产是由企业过去的交易或事项形成的。

将一项资源确认为资产，需要符合资产的定义，还应同时满足以下两个条件：与该资源有关的经济利益很可能流入企业；该资源的成本或价值能够可靠地计量。

2．负债的定义及其确认条件

负债是指企业过去的交易或事项形成的，预期会导致经济利益流出企业的现时义务。现时义务是指企业在现行条件下已承担的义务。未来发生的交易或事项形成的义务，不属于现时义务。负债具有以下特征：负债是企业承担的现时义务；负债预期会导致经济利益流出企业；负债是由企业过去的交易或事项形成的。

将一项现时义务确认为负债，需要符合负债的定义，还应当同时满足以下两个条件：与该义务有关的经济利益很可能流出企业；未来流出的经济利益的金额能够可靠地计量。

### 3．所有者权益的定义及其确认条件

所有者权益是指企业资产扣除负债后，由所有者享有的剩余权益。其来源包括所有者投入的资本、直接计入所有者权益的利得和损失、留存收益等。通常由实收资本（或股本）、资本公积（含资本溢价或股本溢价、其他资本公积）、盈余公积和未分配利润构成。

所有者权益的确认主要依赖于其他会计要素，尤其是资产和负债的确认；所有者权益金额的确定也主要取决于资产和负债的计量。

所有者权益反映的是企业所有者对企业资产的索取权，负债反映的是企业债权人对企业资产的索取权。两者在性质上有本质区别，因此企业在会计确认、计量和报告中应当严格区分负债和所有者权益，以如实反映企业的财务状况，尤其是企业的偿债能力和产权比率等。

### 4．收入的定义及其确认条件

收入是指企业在日常活动中形成的、会导致所有者权益增加的、与所有者投入资本无关的经济利益的总流入。根据收入的定义，收入具有以下特征：收入是企业在日常活动中形成的；收入会导致所有者权益的增加；收入是与所有者投入资本无关的经济利益的总流入。

收入的确认至少应当符合以下条件：一是与收入相关的经济利益很可能流入企业；二是经济利益流入企业的结果会导致资产的增加或负债的减少；三是经济利益的流入额能够可靠地计量。

### 5．费用的定义及其确认条件

费用是指企业在日常活动中发生的、会导致所有者权益减少的、与向所有者分配利润无关的经济利益的总流出。费用具有以下特征：费用是企业在日常活动中形成的；费用会导致所有者权益的减少；费用是与向所有者分配利润无关的经济利益的总流出。

费用的确认至少应当符合以下条件：一是与费用相关的经济利益很可能流出企业；二是经济利益流出企业的结果会导致资产的减少或负债的增加；三是经济利益的流出额能够可靠地计量。

### 6．利润的定义及其确认条件

利润是指企业在一定会计期间的经营成果。利润包括收入减去费用后的净额、直接计入当期利润的利得和损失等。企业应当严格区分收入和利得、费用和损失之间的区别，以

更加全面地反映企业的经营业绩。

利润反映收入减去费用、利得减去损失后的净额的概念。因此，利润的确认主要依赖于收入和费用及利得和损失的确认，其金额的确定也主要取决于收入、费用、利得、损失金额的计量。

## 五、会计信息生成的过程

财务会计是一个以提供财务信息为主的经济信息系统。作为一个系统，由数据转化为信息并向外传递的过程，主要由确认、记录、计量、报告等部分组成，它们共同形成系统运行的内部加工程序。

### （一）会计确认

#### 1. 初始确认

初始确认是指对输入会计核算系统的原始经济信息进行的确认。初始确认的对象主要有如下 3 项：

（1）进入会计程序的数据，判断可能对企业产生财务影响的经济事项是否都应进入会计信息系统，通过会计程序来处理。

（2）做出分录的时点，记录和确认的时点，即何时确认，所谓何时，是指哪一个会计期间。

（3）通常要予以记录的金额。

#### 2. 在财务报表中进行再确认

在初始确认的基础上，按照财务报告的目标把账户记录转化（加工、整理、分类和归并）为报表要素与项目，成为对报表使用者有用的信息，所有金额均计入报表的合计，即将会计要素在会计报表中列示。

### （二）会计记录

会计记录是对经过确认而进入会计信息系统的各项数据，通过预先设置好的各种账户，运用一定的文字与金额，按照复式记账的有关要求在账簿中进行记录的过程。

### （三）会计计量

#### 1. 计量单位

对会计计量来说，计量必须以货币为计量单位。作为计量单位的货币，通常指某国或某地区法定的货币。

### 2. 计量属性

企业应当按照规定的会计计量属性进行计量，确定相关金额。计量属性反映的是会计要素金额的确定基础，即按照何种原则确定会计要素金额。计量属性主要包括历史成本、重置成本、可变现净值、现值和公允价值等。

（1）历史成本。历史成本又称为实际成本，是指取得或制造某项资产时所实际支付的现金或其他等价物金额。

（2）重置成本。重置成本又称为现行成本，是指按照当前市场条件，重新取得同样一项资产所需支付的现金或其他等价物金额。在实务中，重置成本多应用于盘盈固定资产的计量等。

（3）可变现净值。可变现净值是指在正常生产经营过程中，以预计售价减去进一步加工成本和预计销售费用及相关税费后的净值。可变现净值通常应用于存货资产减值情况下的后续计量。

（4）现值。现值是指对未来现金流量以恰当的折现率进行折现后的价值，是考虑货币时间价值的一种计量属性。现值通常用于非流动资产可收回金额和以摊余成本计量的金融资产价值的确定等。

（5）公允价值。公允价值是指在公平交易中，熟悉情况的交易双方自愿进行资产交换或债务清偿的金额。公允价值主要应用于交易性金融资产、可供出售金融资产的计量等。

### 3. 各种计量属性之间的关系

在各种会计要素计量属性中，历史成本通常反映的是资产或负债过去的价值，而重置成本、可变现净值、现值及公允价值，通常反映的是资产或负债的现时成本或现时价值，是与历史成本相对应的计量属性。

以资产为例：在某一个时点上对资产进行计量时，历史成本是这项资产取得时的公允价值；重置成本是这个时点上取得这项资产的公允价值；可变现净值是这个时点上出售这项资产的公允价值；现值是这个时点上，不重新购买，也不出售，继续持有会带来的经济利益的公允价值；公允价值是指在任何时候只要是公平交易双方愿意收到或支付的价值。

### 4. 计量属性的应用原则

基本准则规定，企业在对会计要素进行计量时，一般应当采用历史成本。采用重置成本、可变现净值、现值、公允价值计量的，应当保证所确定的会计要素金额能够取得并可靠计量。

## （四）会计报告

会计报告是指把会计信息系统的最终产品——会计信息传递给各个会计信息使用者的手段，它是企业对外提供的反映企业某一特定日期的财务状况和某一会计期间的经营成果、现金流量等会计信息的文件。

会计报告包括会计报表、会计报表附注和其他应当在报告中披露的相关信息和资料。企业对外提供的会计报表至少应当包括资产负债表、利润表、现金流量表（小企业编制的报表可以不包括现金流量表）、所有者权益（或股东权益）变动表，会计报表附注是对在资产负债表、利润表、现金流量表和所有者权益变动表中列示项目的文字描述或明细资料，以及对未能在这些报表中列示项目的说明等。

## 六、会计核算方法

会计确认、计量的结果不仅是通过会计记录反映，而且会计确认和计量都包含在会计记录之中。也就是说，在会计处理过程中并没有单独划分出确认、计量阶段，而是融合在会计记录的各种具体方法之中。在传统的手工记账程序下，会计核算方法主要包括以下内容：填制和审核凭证；设置会计科目及账户；复式记账；设置和登记账簿；成本计算；财产清查；编制财务报表。这一系列程序具体如图1-4所示，下面简要阐述这些方法的内容。

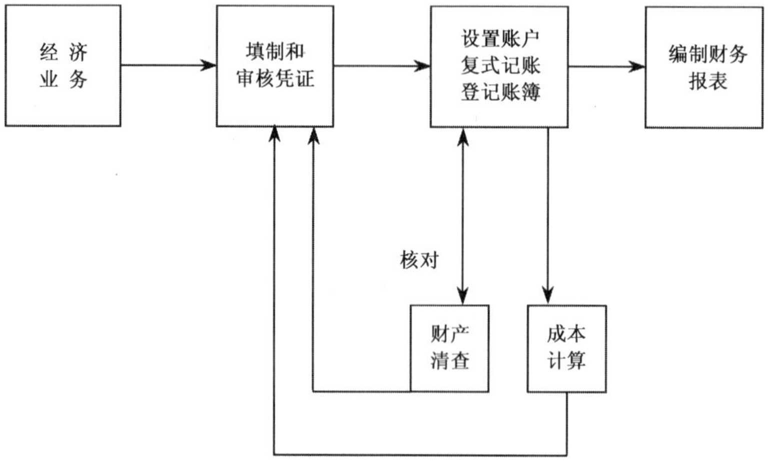


图1-4　会计核算方法关系图

### 1. 填制和审核凭证

填制和审核凭证，是会计记录的第一步。会计凭证是记录经济业务和明确经济责任的书面证明，是登记账簿的依据。会计凭证分为原始凭证和记账凭证。

### 2. 设置会计科目及账户

设置会计科目及账户，是对会计要素进行分类核算的方法。会计对象包含的内容纷繁复杂，设置会计科目及账户就是根据会计对象具体内容的不同特点和经济管理的不同要求，选择一定的标准进行分类，并事先规定分类核算的项目，在账簿中开设相应的账户，以取得所需要的核算指标。

### 3. 复式记账

复式记账是对每一项经济业务，都要以相等的金额同时在两个或两个以上的相关账户中进行记录的方法。复式记账法要使得每项经济业务所涉及的两个或两个以上的账户之间产生一种平衡关系，以了解和掌握经济业务的内容，检查会计记录的正确性。同时，采用复式记账法记录各项经济业务，能够全面、系统地反映各项经济业务之间的联系，反映经济活动的全貌。

### 4. 设置和登记账簿

登记账簿，是根据填制和审核无误的记账凭证，在账簿上进行全面、连续、系统记录的方法。账簿是用来记录经济业务发生的簿籍。登记账簿应以记账凭证为依据，按照规定的会计科目开设账户，并将记账凭证中所反映的经济业务分别记入有关账户。账簿记录的各种数据资料是编制财务报表的重要依据，所以，登记账簿是会计核算的主要方法。

### 5. 成本计算

成本计算就是企业将生产经营过程中发生的直接费用和间接费用按照不同的成本计算对象进行归集和分配，从而计算不同成本计算对象的总成本和单位成本的一种专门的方法。

### 6. 财产清查

财产清查是通过实物盘点、往来款项的核对来检查财产和资金实有数额的方法。在财产清查中发现的财产、资金账面数额与实存数额不符的情况，应该及时调整账簿记录，使账面数额与实存数额保持一致，并查明账实不符的原因，明确责任。清查中发现的积压或残损物资，以及往来账款中的呆账、坏账，要积极清理和加强财产管理。因此，财产清查是保证会计核算资料的真实性、正确性的一种手段。

### 7. 编制财务报表

编制财务报表是根据账簿记录的数据资料，采用一定的表格形式概括地、综合地反映各单位在一定时期内经济活动过程和结果的一种方法。编制财务报表是对日常核算的总结，是在账簿记录基础上对会计核算资料的进一步加工整理。财务报表提供的资料是进行会计分析、会计检查的重要依据。

从填制会计凭证到登记账簿编制出财务报表，一个会计期间的会计核算工作即告结束，然后再按照这一程序进入新的会计期间，如此循环往复，直至企业停业清算。习惯上，人们将填制凭证、登记账簿、编制报表这一会计核算程序称为会计循环。

# 第四节　会 计 规 范

## 一、我国会计规范体系

我国企业会计规范体系由四个层面构成：一是会计法律，由全国人大常委会颁布，如《中华人民共和国会计法》（以下简称《会计法》）；二是国家行政会计法规，由国务院颁布，如《企业财务会计报告条例》、《总会计师条例》等；三是部门会计法规，由财政部等部门颁布，如会计准则、会计制度等；四是地方性的会计法规。其层次结构如图 1-5 所示。

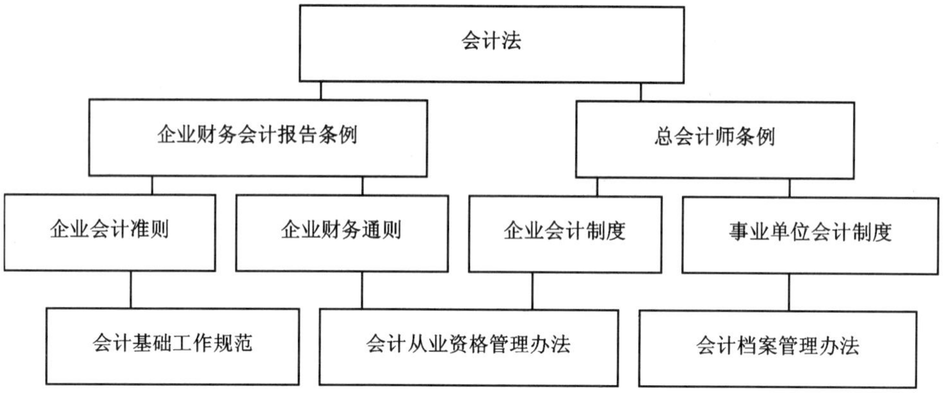


图 1-5　我国会计规范层次图

《会计法》是我国会计工作的最高规范形式，它是整个会计法规体系的核心。《企业财务会计报告条例》和《企业会计准则》等属于中间层次，作为一种桥梁，既体现着《会计法》的基本精神，又对我国的会计准则和会计制度起着规范作用。目前，具体指导我国会计实务的是《企业会计准则》（具体准则）。

## 二、我国企业会计准则

会计准则是以特定的经济业务（交易与事项）或特别的报表项目为对象，详细分析各项业务或项目的特点，规定所必须引用的概念的定义，然后以确认与计量为中心兼顾披露，对围绕该业务或项目有可能发生的各种会计问题做出处理的规范。

我国会计准则由三个层次组成，是一个有机整体，由 1 个基本准则、38 个具体准则和 2 个应用指南构成，其结构如图 1-6 所示。

第一个层次是起到统驭作用的基本准则，主要规范会计目标、会计基本假设、会计信息质量要求、会计要素的确认和计量原则、财务报表的总体要求等。

第二个层次是 38 项具体准则，对我国目前各行业企业中存在的各类经济业务，明确了会计处理的具体原则和规范。具体准则根据基本准则制定，主要分为一般业务准则、特殊行业的特定业务准则和报告准则三类。一般业务准则规范各类企业一般经济业务的确认和计量要求，包括存货、长期股权投资、会计政策、会计估计变更和会计差错更正、资产负债表日后事项等准则项目；特殊行业的特定业务准则规范特殊行业的特定业务的确认和计量要求，如石油天然气开采、生物资产、金融工具、金融资产转移、原保险合同、再保险合同等准则项目；报告准则规范各类企业财务会计报告的准则，如财务报表列报、现金流量表、关联方交易及其披露等准则项目。

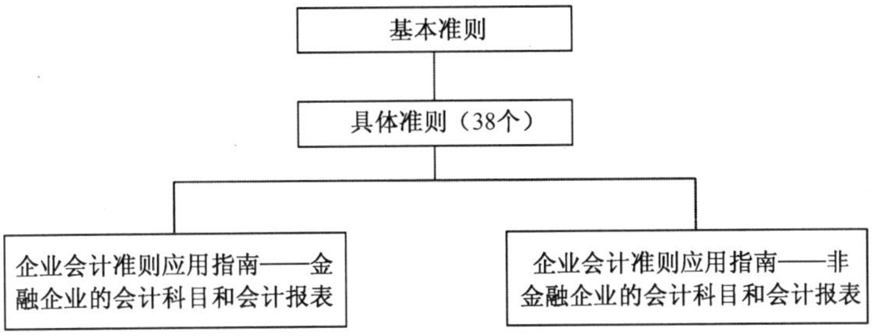


图 1-6　我国会计准则体系结构图

第三个层次是金融类、非金融类两大类会计科目和报表体系，作为整个准则体系共同的应用指南，规范会计科目的设置、账务处理、报表体系的构成、报表项目的内容、报表格式等。

三个层次逐级递进、互相配合、共同作用，形成了一个层次分明、科学合理、全面系统的会计准则体系。我国已经制定的具体会计准则见本书附录 A。

## 本章小结

● 会计是经济管理的重要组成部分。它通过收集、加工和利用，并以一定的货币单位作为计量标准来表现的经济信息，对经济活动进行组织、控制、调节和指导，是促使人们比较得失、权衡利弊、讲求经济效益的一种管理活动。会计目标首先是满足政府宏观调控的需要，然后是满足投资者进行决策的需要，同时也要满足企业自身经营管理的需要。

● 会计基本假设包括会计主体、持续经营、会计分期和货币计量。企业会计的确认、计量和报告应当以权责发生制为基础。

● 会计信息质量要求包括可靠性、相关性、可理解性、可比性、实质重于形式、重要性、谨慎性和及时性等。会计要素按照其性质分为资产、负债、所有者权益、收入、费用和利润。

● 会计信息产生的过程主要由确认、记录、计量、报告等部分组成。会计核算专门方法包括填制和审核凭证、设置会计科目及账户、复式记账、设置和登记账户、成本计算、财产清查、编制财务报表。

## 引导案例分析

会计不应该将这笔费用入账，因为尽管张明是第一大股东，但企业的会计核算不应包括该企业投资者或债权人的经济活动，会计主体只是公司本身，所以只有和会计主体相关的会计信息才可以记到公司账上。

## 复习思考题

1. 如何认识现有的4项会计基本假设的基本内容？

2. 如何理解会计目标？你认为对我国的会计目标应该如何进行定位？

3. 如何理解会计的基本职能？你认为会计的基本职能将来会出现什么样的变化？如何理解会计职能与会计目标的关系？

4. 如何理解会计要素？我国的会计要素包括哪几个？你认为会计要素设置应该综合考虑哪些基本因素？

5. 什么是会计确认、计量、记录与报告？

6. 会计核算的一般原则包括哪些？应如何理解？

## 练习题

### 一、单项选择题

1．会计的基本职能是（　　）。

A．控制与监督　B．反映与监督　C．反映与核算　D．反映与分析

2．下列属于反映企业财务状况的会计要素是（　　）。

A．收入　B．所有者权益　C．费用　D．利润

3. 企业所拥有的资产从财产权利归属来看，一部分属于投资者，另一部分属于（　　）。

A．企业职工　B．债权人　C．债务人　D．企业法人

4．企业的日常经营收入不包括（　　）。

A．销售商品的收入　B．提供劳务的收入

C．他人使用本企业资产取得的收入　D．出售固定资产的收入

### 二、多项选择题

1．会计核算方法包括（　　）。

A．成本核算和财产清查　B．设置会计科目和复式记账

C．填制和审核会计凭证　D．登记账簿和编制会计报表

2．下列各项中，应确认为企业资产的有（　　）。

A．购入的无形资产　B．已霉烂变质无使用价值的存货

C．融资租入的固定资产　D．计划下个月购入的材料

E．销售商品暂时尚未收回的款项

3．下列内容属于流动资产的有（　　）。

A．存放在银行的存款　B．存放在仓库的材料

C．厂房和机器　D．企业的办公楼

# 第二章

# 会计核算方法

## 学习目标

本章主要介绍会计信息生成的方法，即会计核算方法。通过本章的学习，要求了解会计信息生成的原理和方法；理解会计等式的意义；掌握会计科目和会计账户的概念及设置，会计账户的结构、分类；能够运用借贷记账法处理简单的经济业务；重点掌握复式记账的基本原理和借贷记账法应用。

## 引导案例

小张从某大学会计系毕业，刚刚被聘任为宇宏公司的会计。月末时，会计科长想测试一下他的工作能力，就问他道：“你来编制试算平衡表，没问题吧？”“没问题。”小张自信地回答。

科长给了他本公司总账账簿，让他开始工作。

不到一个小时，一张“总分类账户发生额及余额试算平衡表”就完整地编制出来了。小张兴冲冲地向科长交了差。这时，会计员小李说道：“哎呀，昨天车间领材料的单据还没记到账上去呢，这也是这个月的业务啊！”还没等小张缓过神来，会计员小王手里又拿着一些会计凭证走过来，对科长说：“这笔账我核对过了，应当计入‘原材料’和‘生产成本’的是10 000元，而不是9 000元。已经入账的那部分数字还得改一下。”

**问题讨论：**本案例中，试算平衡表已经平衡了，为什么还会有错账？

## 第一节 会计等式

各项会计要素之间存在着本质的联系，这种联系可用公式表达，称为会计等式。会计等式反映了企业的财务状况，是设置账户、建立复式记账、编制会计报表的理论基础。

会计等式是财务会计记录的出发点与归宿。在正常的经营过程中，任何一个企业都必须拥有一定种类与数量的经济资源，它们是企业创造未来经济利益的基础，这些经济资源就是资产。同时，资产的存在一定有其来源，要么是所有者投入，要么是通过举债取得，前者形成所有者权益，后者形成企业的负债。在任何一个特定的时点，资产的存量与其来源在金额上必然相等，即：

$$资产=负债+所有者权益 \tag{1}$$

$$收入-费用=利润 \tag{2}$$

$$资产=负债+所有者权益+（收入-费用） \tag{3}$$

上述方程式可称为会计等式，通常将等式（1）称为会计恒等式，它表明了“资金运用＝资金来源”。

我们不难看出：等式（1）是反映企业资金运动的静态状况，也就是企业经营中的某一天（一般是开始日或结算日）的情况；而等式（2）反映的是企业资金运动的情况，所有的资产都是为了赚钱，而资产一旦运用并取得收入时，资产就转化为费用，收入减去费用即为利润，又叫净收益。净收益又会作为资产用到下一轮的经营，于是就产生了等式(3)。等式（3）并没有破坏等式（1），当利润分配后，分成股东收益和一部分缴税后，等式（3）便消失了，又成了等式（1）。所以，会计六要素无论如何转变，最后都会回到“资产＝负债＋所有者权益”这一等式。在实际工作中如果等式不平了，那就说明记账有错。

总而言之，上述会计等式揭示了三个方面内容：第一，会计主体内各会计要素之间的数字平衡关系。有一定数量的资产就必然有相应数量的负债和所有者权益与之对应；反之，有一定数量的负债和所有者权益就一定有相应数量的资产与之对应。第二，各会计要素增减变化的相互联系。在一个会计要素的项目发生变化时，在同一会计要素其他项目之间，或另一类会计要素的一项也必然发生增减变化，以维持等式的平衡关系。第三，等式有关因素之间是对立统一的关系。会计等式对记账方法的要求决定了借贷记账法的账户结构、记账规则、试算平衡的基本理论，因此会计恒等式是借贷记账法的理论基础。

## 第二节 会计科目和账户

### 一、会计科目

对经济事项的分类称为会计要素，对会计要素的具体内容进行分类核算的项目，称为会计科目。会计科目是对于会计对象的具体内容进行分类核算的标志或项目。

我国企业会计科目见本书附录 B。

## 二、会计账户

### （一）设置账户的意义

账户是按照规定的会计科目在账簿中对各项经济业务进行分类、系统、连续记录的一种手段。设置会计科目以后，还必须根据规定的会计科目开设一系列反映不同经济内容的账户，用来对各项经济业务进行分类记录。可见，会计科目就是账户的名称，账户是具体记录经济业务内容、提供具体的数据资料、具有登记增减变化的不同结构的一种核算形式。

### （二）账户的基本结构

账户一般可以划分为左右两方，每一方再根据实际需要分成若干栏次，用来分类登记经济业务及其会计要素的增加与减少，以及增减变动的结果。在实际工作中，账户的格式设计一般应包括如表 2-1 所示内容。

**表 2-1　账户的基本结构**

账户名称　　　　　　　　第　页

| 日　期 | 凭证号数 | 摘　要 | 借方金额 | 贷方金额 | 借或贷 | 余　额 |
|---|---|---|---|---|---|---|
| | | | | | | |

为了教学方便，在教科书中经常用简化格式丁字账（也被称为 T 形账户）来说明账户结构。这时，账户就省略了有关栏次。丁字账的格式如图 2-1 所示。

在借贷记账法下，人们约定俗成地将账户的左方规定为“借方”，相应地将账户的右方规定为“贷方”，如图 2-2 所示。

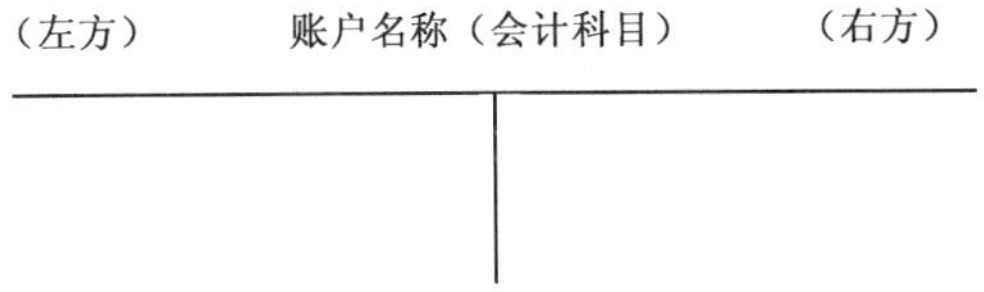


图 2-1　丁字账的格式

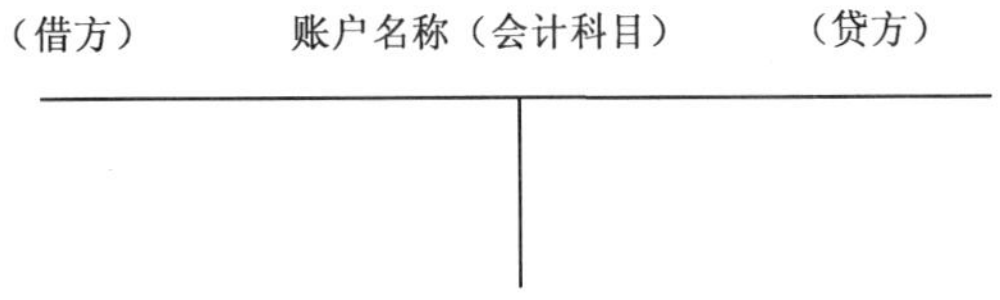


图 2-2　借贷丁字账的格式

账户左右两方的主要内容是记录期初余额、本期增加额、本期减少额及期末余额。本期增加额和减少额是指在一定的会计期间内（月、季或年），账户在左右两方分别登记的增加金额合计数和减少金额合计数，又可以将其称为本期增加发生额和本期减少发生额。上述四项金额的关系可以用下列公式来表示：

本期期末余额=本期期初余额+本期增加发生额−本期减少发生额

账户的左右两方是按相反方向来记录增加额和减少额的。也就是说，如果规定在左方记录增加额，就应该在右方记录减少额；反之，如果在右方记录增加额，就应该在左方记录减少额。在具体账户的左、右两方中究竟规定哪一方记录增加额，哪一方记录减少额，取决于各账户所记录的经济内容和所采用的记账方法。显然，账户的余额一般与记录的增加额在同一方向。

## （三）账户的分类

每一个账户只能记录某一类经济活动，不可能对企业的全部经济业务加以记录。而企业的经济活动作为一个整体，是需要一个相互联系的账户体系加以反映的。账户分类就是研究这个账户体系中各账户之间存在的共性，寻求其规律，探明每一账户在账户体系中的地位和作用，以便加深对账户的认识，更好地运用账户对企业的经济业务进行反映。

### 1. 账户按会计要素分类

账户按会计要素分类，一般分为资产类、负债类、所有者权益类、成本类和损益类五大类。各大类账户中包括的主要账户如图 2-3 所示。

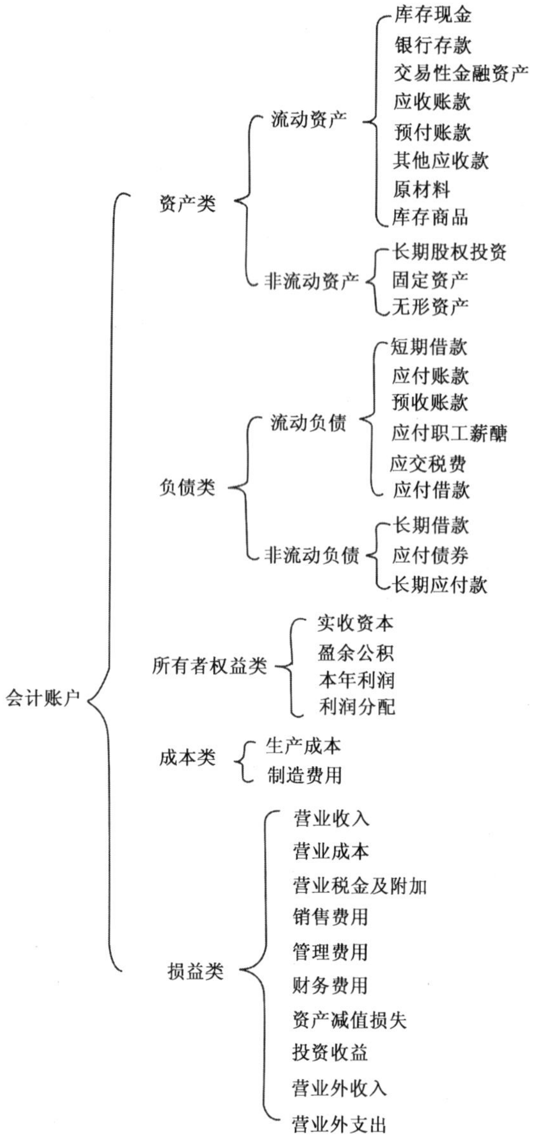


图 2-3　主要会计账户分类图

### 2. 账户按提供指标详细程度分类

账户按提供指标的详细程度分类，分为总分类账户和明细分类账户。

（1）总分类账户。总分类账户是对企业经济活动的具体内容进行总括核算的账户，它能够提供某一具体内容的总括核算指标。上述账户均为总分类账户，也称为总账账户、一级账户。

（2）明细分类账户。明细分类账户是对企业某一经济业务进行明细核算的账户，它能够提供某一具体经济业务的明细核算指标。在实际工作中，除少数总分类账户，如“累计折旧”账户、“利润”账户，不必设置明细分类账户外，大多数总分类账户都须设置明细分类账户。

现以“材料”账户为例，总分类账户与明细分类账户如表 2-2 所示。

表 2-2　总分类账户与明细分类账户

| 总分类账户（一级账户） | 明细分类账户 | |
|---|---|---|
| | 二级账户 | 明细账户（三级账户） |
| 原材料 | 原料及主要材料 | 元钢 |
| | | 碳钢 |
| | | 角钢 |
| | 辅助材料 | 油漆 |
| | | 润滑油 |
| | 燃料 | 汽油 |
| | | 煤 |

### 3. 会计账户的其他分类方法

账户除按上述标准进行分类以外，还可以按其他标准分类，如按列入会计报表分类，按会计主体分类，按期末余额分类，等等。

账户按列入会计报表分类，分为资产负债表账户和利润表账户。资产负债表账户是指账户所提供的资料是编制资产负债表的依据。资产负债表账户包括资产类、负债类和所有者权益类三类，分别与资产负债表中的这三类项目对应。利润表账户是指账户所提供的资料是编制利润表的依据。利润表账户包括收入类和费用类两类，分别与利润表中的项目对应。研究账户按列入会计报表的分类，目的在于通过这些账户的具体核算，提供期末编制会计报表所需要的数据。按列入会计报表分类的账户结构如图 2-4 所示。

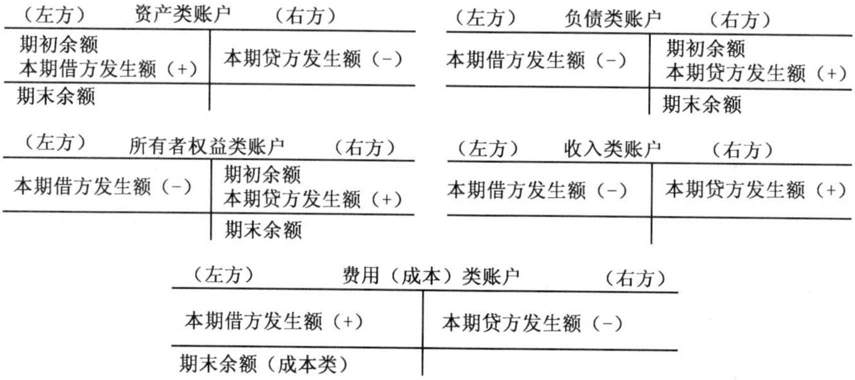


图 2-4 账户结构图

账户按会计主体分类，分为表内账户和表外账户。表内账户是指用来核算一个会计主体的资产、负债、所有者权益、收入、费用及经营成果的账户，表外账户是指用来核算不属于会计主体的资产的账户，如采用经营租赁方式租入固定资产账户、代理金融资产账户等都是表外账户。

账户按期末余额分类，可分为借方余额账户、贷方余额账户和期末无余额账户。

借方余额账户是指账户的借方发生额表示增加，贷方发生额表示减少，期末余额一般在借方的账户。资产类账户一般都是借方余额账户。贷方余额账户是指账户的借方发生额表示减少，贷方发生额表示增加，期末余额一般在贷方的账户。负债类和所有者权益类账户一般都是贷方余额账户。期末无余额账户是指期末结账时，将本期汇集的借（贷）方发生额分别从贷（借）方转出，结转后期末没有余额的账户。收入类和费用类账户为期末没有余额的账户。通常将期末有余额的账户称为实账户，实账户的期末余额代表着企业的资产、负债或所有者权益；将期末无余额的账户称为虚账户，虚账户的发生额反映企业的损益情况。

# 第三节 借贷记账法

## 一、记账方法

记账方法是指在经济业务发生以后，运用特定的记账符号和记账规则，在有关的账户中加以记录的一种会计工作方法。记账方法一般应包括记账符号、账户设置、记账原理和规则、试算平衡方法等要素。

记账方法在会计史上经历了由单式记账法到复式记账法的发展过程。

### 1. 单式记账法

经济业务发生后，对所涉及的会计要素的变化只在一个账户记录，记录时以“钱款”数额增减为主。例如，用现金购物，只记现金减少，不记物的增加，也有同时在现金账与实物账之间记录的，但两个账户之间没有必然的联系。这种记账方法造成账户之间的记录没有直接的联系，没有相互平衡的关系，不能全面地、系统地反映经济业务的来龙去脉，也不便于检查账户记录的正确性、真实性。

### 2. 复式记账法

复式记账法相对于单式记账法而言，是以资产与权益的平衡关系作为记账基础，对于每一笔经济业务，都要在两个或两个以上相互联系的账户中进行登记，系统地反映资金运动变化结果的一种记账方法。例如，用银行存款购买材料，一方面记银行存款减少，另一方面记材料增加。

## 二、复式记账法的特点

复式记账法的产生是会计发展史上的里程碑，标志着科学的记账方法的形成。它的特点主要有以下几方面：

（1）对于每一项经济业务，都要在相互联系的两个或两个以上的账户中加以记录，根据账户记录的结果，了解经济业务发生的来龙去脉，并可以通过会计要素的增减变动全面、系统地理解经济活动的过程和结果。

（2）以相等金额在两个或两个以上的账户同时记录，可以对账户记录的结果进行试算平衡，以检验账户记录是否正确。

（3）对每　项经济业务都要在相互联系的账户间进行记录，强调了账户间的对应关系，为建立完整的账户体系、分析经济业务提供了依据。

## 三、借贷记账法的内容

借贷记账法起源于13世纪的意大利，“借”、“贷”二字的含义，最初是从借贷资本家的角度来解释的。借贷资本家以经营货币资金的借入和贷出为主要业务，对于借进的款项，记在贷主（creditor）名下，表示自身债务的增加；对于贷出的款项，记在借主（debtor）名下，表示自身债权的增加。这样，“借”、“贷”二字分别代表债权（应收款）、债务（应付款）的变化。现在，“借”、“贷”二字已经失去了原来的字面含义，转变为记账符号，是会计上的专门术语，并已经成为通用的国际商业语言。

借贷记账法，是以“借”、“贷”作为记账符号，在两个或两个以上相互联系的账户中，对每一项经济业务以相等的金额全面进行记录的一种复式记账方法。

## （一）记账符号

记账符号是用来反映资金增减变动方向的。“借”和“贷”是抽象的记账符号，没有实际含义，不可望文生义。以“借”和“贷”作为记账符号，指明记账的增减方向、账户之间的对应关系和账户余额的性质。“借”和“贷”何时为增加、何时为减少，视账户的性质而定。

## （二）账户结构

在借贷记账法下，账户的设置基本上可分为资产（包括费用）类和负债及所有者权益（包括收入）类两大类别。

账户借方和贷方登记的内容如图 2-5 所示。

账户名称（会计科目）

| （借方） | （贷方） |
|---|---|
| 资产增加，费用成本增加<br>负债及所有者权益减少<br>收益转销 | 资产减少，费用成本转销<br>负债及所有者权益增加<br>收益增加 |
| 期末余额：资产余额 | 期末余额：负债及所有者权益余额 |

图 2-5　账户登记的内容

由于“借”、“贷”记账符号对会计等式两方的会计要素规定了增减相反的含义，因此，可以设置既有资产性质又有负债性质的账户。例如，“应收账款”和“预收账款”可以合并为一个账户，“应付账款”和“预付账款”也可以合并为一个账户。

双重性质账户的性质不是固定的，应根据账户余额的方向来判断。如果余额在借方就是资产类账户，如果余额在贷方就可确认为权益类账户。具有双重性质的账户只是少数，绝大多数账户的性质仍是固定的。

## （三）记账规则

记账规则可以用一句话概括为“有借必有贷，借贷必相等”。借贷记账法的记账规则是根据以下两个方面的原理来确定的：

（1）根据复式记账的原理，对任何一项经济业务都必须以相等的金额，在两个或两个以上相互联系的账户中进行登记。

（2）如果在一个账户中记借方，必须同时在另一个或几个账户中记贷方；或者在一个账户中记贷方，必须同时在另一个或几个账户中记借方；记入借方的总额与记入贷方的总额必须相等。

### （四）记账规则的应用

下面以编制会计分录为例说明记账规则的应用。

#### 1. 会计分录的格式

记账凭证中最主要的内容是会计分录。所谓会计分录，是指对某项经济业务应记入账户的名称、借贷方向和增减金额多少的记录。会计分录是记账凭证的简化形式，有时也被称为“记账公式”。

会计分录的一般格式是：

借：会计科目　　　　　　　　　　　　　　　　　　　　金额

　贷：会计科目　　　　　　　　　　　　　　　　　　　　金额

例如，

借：现金　　　　　　　　　　　　　　　　　　　　　　1 000

　贷：银行存款　　　　　　　　　　　　　　　　　　　　1 000

#### 2. 会计分录的分类

会计分录按所涉及账户的多少，可分为简单分录和复合分录两种。简单分录为一借一贷；复合分录为一借多贷，多借一贷，多借多贷。简单分录只涉及两个账户，复合分录涉及两个以上的账户。实际上，复合分录是由若干个简单分录合并组成的。采用借贷记账法，根据记账规则登记每项经济业务时，在有关账户之间就发生了应借应贷的相互关系，账户之间的这种相互关系，叫做账户的对应关系。发生对应关系的账户，叫做对应账户。

**例 2-1**　某企业总分类账户的月初余额如表 2-3 所示。

**表 2-3　总分类账户的月初余额**

单位：元

| 资　产 | 金　额 | 负债及所有者权益 | 金　额 |
|---|---|---|---|
| 银行存款 | 50 800 | 短期借款 | 20 000 |
| 原材料 | 120 000 | 应付账款 | 9 200 |
| 库存商品 | 16 400 | 实收资本 | 410 000 |
| 固定资产 | 300 000 | 资本公积 | 60 000 |
| 生产成本 | 12 000 | | |
| 合计 | 499 200 | 合计 | 499 200 |

该企业本月发生下列经济业务：

（1）用银行存款购买材料，价款为 10 800 元，材料已验收入库；

（2）向银行借入短期借款 5 200 元，直接偿还应付账款；

（3）用银行存款偿还短期借款 10 000 元；

（4）收到投资者追加投资120 000元，存入银行；
（5）本期生产产品领用材料，总额为20 000元。
根据上述经济业务编制如下会计分录（增值税略）：
（1）银行存款减少，原材料增加：
借：原材料　　10 800
　贷：银行存款　　10 800
（2）应付账款减少，短期借款增加：
借：应付账款　　5 200
　贷：短期借款　　5 200
（3）银行存款减少，短期借款减少：
借：短期借款　　10 000
　贷：银行存款　　10 000
（4）银行存款增加，实收资本增加：
借：银行存款　　120 000
　贷：实收资本　　120 000
（5）生产成本增加，原材料减少：
借：生产成本　　20 000
　贷：原材料　　20 000

## （五）试算平衡

试算平衡，是指在某一时日（如会计期末），为了保证本期会计处理的正确性，依据会计等式或复式记账原理，对本期各账户的全部记录进行汇总、测算，以检验其正确性的一种专门方法。通过试算平衡，可以检查会计记录的正确性，并可查明出现不正确会计记录的原因，进行调整，从而为会计报表的编制提供准确的资料。

在借贷记账法下，根据借贷复式记账的基本原理，试算平衡的方法主要有两种：本期发生额平衡法和余额平衡法。

### 1. 本期发生额平衡法

本期发生额平衡法，是指将全部账户的本期借方发生额和本期贷方发生额分别加总后，利用“有借必有贷，借贷必相等”的记账规则来检验本期发生额账户处理正确性的一种试算平衡方法。其试算平衡公式如下：

全部账户本期借方发生额合计＝全部账户本期贷方发生额合计

### 2. 余额平衡法

余额平衡法，是指在会计期末，账户余额在借方的全部数额和在贷方的全部数额分别加总后，利用“资产＝负债+所有者权益”的平衡原理来检验会计处理正确性的一种试算平衡方法。其试算平衡公式如下：

全部账户的借方期末余额＝全部账户的贷方期末余额

如果试算不平衡，说明账户的记录肯定有错；如果试算平衡，说明账户的记录基本正确，但不一定完全正确。这是因为有些错误并不影响借贷双方的平衡，如果发生某项经济业务在有关账户中被重记、漏记或记错了账户等错误，并不能通过试算平衡来发现。但试算平衡仍是检查账户记录是否正确的一种有效方法。

**例 2-2**　根据【例 2-1】编制试算平衡表（无发生额的科目丁字账略）

| 原材料 | |
|---|---|
| 120 000 | |
| 10 800 | 20 000 |
| 110 800 | |

| 应付账款 | |
|---|---|
| | 9 200 |
| 5 200 | |
| | 4 000 |

| 短期借款 | |
|---|---|
| | 20 000 |
| 10 000 | 5 200 |
| | 15 200 |

| 实收资本 | |
|---|---|
| | 410 000 |
| | 120 000 |
| | 530 000 |

| 生产成本 | |
|---|---|
| 12 000 | |
| 20 000 | |
| 32 000 | |

编制试算平衡表如表 2-4 所示。

**表 2-4　试算平衡表**

单位：元

| 科　　目 | 期初借方余额 | 期初贷方余额 | 本期借方发生额 | 本期贷方发生额 | 期末借方余额 | 期末贷方余额 |
|---|---|---|---|---|---|---|
| 银行存款 | 50 800 | | 120 000 | 20 800 | 150 000 | |
| 材料 | 120 000 | | 10 800 | 20 000 | 110 800 | |
| 产成品 | 16 400 | | | | 16 400 | |
| 固定资产 | 300 000 | | | | 300 000 | |
| 生产成本 | 12 000 | | 20 000 | | 32 000 | |
| 短期借款 | | 20 000 | 10 000 | 5 200 | | 15 200 |
| 应付账款 | | 9 200 | 5 200 | | | 4 000 |
| 实收资本 | | 410 000 | | 120 000 | | 530 000 |
| 资本公积 | | 60 000 | | | | 60 000 |
| 合计 | 499 200 | 499 200 | 166 000 | 166 000 | 609 200 | 609 200 |

### （六）借贷记账法的优点

（1）科学地运用了“借”和“贷”的记账符号，充分体现出资金运动的来龙去脉这一对立统一关系，记账方法体系科学严谨。

（2）“有借必有贷，借贷必相等”的记账规则，应用起来十分方便。在编制每笔会计分录时，都能清晰地看出账户之间的对应关系，便于及时检查会计记录的正确性，从而为进一步的会计处理奠定了良好的基础。

（3）由于每笔会计分录中借贷自动平衡，为日常的会计处理自检和期末的试算平衡提供了方便。试算平衡方法易于理解、方便简单、便于操作。

对于初学者来说，学习借贷记账法的难点是，“借”和“贷”不能单一地表示账户内容的增加和减少。其实，这个难点并不难克服，只要能熟记“借”和“贷”所表示的增减含义，再进行适量的有针对性的练习，就完全可以掌握。我们应该明确，在借贷记账法下，将“借”和“贷”这两个记账符号全都赋予了增加和减少的双重含义，才使得借贷记账法具有上述优点，从而成为最科学的复式记账方法。

## 本章小结

- 对会计要素的具体内容进行分类核算的科目，称为会计科目。账户，是按照规定的会计科目在账簿中对各项经济业务进行的分类、系统、连续记录的一种手段。二者是两个既相互区别又相互联系的不同概念。
- 账户按会计要素分类，一般分为资产类、负债类、所有者权益类、收入类和成本费用类等五大类。账户按提供指标的详细程度分类，分为总分类账户和明细分类账户。
- 会计基本恒等式为：资产=负债+所有者权益。
- 关于记账方法，我国规定，企业应当采用借贷记账法记账。

## 引导案例分析

试算平衡，说明账户的记录基本正确，但不一定完全正确。这是因为有些错误并不影响借贷双方的平衡，如果发生某项经济业务在有关账户中被重记、漏记或记错了账户等错误，并不能通过试算平衡来发现。在本案例中，由于材料领用这笔业务漏记并未引起会计恒等式失衡，所以，试算平衡即使平衡了也不能避免错账产生。

## 复习思考题

1. 什么是会计科目？什么是账户？会计科目与会计账户的区别与联系？
2. 会计账户如何分类？
3. 什么是会计的基本恒等式？它可以衍生出哪些会计等式？
4. 如何理解借贷记账法的记账规则？

5. 什么是会计分录？
6. 如何进行试算平衡？试算平衡的依据是什么？

## 练习题

### 一、单项选择题

1. 会计账户的设置依据是（　　）。
A. 会计对象　　B. 会计要素　　C. 会计科目　　D. 会计方法
2. 在借贷记账法下，资产类账户余额一般在（　　）。
A. 借方　　B. 增加方　　C. 贷方　　D. 减少方
3. 进行复式记账时，对任何一项经济业务登记的账户数量应该是（　　）。
A. 一个　　B. 两个　　C. 三个　　D. 两个或两个以上
4. 借贷记账法试算平衡的依据是（　　）。
A. 资金运动变化规律　　B. 会计等式平衡原理
C. 会计账户基本结构　　D. 平行登记基本原理

### 二、多项选择题

1. 借贷记账法的记账符号“贷”表示增加的有（　　）。
A. 资产　　B. 负债　　C. 所有者权益　　D. 收入　　E. 利润
2. 借贷记账法的记账符号“借”方一般用来登记（　　）。
A. 资产的增加　　B. 收入的减少　　C. 费用的增加　　D. 负债的增加
E. 所有者权益的减少
3. 下列账户中，在会计期末一般没有余额的账户有（　　）。
A. 资产类账户　　B. 负债类账户　　C. 所有者权益类账户
D. 收入类账户　　E. 利润类账户
4. 企业用银行存款偿还应付账款，引起会计要素变化的有（　　）。
A. 资产增加　　B. 资产减少　　C. 负债增加　　D. 负债减少
E. 收入减少

### 三、判断题

1. 会计科目只有总分类科目一个级次。（　　）
2. 借贷记账法的记账符号表示增减，也表示账户中的登记方向。（　　）
3. 收入类账户与费用类账户一般没有期末余额，但有期初余额。（　　）
4. 企业购入材料而货款未付，其资产与负债会同时减少。（　　）

# 第三章

# 会计循环

**学习目标**

本章主要介绍会计信息的生成过程，即如何将企业日常发生的各项经济业务所产生的零散数据，运用会计信息系统进行加工，从而形成具有一定质量特征的会计信息的过程。通过本章的学习，要求了解会计循环的基本程序，理解会计凭证和会计账簿的概念、分类及结构，掌握简单经济业务的处理过程，掌握资产负债表和利润表等主要会计报表的编制方法。

**引导案例**

陈华是会计专业的大学生，在应聘某企业会计职位时，该企业招聘人员问了他这样一个问题：如果让你去买明细账簿，你会买几种？每一种又该如何分配使用？

问题讨论：企业应设置哪些账簿？各账簿应如何使用？

## 第一节　会计循环概述

### 一、会计循环的含义

会计循环，是指会计核算工作的基本流程。在一个会计期间内，各个单位的会计工作必须经过取得和填制原始凭证、填制记账凭证、登记账簿、进行调整前的试算平衡、进行账项调整、对账和结账、进行调整后的试算平衡、编制会计报表等一系列会计程序。这是一个依次完成的过程，从会计期初开始，至会计期末结束，周而复始，循环往复，因此称为会计循环。

## 二、会计循环的基本程序

会计循环是会计信息产生的步骤，也可以说是会计核算的基本过程。完整的会计循环所涉及的基本步骤应该包括：

（1）取得和填制原始凭证。经济业务发生之后，会计人员首先要取得、填制原始凭证，并审核其合法性、合规性。

（2）填制记账凭证（会计分录）。根据审核无误的原始凭证，按照借贷记账规则编制会计分录，并将会计分录填写在记账凭证上。

（3）根据记账凭证登记会计账簿。根据记账凭证所确定的会计分录，在有关的日记账和分类账中进行登记。

（4）进行调整前的试算平衡。计算每个总分类账户的本期借方发生额、贷方发生额和期末余额，汇总后编制试算平衡表，验证账户记录是否正确。

（5）进行期末账项调整。会计期末，应根据权责发生制原则，将应归属于本期的收入和费用调整入账，以便正确反映各期的实际情况。

（6）对账和结账。会计期末，对各账簿中的有关账户记录进行核对，结清收入、费用类账户，以确定当期损益，并结出资产、负债、所有者权益账户余额，以结转至下期连续记录。

（7）进行调整后的试算平衡。在期末账项调整后，重新计算每个总分类账户的本期借方发生额、贷方发生额和期末余额，汇总后编制试算平衡表，以验证账户记录是否正确，并为编制会计报表提供依据。

（8）编制会计报表。会计期间结束，要将本期所有经济业务的记录及其结果汇总，编制出资产负债表和利润表等，以反映企业的财务状况和经营成果，并对其加以必要的注释和说明。

上述会计循环的基本步骤如图 3-1 所示。

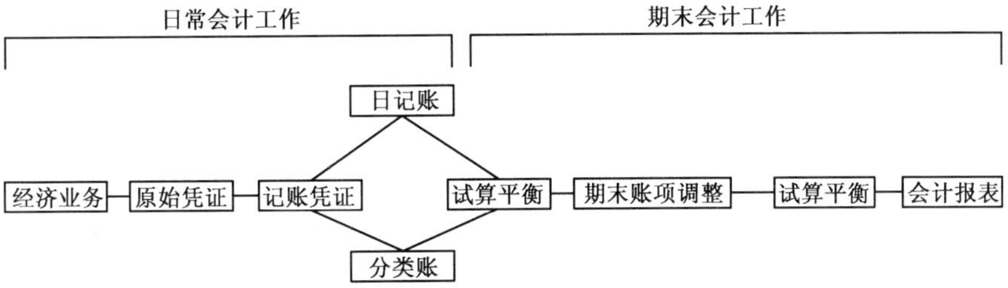


图 3-1　会计循环基本步骤流程图

# 第二节　会 计 凭 证

## 一、会计凭证的概念和分类

会计凭证就是用来记录经济业务、明确经济责任，并作为登记账簿依据的书面证明文件，会计凭证是重要的会计资料。

由于各个单位的经济业务是复杂多样的，因而所使用的会计凭证种类繁多，其用途、性质、填制的程序乃至格式等。都因经济业务的需要不同而具有多样性，因此，按照不同的标准可以对会计凭证进行不同的分类。按会计凭证填制的程序和用途不同，在此将其分为原始凭证和记账凭证两大类。

## 二、原始凭证

### （一）原始凭证的概念

原始凭证是指在经济业务发生时取得或填制的，用以证明经济业务的发生或完成情况，并作为记账原始依据的会计凭证。

一般而言，在会计核算过程中，凡是能够证明某项经济业务已经发生或完成情况的书面单据都可以作为原始凭证，如有关的发票、收据、银行结算凭证、收料单、发料单等；凡是不能证明该项经济、业务已经发生或完成情况的书面文件就不能作为原始凭证，如生产计划、购销合同、银行对账单、材料请购单等。

### （二）原始凭证的种类

原始凭证按其取得的来源不同，可以分为自制原始凭证和外来原始凭证。

#### 1．自制原始凭证

自制原始凭证是指由本单位内部经办业务的部门或人员，在办理某项经济业务时自行填制的凭证。自制原始凭证按其填制的手续和完成情况的不同，可以分为一次凭证、累计凭证、汇总原始凭证、记账编制凭证四种。

一次凭证是指只反映一项经济业务，或同时反映若干项同类性质的经济业务，其填制手续是一次完成的凭证，如“领料单”（见表 3-1）等。

表 3-1　领料单

领料单位：　　　　　　　　200 年　月　日　　　　　　　　编号：

| 材料编号 | 材料名称及规格 | 计量单位 | 数　量 | | 价　格 | | 备注 |
|---|---|---|---|---|---|---|---|
| | | | 请领 | 实领 | 单价 | 金额 | |
| | | | | | | | |

领料单位负责人：　　　　领料人：　　　　发料人：　　　　制单：

累计凭证是指在一定时期内连续记载若干项同类性质的经济业务，其填制手续是随着经济业务发生而分次（多次）完成的凭证，如“限额领料单”（见表 3-2）等。

表 3-2　限额领料单

领料部门：
发料仓库：　　　　编号：

| 材料类别 | 材料编号 | 材料名称及规格 | | 计量单位 | 领用限额 | | 实际领用 | 单价 | 金额 | 备注 |
|---|---|---|---|---|---|---|---|---|---|---|
| | | | | | | | | | | |
| 日期 | 请领 | | 实发 | | | | | 限额结余 | 退库 | |
| | 数量 | 领料单位盖章 | | 数量 | 发料人 | | 领料人 | | 数量 | 退库单编号 |
| | | | | | | | | | | |
| 合计 | | | | | | | | | | |

供应部门负责人：　　生产计划部门负责人：　　仓库负责人：

汇总原始凭证亦称原始凭证汇总表，是指在会计核算工作中，为简化记账凭证的编制工作，将一定时期内若干份记录同类经济业务的原始凭证加以汇总，用以集中反映某项经济业务总括发生情况的会计凭证，如“发料凭证汇总表”（见表 3-3）等。

表 3-3　发料凭证汇总表

| 应借科目 | | 生产成本 | 制造费用 | 管理费用 | 在建工程 | 合　计 | 备　注 |
|---|---|---|---|---|---|---|---|
| 原材料 | 原料及主要材料 | | | | | | |
| | 辅助材料 | | | | | | |
| | 修理用备件 | | | | | | |
| | 燃料 | | | | | | |
| | 合计 | | | | | | |
| 低值易耗品 | | | | | | | |
| 总　计 | | | | | | | |

记账编制凭证是根据账簿记录和经济业务的需要对账簿记录内容加以整理而编制的一种自制原始凭证，如“制造费用分配表”（见表 3-4）等。

表 3-4　制造费用分配表

车间：　　200　年　月　日

| 分配对象（产品名称） | 分配标准（生产工时等） | 分 配 率 | 分配金额 |
|---|---|---|---|
| | | | |
| | | | |
| | | | |
| 合　计 | | | |

会计主管：　　审核：　　制表：

2．外来原始凭证

外来原始凭证是指在经济业务发生时，从其他单位或个人取得的凭证，外来原始凭证一般均属于一次凭证。例如，从供应单位取得的购货发票、上交税金的收据、乘坐有关交通工具的票据等。表 3-5 是增值税专用发票。

表 3-5　增值税专用发票

开票日期：　　　　　　　　200　年　月　日　　　　　　　发　票　联 NO.

| | | | | | | |
|---|---|---|---|---|---|---|
| 购货单位 | 名　称 | | | 纳税人登记号 | | |
| | 地址、电话 | | | 开户银行及账号 | | |
| 商品或劳务名称 | 计量单位 | 数量 | 单价 | 金额 | 税率（17%） | 税额 |
| | | | | | | |
| | | | | | | |
| | | | | | | |
| 合计 | | | | | | |
| 价税合计（大写） | 拾　万　仟　佰　拾　元　角　分　￥ | | | | | |
| 销货单位 | 名　称 | | | 纳税人登记号 | | |
| | 地址、电话 | | | 开户银行及账号 | | |

收款人：　　　　开票单位（未盖章无效）：　　　　　　结算方式：

## （三）原始凭证的内容

不同的经济业务需要用不同的原始凭证进行反映，所以每一张原始凭证所记录的具体业务内容也就不可能完全一致，例如，“领料单”记录的是原材料的领用情况，而“收料单”记录的是原材料的收入情况，两者所记录的具体业务内容显然是有区别的。但是，为了能够发挥原始凭证的应有作用，作为经济业务数据的特有载体，无论哪一种原始凭证，都要说明每一项经济业务的具体发生和完成情况，都要明确经办单位、人员及其他相关单位的经济责任。因此，撇开各个原始凭证的具体的形式和内容，就其共同点而言，各种原始凭证都应具备如下的基本内容，这些基本内容通常可以称为原始凭证的基本要素。

（1）原始凭证的名称，如“增值税专用发票”、“限额领料单”等。通过原始凭证的名称，能基本体现该凭证所反映的经济业务类型。

（2）填制原始凭证的具体日期和经济业务发生的日期。应该说明的是，这两个日期在大多数情况下是一致的，但也有不一致的时候，此时应将这两个日期在原始凭证中分别进行反映。

（3）填制原始凭证的单位或个人名称。

（4）对外原始凭证要有接受凭证的单位名称。

（5）经济业务的内容。原始凭证对经济业务内容的反映，可以通过原始凭证内专设的“内容摘要”栏进行，如“收据”、“通用发票”等，也可以通过原始凭证本身来体现，如

“飞机票”等。

（6）经济业务的数量、单价和金额。这是对经济活动完整地进行反映所必需的，也是会计记录所要求的。没有具体金额的书面文件（如劳动合同等）一般是不能作为会计上的原始凭证的。

（7）经办人员的签字或盖章，如果是外来的原始凭证，还要有填制单位的财务专用章或公章。

上述原始凭证所应具备的基本内容可以对照前面列举的有关原始凭证具体样式理解和掌握。

另外，在自制的原始凭证中，有的企业单位根据管理和核算所提出的要求，为了满足计划、统计或其他业务方面相关工作的需要，还要列入一些补充内容，如在原始凭证上注明与该笔经济业务有关的生产计划任务、预算项目及经济合同号码等，以便更好地发挥原始凭证的多重作用。

## 三、记账凭证

由于原始凭证种类繁多，格式不一，所记录的内容也比较零散，还不能直接依据其登记账簿，因此必须将其转化为会计账簿所能接受的专门语言，即根据接收到的载有经济业务数据的原始凭证编制记账凭证，以便据以直接登记有关的会计账簿。

### （一）记账凭证的概念

所谓记账凭证，就是由会计人员根据审核无误的原始凭证进行归类、整理编制的，用来履行记账手续的会计分录凭证，它是登记账簿的直接依据。

原始凭证和记账凭证之间存在着密切的联系，原始凭证是记账凭证的基础，记账凭证是根据原始凭证编制的。原始凭证附在记账凭证后面作为记账凭证的附件，记账凭证是对原始凭证内容的概括和说明。记账凭证与原始凭证的本质区别在于记账凭证上载有会计分录。

### （二）记账凭证的种类

记账凭证按其反映的经济业务内容的不同，可以分为专用记账凭证和通用记账凭证。

#### 1. 专用记账凭证

专用记账凭证是专门用来记录某一特定种类经济业务的记账凭证，按其所记录的经济业务是否与货币资金收付有关，又可以进一步分为收款凭证、付款凭证和转账凭证 3 种。

（1）收款凭证是用来反映货币资金增加的经济业务而编制的记账凭证，也就是记录现金和银行存款等收款业务的凭证。收款凭证的具体格式见本节举例中的表 3-6。

（2）付款凭证是用来反映货币资金减少的经济业务而编制的记账凭证，也就是记录现金和银行存款等付款业务的凭证。付款凭证的具体格式见本节举例中的表 3-7。

收、付款凭证既是登记现金、银行存款日记账和有关明细账的依据，也是出纳员办理收、付款项的依据。

（3）转账凭证是用来反映不涉及货币资金增减变动的经济业务（即转账业务）而编制的记账凭证，也就是记录与现金、银行存款的收付款业务没有关系的转账业务的凭证。转账凭证的具体格式见本节举例中的表3-11。

### 2. 通用记账凭证

通用记账凭证是采用一种通用格式记录各种经济业务的记账凭证，这种通用记账凭证既可以反映收、付款业务，也可以反映转账业务。

## （三）记账凭证的填制要求

记账凭证是根据审核无误的原始凭证编制的，各种记账凭证可以根据每一张原始凭证单独编制，也可以根据若干张原始凭证汇总编制。

在采用专用记账凭证的企业中，其收款凭证和付款凭证是根据有关现金和银行存款收付业务的原始凭证填制的。凡是引起现金、银行存款增加的经济业务，都要根据现金、银行存款增加的原始凭证，编制现金、银行存款的收款凭证；凡是引起现金、银行存款减少的业务，都要根据现金、银行存款减少的原始凭证，编制现金、银行存款的付款凭证。出纳人员对于已经收讫的收款凭证和已经付讫的付款凭证及其所附的各种原始凭证，都要加盖“收讫”和“付讫”的戳记，以免重收重付。转账凭证是根据有关转账业务的原始凭证填制的，作为登记有关账簿的直接依据。

如果企业采用的是专用记账凭证，对于从银行提取现金或将现金存入银行等货币资金内部相互划转的经济业务，为了避免重复记账，一般只编制付款凭证，不再编制收款凭证。

在采用通用记账凭证的企业里，对于各种类型的经济业务，都使用一种通用格式的记账凭证进行反映。通用记账凭证的填制方法与转账凭证的填制方法基本相同。以下举例说明专用记账凭证的样式和具体的编制方法。

**例题** 某企业于2013年1月1日筹资成立，自成立之日起，第一个月发生了如下的经济业务。

（1）1月1日，接受投资人张某20 000元现金投资。

**分析：** 资产（库存现金）增加，所有者权益（实收资本）增加。

应编制现金的收款凭证如表3-6所示。

表3-6 收 款 凭 证

借方科目：库存现金　　　　2013年1月1日　　　　凭证编号 1

| 摘　要 | 贷方科目 | | 金　额 | 记账符号 | |
|---|---|---|---|---|---|
| | 总账科目 | 明细科目 | | | 附件 |
| 接受张某投资 | 实收资本 | 张某 | 20 000 | | |
| | | | | | |
| 合　计 | | | 20 000 | | 张 |

会计主管：　记账：　稽核：　制单：　出纳：　缴款人：

（2）1 月 1 日，将投资款现金存入企业的开户银行。

**分析：** 资产（库存现金）减少，资产（银行存款）增加。

应编制现金的付款凭证如表 3-7 所示。

**表 3-7 付 款 凭 证**

贷方科目：库存现金　　　　2013 年 1 月 1 日　　　　凭证编号 2

| 摘　要 | 借方科目 | | 金　额 | 记账符号 |
|---|---|---|---|---|
| | 总账科目 | 明细科目 | | |
| 现金存入银行 | 银行存款 | | 20 000 | |
| | | | | |
| 合　计 | | | 20 000 | |

附件　张

会计主管：　　记账：　　稽核：　　制单：　　出纳：　　领款人：

（3）1 月 1 日，因开展业务需要，企业向其开户银行申请借款 60 000 元，银行经审查同意，将款项存入企业的账户内。

**分析：** 资产（银行存款）增加，负债（短期借款）增加。

应编制银行存款的收款凭证如表 3-8 所示。

**表 3-8 收 款 凭 证**

借方科目：银行存款　　　　2013 年 1 月 1 日　　　　凭证编号 3

| 摘　要 | 贷方科目 | | 金　额 | 记账符号 |
|---|---|---|---|---|
| | 总账科目 | 明细科目 | | |
| 向银行借款 | 短期借款 | | 60 000 | |
| | | | | |
| 合　计 | | | 60 000 | |

附件　张

会计主管：　　记账：　　稽核：　　制单：　　出纳：　　缴款人：

（4）1 月 2 日，企业从开户银行提取现金 5 000 元备用。

**分析：** 资产（库存现金）增加，资产（银行存款）减少。

应编制银行存款的付款凭证如表 3-9 所示。

**表 3-9 付 款 凭 证**

贷方科目：银行存款　　　　2013 年 1 月 2 日　　　　凭证编号 4

| 摘　要 | 借方科目 | | 金　额 | 记账符号 |
|---|---|---|---|---|
| | 总账科目 | 明细科目 | | |
| 提取现金备用 | 库存现金 | | 5 000 | |
| | | | | |
| 合　计 | | | 5 000 | |

附件　张

会计主管：　　记账：　　稽核：　　制单：　　出纳：　　领款人：

（5）1月5日，企业租入仓库一间，企业开出9 600元的支票，预付一年的房租。

**分析**：资产（预付账款）增加，资产（银行存款）减少。

应编制银行存款的付款凭证如表3-10所示。

**表3-10 付 款 凭 证**

贷方科目：银行存款　　　　2013年1月5日　　　　凭证编号 5

| 摘　要 | 借方科目 | | 金　额 | 记账符号 | 附件 |
|---|---|---|---|---|---|
| | 总账科目 | 明细科目 | | | |
| 预付房租 | 预付账款 | | 9 600 | | |
| | | | | | |
| 合　计 | | | 9 600 | | 张 |

会计主管：　　记账：　　稽核：　　制单：　　出纳：　　领款人：

（6）1月10日，企业从市内购进18 000元商品，并与批发商达成协议，货款于下个月支付。

**分析**：资产（库存商品）增加，负债（应付账款）减少。

应编制转账凭证如表3-11所示。

**表3-11 转 账 凭 证**

2013年1月10日　　　　凭证编号 6

| 摘　要 | 借方科目 | | 贷方科目 | | 金　额 | 记账符号 | 附件 |
|---|---|---|---|---|---|---|---|
| | 总账科目 | 明细科目 | 总账科目 | 明细科目 | | | |
| 赊购商品 | 库存商品 | | 应付账款 | | 18 000 | | |
| | | | | | | | |
| 合　计 | | | | | 18 000 | | 张 |

会计主管：　　记账：　　稽核：　　制单：

（7）1月12日，企业销售商品收到款项15 800元，存入银行。

**分析**：资产（银行存款）增加，收入（主营业务收入）增加。

应编制银行存款的收款凭证如表3-12所示。

（8）1月20日，企业通过银行支付本月的电费500元。

**分析**：资产（银行存款）减少，费用（管理费用）增加。

应编制银行存款的付款凭证如表3-13所示。

**表3-12 收 款 凭 证**

借方科目：银行存款　　　　2013年1月12日　　　　凭证编号 7

| 摘　要 | 贷方科目 | | 金　额 | 记账符号 | 附件 |
|---|---|---|---|---|---|
| | 总账科目 | 明细科目 | | | |
| 销售产品 | 主营业务收入 | | 15 800 | | |
| | | | | | |
| 合　计 | | | 15 800 | | 张 |

会计主管：　　记账：　　稽核：　　制单：　　出纳：　　缴款人：

表 3-13　付　款　凭　证

贷方科目：银行存款　　　　2013 年 1 月 20 日　　　　凭证编号 8

| 摘　要 | 借方科目 | | 金　额 | 记账符号 | 附件 |
|---|---|---|---|---|---|
| | 总账科目 | 明细科目 | | | |
| 支付电费 | 管理费用 | 电费 | 500 | | |
| | | | | | |
| 合　计 | | | 500 | | 张 |

会计主管：　　记账：　　稽核：　　制单：　　出纳：　　领款人：

（9）1 月 26 日，企业用库存现金 1 200 元支付办公费用。

**分析**：资产（库存现金）减少，费用（管理费用）增加。

应编制现金的付款凭证如表 3-14 所示。

表 3-14　付　款　凭　证

贷方科目：库存现金　　　　2013 年 1 月 26 日　　　　凭证编号 9

| 摘　要 | 借方科目 | | 金　额 | 记账符号 | 附件 |
|---|---|---|---|---|---|
| | 总账科目 | 明细科目 | | | |
| 支付办公费 | 管理费用 | 办公费 | 1 200 | | |
| | | | | | |
| 合　计 | | | 1 200 | | 张 |

会计主管：　　记账：　　稽核：　　制单：　　出纳：　　领款人：

（10）1 月 30 日，结转本月销售商品的成本 8 200 元。

**分析**：资产（库存商品）减少，费用（主营业务成本）增加。

应编制转账凭证如表 3-15 所示。

表 3-15　转　账　凭　证

2013 年 1 月 30 日　　　　凭证编号 10

| 摘　要 | 借方科目 | | 贷方科目 | | 金　额 | 记账符号 | 附件 |
|---|---|---|---|---|---|---|---|
| | 总账科目 | 明细科目 | 总账科目 | 明细科目 | | | |
| 结转成本 | 主营业务成本 | | 库存商品 | | 8 200 | | |
| | | | | | | | |
| 合　计 | | | | | 8 200 | | 张 |

会计主管：　　记账：　　稽核：　　制单：

# 第三节　账　　簿

## 一、账簿的概念与种类

### （一）账簿的概念

账簿是指以会计凭证为依据，序时、连续、系统、全面地记录和反映各经济组织经济活动全过程的簿籍。会计账簿是会计资料的主要载体之一。这种簿籍是由若干具有专门格式，又相互联结的账页组成的。账页一旦标明会计科目，这个账页就成为用来记录该科目所核算内容的账户。也就是说，账页是账户的载体，账簿则是若干账页的集合。

在会计核算中，对每一笔经济业务都必须取得或填制原始凭证，并根据原始凭证填制记账凭证，将经济业务以分录的形式记录在记账凭证中。但是每张凭证上记载的只是个别的经济业务，提供的核算资料是分散的和零星的，为了全面、系统地反映企业的经营活动情况，就需要按照一定的程序，把分散在会计凭证的资料加以归类和整理，登记到账簿中去。账簿是由账页组成的会计簿籍。通常所说的记账，就是根据记账凭证所确定的会计分录，在账簿中按账户进行登记，也就是过账。设置和登记账簿，是会计工作的重要环节。通过设置和登记账簿，可以提供系统完整的核算资料。同时账簿记录又是编制会计报表、进行会计分析和会计检查的重要依据。

### （二）账簿的种类

#### 1. 按照账簿的用途分类

账簿按其用途不同可以分为序时账簿、分类账簿和备查账簿。

（1）序时账簿也称日记账，是指按照经济业务发生时间的先后顺序逐日、逐笔登记的账簿。序时账簿包括普通日记账和特种日记账。其中普通日记账是对全部经济业务都按其发生时间的先后顺序逐日、逐笔登记的账簿；特种日记账是只对某一特定种类的经济业务按其发生时间的先后顺序逐日、逐笔登记的账簿。目前，在实际工作中应用比较广泛的是特种日记账，如“库存现金日记账”、“银行存款日记账”等。

（2）分类账簿，是指对全部经济业务按照总分类账户和明细分类账户进行分类登记的账簿。分类账簿按其反映经济业务详细程度的不同，又可以分为总分类账簿（即按照总分类账户分类登记的账簿）和明细分类账簿（即按照明细分类账户分类登记的账簿）。

（3）备查账簿也称辅助账簿，是指对某些在序时账和分类账中未能记载或记载不全的事项进行补充登记的账簿。备查账簿只是对其他账簿记录的一种补充，与其他账簿之间不存在严密的依存和钩稽关系，如“租入固定资产备查簿”、“应付票据备查簿”等。

### 2. 按照账簿的外表形式分类

账簿按其外表形式的不同可以分为订本式账簿、活页式账簿和卡片式账簿。

（1）订本式账簿是在启用之前就已把顺序编号的账页装订成册的账簿。对于那些比较重要的内容一般采用订本式账簿，序时账簿、联合账簿、总分类账簿等应采用订本式。

（2）活页式账簿是在启用时账页不固定装订成册，而将零散的账页放置在活页夹内，随时可以取放的账簿。活页账克服了订本账的缺点。明细分类账可根据需要采用活页式。

（3）卡片式账簿是由许多具有一定格式的硬制卡片组成，存放在卡片箱内，根据需要随时取放的账簿。卡片账主要用于不经常变动的内容的登记，如“固定资产明细账”等。

## 二、账簿的格式与登记方法

账簿从构造上看，一般由三大部分组成，即封面——标明账簿的名称，扉页——列示目录表和账簿使用登记表，账页——列示会计科目、记账日期、记账依据、内容摘要及金额等。不同的会计账簿由于反映的经济业务内容和详细程度不同，因而，其账页格式也有一定的区别。

### （一）序时账簿的格式与登记方法

这里所说的序时账簿主要是指特种日记账。企业通常设置的特种日记账主要有库存现金日记账和银行存款日记账。

#### 1. 库存现金日记账的格式及登记方法

库存现金日记账是顺序登记库存现金收、付业务的账簿。库存现金日记账的常用格式是三栏式，通常设置收入、付出、结余或借方、贷方、余额三个主要栏目，用来登记现金的增减变动及其结果。

三栏式库存现金日记账是由现金出纳员根据现金收款凭证、现金付款凭证及银行存款的付款凭证（反映从银行提取现金业务），按照现金收、付款业务和银行付款业务发生时间的先后顺序逐日、逐笔登记。表 3-16 是某企业的库存现金日记账（三栏式）的格式及登记方法。

表 3-16 库存现金日记账

第 1 页

| 2013 年 | | 凭 证 | | 摘 要 | 对方科目 | 借 方 | 贷 方 | 余 款 |
|---|---|---|---|---|---|---|---|---|
| 月 | 日 | 种 | 号 | | | | | |
| 1 | 1 | 现收 | 1 | 张某现金投资 | 实收资本 | 20 000 | | |
| | 1 | 现付 | 1 | 现金存入银行 | 银行存款 | | 20 000 | |
| | 2 | 银付 | 2 | 提取现金备用 | 银行存款 | 5 000 | | |
| | 26 | 现付 | 5 | 支付办公费用 | 管理费用 | | 1 200 | |
| | | | | 本 月 合 计 | | 25 000 | 21 200 | 3 800 |

### 2. 银行存款日记账的格式及登记方法

银行存款日记账是用来序时反映企业银行存款的增加、减少和结存情况的账簿。银行存款收付业务的结算方式有多种，为了反映具体的结算方式及相关的单位，需要在三栏式库存现金日记账的基础上，通过增设栏目设置银行存款日记账，即在银行存款日记账中增设采用的结算方式和对方单位名称等具体的栏目。

银行存款日记账是由出纳员根据银行存款的收款凭证、付款凭证及现金的付款凭证（反映将现金存入银行业务）序时登记的。总体来说，银行存款日记账的登记方法与库存现金日记账的登记方法基本相同。这里不再赘述。

## （二）总分类账的格式与登记方法

总分类账是按照一级会计科目设置，提供总括资料的账簿，总分类账只能以货币作为计量单位。总分类账的格式有三栏式（即借方、贷方、余额3个主要栏目）和多栏式两种，总分类账的登记依据和方法主要取决于所采用的会计核算组织程序。它可以直接根据记账凭证逐笔登记；也可以把记账凭证进行汇总，编制成汇总记账凭证或科目汇总表，根据汇总的记账凭证定期登记。表3-17是“库存商品”总分类账的格式和登记方法。不管哪种格式的总分类账，每月都应将本月已完成的经济业务全部登记入账，并于月末结出各总分类账户的本期发生额和期末余额，与其他有关账簿核对相符之后，作为编制会计报表的主要依据。

表3-17 总 账

会计科目：库存商品　　　　第1页

| 2013年 | | 凭证字号 | | 摘　要 | 借 方 | 贷 方 | 借或贷 | 余　款 |
|---|---|---|---|---|---|---|---|---|
| 月 | 日 | 字 | 号 | | | | | |
| 1 | 10 | 转 | 1 | 赊购商品 | 18 000 | | 借 | 18 000 |
| 1 | 30 | 转 | 2 | 结转成本 | | 8 200 | 贷 | 9 800 |
| | | | | | | | | |

## （三）明细分类账的格式及登记方法

根据管理上的要求和各种明细分类账所记录经济业务的特点，明细分类账的格式主要有以下三种。

### 1. 三栏式明细分类账

三栏式明细分类账的格式和三栏式总分类账的格式相同，即账页设有借方金额栏、贷方金额栏和余额金额栏三个主要栏目。这种格式的明细账适用于只要求提供货币信息而不需要提供非货币信息（实物量指标等）的账户，一般适用于债权债务类明细账，如应付账款、应收账款、预付账款、预收账款、其他应收款、其他应付款等明细账。

2. 数量金额式明细账

数量金额式明细账要求在账页上在借方、贷方、余额栏下分别设置数量栏和金额栏，以便同时提供货币信息和实物量信息。这一类的明细账适用于既要进行金额核算又要进行实物量核算的财产物资类明细账，如原材料，库存商品等明细账。

3. 多栏式明细账

多栏式明细分类账是根据经济业务的特点和经营管理的需要，在一张账页内按有关明细科目或项目分设若干专栏的账簿。按照登记经济业务内容的不同又分为三种："借方多栏式"明细账，如"材料采购明细账"、"生产成本明细账"、"制造费用明细账"等；"贷方多栏式"明细账，如"主营业务收入明细账"等；"借方、贷方多栏式"明细账，如"本年利润明细账"、"应交增值税明细账"等。

### （四）备查账簿的格式及登记方法

备查账簿是对主要账簿起补充说明作用的账簿。它没有固定的格式，一般是根据各单位会计核算和经营管理的实际需要而设置的。

## 第四节　对账与结账

为了总结某一会计期间的经营活动情况，考核经营成果，便于准确编制会计报表，必须定期进行对账和结账工作。

### 一、对账

对账，简单地说就是在将本期发生的经济业务登记入账之后，对账簿记录所进行的核对工作。对账的内容一般包括以下几个方面。

1. 账证核对，做到账证相符

账证核对是将各种账簿（包括总分类账、明细分类账，以及库存现金和银行存款日记账）记录与有关的会计凭证（包括记账凭证及其所附的原始凭证）进行核对，做到账证相符。账证核对的工作一般可以采用抽查法进行。

2. 账账核对，做到账账相符

账账核对是在账证相符的基础上，对各种账簿记录的内容所进行的核对工作，做到账账相符。账账核对的具体内容包括：

（1）总分类账中各账户的本期借、贷方发生额合计数，期末借、贷方余额合计数，应当分别核对相符，以检查总分类账户的登记是否正确。其核对方法是编制总分类账户发生额及余额试算平衡表进行核对。

（2）库存现金日记账、银行存款日记账的本期借方、贷方发生额合计数及期末余额合计数，分别与总账中的库存现金账户、银行存款账户的记录核对相符，以检查日记账的登记是否正确。

（3）总分类账户本期借、贷双方发生额及余额，与所属明细分类账户本期借、贷方发生额合计数及余额合计数核对相符，以检查总分类账户和明细分类账户登记是否正确。其核对方法一般是编制总分类账户与明细分类账户发生额及余额对照表进行核对。

（4）会计部门登记的各种财产物资明细分类账的结存数，与财产物资保管或使用部门的有关保管账的结存数核对相符，以检查双方登记是否正确。

#### 3．账实核对，做到账实相符

账实核对是在账账相符的基础上，将各种账簿记录余额与各项财产物资、库存现金、银行存款及各种往来款项的实存数核对，做到账实相符。账实核对的具体内容包括：

（1）库存现金日记账的余额与现金实际库存数核对相符。

（2）银行存款日记账的发生额及余额与银行对账单核对相符。

（3）财产物资明细账的结存数分别与财产物资的实存数核对相符。

（4）各种债权、债务的账面记录应定期与有关债务、债权单位或个人核对相符。

## 二、结账

结账，就是把一定时期内的经济业务全部登记入账后，计算出每个账户的本期发生额和期末余额，并将其余额结转下期或转入新账的过程。结账的目的是了解会计要素项目的本期增减变动和期末结存情况，定期总结、考核企业的生产经营成果，并为编制会计报表提供依据。

企业使用的账户可以分为两大类：实账户和虚账户。结账的具体方法取决于账户的类别。

实账户是指资产类、负债类、所有者权益类账户，即列示在资产负债表上的账户。这些账户一般都有期末余额，其余额要结转到下一个会计期间，作为下一期的期初余额。所以这三类账户的结账是指计算出账户的期末余额，并结转到下期。

虚账户是指收入类和费用类账户，即列示在利润表上的账户。在会计期末，这些账户的余额应当转入有关账户，以便计算本期损益。所以这两类账户的结账是指将账户结平，账户余额为零，而且要编制结账分录。

# 第五节　编制会计报表

会计报表是指按照一定的格式、依据账簿中的资料，总括地反映企业单位在某一特定日期财务状况和某一期间经营成果的书面报告文件。根据我国会计规范的要求，企业需要编制的主要会计报表有资产负债表、利润表、现金流量表等。

## 一、资产负债表

资产负债表是反映企业某一特定日期财务状况的报表。资产负债表遵循“资产=负债+所有者权益”这一会计等式，全面地揭示企业在某一特定日期所拥有或控制的经济资源、所承担的债务，以及偿债以后属于所有者的剩余权益。资产负债表的格式如表 3-18 所示。

表 3-18　资产负债表（简表）

编制单位：　　　　200×年　月　日　　　　单位：元

| 资　产 | 金　额 | 负债及所有者权益 | 金　额 |
|---|---|---|---|
| 货币资金 | | 短期借款 | |
| 应收账款 | | 应付账款 | |
| 库存商品 | | 预收账款 | |
| 待摊费用 | | 预提费用 | |
| | | 实收资本 | |
| | | 未分配利润 | |
| 资产总计 | | 负债及所有者权益总计 | |

## 二、利润表

利润表是反映企业在某一期间经营成果情况的报表。利润表是一张动态报表，通过该表可以全面地反映企业在某一期间实现的各项收入、发生的各项费用的具体构成情况，表明企业在该期间内的投入与产出的比例关系，从而评价企业的赢利能力，分析企业的赢利趋势。利润表的格式如表 3-19 所示。

表 3-19　利润表（简表）

编制单位：　　　　200×年　月　　　　单位：元

| 项　目 | 金　额 |
|---|---|
| 营业收入 | |
| 减：营业成本 | |
| 　　管理费用 | |
| 　　财务费用 | |
| 营业利润 | |

## 本章小结

● 会计循环是指确认和计量经济业务、编审原始凭证、编审记账凭证、登记会计报表、对账簿记录进行对账与结账、编制会计报表等一系列会计核算程序的总和。

● 会计凭证是用来记录经济业务，明确经济责任，并作为登记账簿依据的书面证明文件，会计凭证是重要的会计资料。会计账簿是由具有专门格式而又联结在一起的若干账页所组成，用来序时地、分类地记录和反映经济业务的簿籍，会计账簿是会计资料的主要载体之一。

● 为了总结某一会计期间的经济活动情况，考核经营成果，便于准确编制会计报表，必须定期进行对账和结账工作，按照权责发生制原则的要求，在会计期末结账时，需要对某些跨期间的账项进行调整，包括虚账户的调整和实账户的调整两部分内容。

● 会计循环的终端输出物是会计报表。会计报表是按照一定的格式、依据账簿中的资料，总括地反映企事业单位在某一特定日期财务状况和某一期间经营成果的书面报告文件。根据我国会计规范的要求，企业需要编制的主要报表有资产负债表、利润表、现金流量表等。

## 引导案例分析

明细账的格式主要分为三栏式、数量金额式和多栏式三种。三栏式的主要适用于往来款项明细账的登记；数量金额式的一般适用于既需要反映金额又需要反映数量的（如存货）明细账的登记；多栏式的根据需要分为借方多栏的（如生产成本明细账）、贷方多栏的（如主营业务收入明细账）、借贷方多栏的（如本年利润明细账）格式等。

## 复习思考题

1. 什么是会计循环？它主要包括哪些基本步骤？
2. 专用记账凭证可以分为哪几种？分别适用于哪些经济业务？
3. 对于采用专用记账凭证的单位，如果发生了货币资金内部相互划转的经济业务，如何选择所使用的专用记账凭证？
4. 明细分类账的格式如何？分别适用于哪种明细分类账簿？
5. 简述对账和结账的主要内容。

# 第四章

# 货币资金与应收项目

## 学习目标

本章主要阐述货币资金和应收项目的有关内容。通过本章的学习，要求了解货币资金的构成及核算方法，把握各种应收项目的确认、计量和记录方法。重点掌握现金清查结果的会计处理、银行存款余额调节表的编制、应收票据利息的确认与计量，以及坏账损失的核算等内容。

## 引导案例

张华是刚刚毕业的大学生，担任某公司的会计，负责往来款项的核算。某日，公司发生一笔赊销业务，销售收入为 20 000 元，商业折扣为 10%，现金折扣为 1/10，n/30。张华产生了困惑，不知道该如何将这笔业务记入应收账款的账目。

**问题讨论：**会计上对于销售折扣有何规定，请帮助张华解决该问题。

## 第一节 货币资金

任何企业进行生产经营活动，都必须持有货币资金。货币资金是停留在货币形态，可以随时用做购买手段和支付手段的资金。

## 一、货币资金的概述

### （一）货币资金的含义和内容

货币资金是指企业持有的，以货币形态表现的，可以随时用来购买和支付的资金。任何企业进行生产经营活动，都必须拥有一定数量的货币资金。货币资金数额的多少可以反映企业的支付能力和短期偿债能力的大小。在企业的资产中，货币资金的流动性最强，周转速度最快，收支业务量大，极易发生丢失被盗和营私舞弊，因此货币资金的核算和管理在企业的会计核算中具有极其重要的地位。

在我国会计工作中，根据货币资金存放地点及使用上是否受约定限制，一般将企业单位的货币资金分为库存现金、银行存款和其他货币资金。

### （二）货币资金核算和管理的要求

由于货币资金是企业流动性最强的资产，同时又是一种财富储藏手段，很容易被贪污、挪用，给企业造成经济损失。因此，企业必须加强对货币资金的管理，建立良好的货币资金内部控制制度，做到分工合理、操作有序、相互牵制、防止舞弊。具体要求如下：

（1）钱账分离，即货币资金收支与记账的岗位相互分离，出纳人员不得兼管稽核、会计档案保管和收入、费用、债权债务账目的登记工作。

（2）货币资金的收入和支出要有合理、合法的凭据。

（3）货币资金的收入和支出要及时准确入账，不得拖延补记。

（4）货币资金的支出要经过核准。

（5）不得坐支现金，即现金收支两条线。当日收入要及时送存银行，支出时从银行提取或支付。

（6）定期盘点货币资金，以做到账实相符。

（7）加强与货币资金有关的票据和印章的管理。

（8）严禁未经授权的机构或人员办理货币资金业务或直接接触货币资金。

## 二、库存现金的核算

现金是货币资金的重要组成部分，是通用的支付手段，具有通用性和无限制可流通性，可以不受任何约定的限制，在本国或他国自由流动。现金的概念有广义和狭义之分。狭义的现金是指存放于企业财会部门的，由出纳人员经管的纸币、硬币、电子货币及折算为记账本位币的外币等，包括人民币现金和外币现金；广义的现金除了狭义的现金内容之外，还包括银行存款和其他货币资金。这里所说的现金是指狭义的现金概念，即库存现金。

## （一）库存现金的管理

现金是企业货币资金中流动性最强的资产，是最直接的用于流通、交换和支付的手段。企业必须严格按照中国人民银行制定的《现金管理暂行条例》和财政部有关货币资金的内部会计控制规范，办理有关现金收支业务，严格管理企业的现金，以提高现金的使用效益，保证其安全。

### 1. 库存现金限额

在银行开户的各个企业单位，对其库存的现金量必须核定最高限额。按照《现金管理暂行条例》及其实施细则的规定，企业库存现金限额由企业提出计划，报开户银行审批。由开户银行根据实际需要，核定开户企业3～5天的日常零星开支所需的库存现金限额。边远地区和交通不便地区的开户单位的库存现金限额可以多于5天，但不得超过15天的日常零星开支。经过开户银行核定的库存现金限额，各个企业单位必须严格遵照执行。企业单位由于业务范围、内容发生变化，需要增加或减少限额时，应向开户银行提出申请，经过开户银行批准之后方可调整库存现金限额。

### 2. 现金的使用范围

根据国务院和中国人民银行的有关规定，开户单位可以使用现金的范围包括：职工工资、津贴；个人劳务报酬；按照国家规定颁发给个人的科学技术、文化艺术、体育等奖金；各种劳保、福利费用及国家规定的对个人的其他支出；向个人收购农副产品和其他物资的价款；出差人员必须随身携带的差旅费；结算起点以下的零星支出；中国人民银行确定的需要支付现金的其他支出。除按照规定的收支范围可以使用现金的以外，应该通过开户银行办理转账结算。国家鼓励开户单位和个人在经济活动中采取转账方式进行结算，减少使用现金。

### 3. 现金日常收支管理

有关现金日常收支管理的主要内容有：

（1）企业现金收入应当于当日送存开户银行，当日送存确有困难的，由开户银行确定送存时间。

（2）企业支付现金，可以从本单位库存现金限额中支付或从开户银行提取，不得从本单位的现金收入中直接支付（即坐支）。因特殊情况需要坐支现金的，应当事先报经开户银行审查批准，由开户银行核定坐支范围和限额。坐支单位应当定期向开户银行报送坐支金额和使用情况。

（3）不准用不符合制度规定的凭证充抵库存现金，即不得以“白条”顶库存；不准公款私存；不准保留账外公款；不准私设“小金库”。

（4）出纳人员不得兼任稽核、会计档案保管和收入、支出、费用、债权债务账目的登记工作。不得由一人办理货币资金业务的全过程。

### （二）库存现金日常收支的核算

#### 1．设置账户

企业应设置**“库存现金”**账户。

账户性质：资产类。

账户用途：核算库存现金的增减变化及其余额情况。

账户结构：如图 4-1 所示。

明细账：分别按币种设立明细账进行明细核算。

为了反映现金增减变化的具体情况，企业还应设置库存现金日记账，以便于对库存现金增减变动的过程及结果进行序时的核算。有外币现金的企业，还应当分别按人民币和外币设置库存现金日记账进行明细核算。对于同时存在不同币种的企业，在会计上只能选择一个币种作为记账本位币。

**库存现金**

| （借方） | （贷方） |
|---|---|
| 库存现金的增加 | 库存现金的减少 |
| 期末余额：期末库存现金 | |

图 4-1　库存现金账户结构

#### 2．库存现金收入的核算

企业单位由于销售商品、提供劳务及从银行提取现金等而发生现金收款业务时，出纳员应根据审核无误的原始凭证收讫现金后，在有关的原始凭证上加盖“现金收讫”戳记，然后由会计人员根据原始凭证编制现金收款凭证或银行存款付款凭证（货币资金内部相互划转业务即从银行提取现金），出纳员根据现金收款凭证或银行存款付款凭证就可以登记库存现金日记账和现金总账。

企业收入现金的途径主要包括与营业活动有关的现金收款业务，与筹资活动有关的现金收款业务及其他现金收款业务等。

**例 4-1**　大华股份有限公司销售一件产品，单价 1 000 元，增值税税额 170 元，已收到现金货款。

这是一项由于主营业务收入的实现而导致现金增加的收款业务，应编制现金收款凭证。其会计分录为：

借：库存现金　　1 170

　　贷：主营业务收入　　1 000

　　　　应交税费——应交增值税（销项税额）　　170

**例 4-2**　大华股份有限公司开出现金支票从银行提取现金 5 000 元，以备零星开支用。

从银行提取现金属于货币资金内部相互划转的业务，对于这种业务，为了避免重复记账，应编制银行存款付款凭证。其会计分录为：

借：库存现金　　5 000

　贷：银行存款　　5 000

根据上述业务所编制的会计分录可逐日逐笔登记库存现金日记账，序时或定期登记现金总账。

### 3. 库存现金支出的核算

企业日常发生现金支出业务时，出纳员应根据审核无误的原始凭证支付现金后，在有关的原始凭证上加盖“现金付讫”戳记，然后根据原始凭证编制现金付款凭证，并据以登记库存现金日记账和现金总账。

**例 4-3**　大华股份有限公司用现金 2 000 元发放职工困难补助。

职工困难补助应在职工福利费中开支，需要编制现金付款凭证。其会计分录为：

借：应付职工薪酬　　2 000

　贷：库存现金　　2 000

**例 4-4**　大华股份有限公司用现金 1 000 元购买行政管理部门的办公用品。

行政管理部门的办公用品费属于公司的管理费用，应编制现金付款凭证。其会计分录为：

借：管理费用　　1 000

　贷：库存现金　　1 000

**例 4-5**　大华股份有限公司用现金 500 元报销职工市内交通费。

职工市内交通费属于公司的管理费用，应编制现金付款凭证。其会计分录为：

借：管理费用　　500

　贷：库存现金　　500

根据上述现金付款凭证可逐日逐笔登记库存现金日记账，序时或定期登记现金总账。

企业在核算现金收支业务时应注意，企业内部各部门、各单位周转使用的备用金，应在“其他应收款”科目核算，或单独设置“备用金”科目核算，而不应在“库存现金”科目核算。

## （三）库存现金清查的核算

现金是企业一项比较重要的流动资产，在其管理的过程中，由于种种原因，现金经常会出现长、短款现象，即现金的账实不符，因此企业要对现金进行清查。

企业定期或不定期的现金清查，由清查小组的工作人员以实地盘点的方法进行。在具体清查时，出纳员必须在场。通过实地盘点确定库存现金实有数，然后与库存现金日记账的余额核对相符。清查之后应将清查结果填列到“库存现金盘点报告表”中，并由现金清查人员和出纳员签字盖章。对现金清查中发现的盘盈（长款）、盘亏（短款）金额，必须认真查明原因，及时报请有关部门人员批准，并按规定进行相应的账务处理。

现金清查过程中发现的长款或短款，应根据“库存现金盘点报告表”及有关的批准文件进行批准前和批准后的账务处理。现金长、短款通过“待处理财产损益——待处理流动资产损益”账户进行核算。

现金长、短款在批准前的处理是以实际存在的库存现金为准。当库存现金长款时，应增加库存现金账户的记录，以保证账实相符，同时记入“待处理财产损益——待处理流动资产损益”账户，等待批准处理；当库存现金短款时，应冲减库存现金账户的记录，以保证账实相符，同时记入“待处理财产损益——待处理流动资产损益”账户，等待批准处理。

现金长、短款在批准后，应视不同的原因采取不同的方法进行处理。一般来说，对于无法查明原因的现金长款，其批准后的处理是增加营业外收入；对于应付其他单位或个人的长款，应记入“其他应付款——××单位或个人”账户。对于现金短款，如果是应由责任人赔偿或由保险公司赔偿的，应记入“其他应收款——××赔偿人”或“其他应收款——应收保险赔款”账户；如果是由于经营管理不善造成的或无法查明原因的非常损失，应增加企业的管理费用。

**例4-6** 大华股份有限公司在财产清查时发现库存现金短款480元，经查是由于出纳员的责任造成的，进行批准前和批准后的处理。

（1）批准前，应作会计分录如下：

借：待处理财产损益——待处理流动资产损益　　480
　贷：库存现金　　480

（2）批准后，应作会计分录如下：

借：其他应收款——××出纳员　　480
　贷：待处理财产损益——待处理流动资产损益　　480

**例4-7** 大华股份有限公司在财产清查时发现库存现金短款500元，经反复查对，原因不明，进行批准前和批准后的处理。

（1）批准前，应作会计分录如下：

借：待处理财产损益——待处理流动资产损益　　500
　贷：库存现金　　500

（2）批准后，应作会计分录如下：

借：管理费用——库存现金短款　　500
　贷：待处理财产损益——待处理流动资产损益　　500

**例4-8** 大华股份有限公司在财产清查时发现库存现金长款760元，无法查明原因，进行批准前和批准后的处理。

（1）批准前，应作会计分录如下：

借：库存现金　　760
　贷：待处理财产损益——待处理流动资产损益　　760

（2）批准后，应作会计分录如下：

借：待处理财产损益——待处理流动资产损益　　760
　贷：营业外收入　　760

## 三、银行存款的核算

银行存款是企业存入银行和其他金融机构的各种款项。广义的银行存款包括银行结算户存款、其他货币资金和专项存款等一切存入银行及其他金融机构的款项。狭义的银行存款仅指存入银行结算户的款项。企业的银行存款包括人民币存款和外币存款。

### （一）银行账户的开立

企业应根据《银行账户管理办法》和《支付结算办法》的规定，在银行开立基本存款账户、一般存款账户、临时存款账户和专用存款账户。

基本存款账户是企业因办理日常转账结算和现金收付需要开立的银行结算账户，企业日常经营活动的资金收付、现金的支取以及员工工资、奖金的发放，应通过该账户办理。

一般存款账户是企业因借款或其他结算需要，在基本存款账户开户银行以外的银行营业机构开立的银行结算账户，用于办理企业借款转存、借款归还和其他结算。该账户可以办理现金缴存和转账结算，但不得办理现金支取。

专用存款账户是企业按照法律、行政法规和规章，对其特定用途资金（如基本建设资金、更新改造资金、社会保障基金等）进行专项管理和使用而开立的银行结算账户，用于办理各项专用资金的收付。

临时存款账户是企业因临时需要并在规定期限内使用而开立的银行结算账户，如设立临时机构、异地临时经营活动、注册验资等。该账户用于办理临时机构以及企业临时经营活动发生的资金收付。

企业可以自主选择银行，但每个企业只能选择一家银行的一个营业机构开立一个基本存款账户，不得在多家银行机构开立基本存款账户，同时也不得在同一家银行的几个分支机构开立一般存款账户。

### （二）银行结算方式的种类

结算是指企业与外部单位或个人之间发生经济业务往来时所引起的货币收付行为。结算方式有现金结算和银行转账结算。为了规范支付结算行为，保护支付结算活动中当事人的合法权益，加速资金周转和商品流通，中国人民银行根据《中华人民共和国票据法》和《票据管理实施办法》制定了《支付结算办法》，规定了企业可以选择使用的票据结算工具和结算方式共九种，即“四票”、“三式”、信用卡以及国际贸易中采用的信用证结算方式。

#### 1. 支票

支票是由存款人签发，委托银行见票时无条件支付确定的金额给收款人或持票人的票据。支票上印有“现金”字样的为现金支票，现金支票只能用于支取现金。支票上印有“转账”字样的为转账支票，转账支票只能用于转账。支票上未印有“现金”或“转账”字样的为普通支票，普通支票可以用于支取现金，也可以用于转账。在普通支票左上角划两条平行线的为划线支票，划线支票只能用于转账，不得用于支取现金。

支票结算是同城结算中应用比较广泛的一种结算方式。支票一律记名。持票人可以通过背书将支票权利转让给他人。支票的提示付款期限为自出票日起 10 天。超过提示付款期限提示付款的支票，持票人开户银行不予受理，付款人不予付款。

严格禁止签发空头支票及签章与预留银行签章不符的支票。空头支票是指出票人所签发的支票的金额超过其付款时在付款人处实有的存款金额。

### 2．银行汇票

银行汇票是汇款人将款项交存当地银行，由出票银行签发的，由其在见票时按照实际结算金额无条件支付给收款人或持票人的票据。银行汇票适用于异地结算。银行汇票一律记名，提示付款期限为自出票日起 1 个月，逾期兑付银行不予受理。银行汇票可以背书或转汇其他地点，银行汇票的背书转让以不超过出票金额的实际结算金额为准，未填写实际结算金额或实际结算金额超过出票金额的银行汇票不得背书转让。汇票超过付款期限或其他原因需要退款时，可以持票向出票银行办理退款。

银行汇票存款属于“其他货币资金”科目的核算范围，具体账务处理见本章“其他货币资金”部分。

### 3．商业汇票

商业汇票是由出票人签发，由承兑人承兑，委托付款人于指定日期无条件支付确定的金额给收款人或持票人的票据。在银行开立存款账户的法人以及其他组织之间，必须具有真实的交易关系或债权债务关系才能使用商业汇票。商业汇票既可用于同城结算，也可用于异地结算。商业汇票的付款期限由交易双方商定，最长不超过 6 个月。商业汇票一律记名，并允许背书转让。

商业汇票因承兑人不同，可分为商业承兑汇票和银行承兑汇票。承兑是指承诺在汇票到期日无条件地支付汇票金额给票据持有人的行为。商业承兑汇票是指按照交易双方约定，由付款人或收款人签发，由银行以外的付款人承兑的商业汇票。银行承兑汇票是指按照交易双方约定，由在承兑银行开立存款账户的付款人签发，由银行负责承兑的商业汇票，其信用程度高于商业承兑汇票。

商业汇票按是否带有利息，分为带息商业汇票与不带息商业汇票。带息商业汇票的票面载明利率，票据的到期值为票面值与票面利息之和。不带息商业汇票的到期值即为商业汇票的面值。

企业发生与商业汇票有关的业务时，应分别设置“应收票据”和“应付票据”科目进行核算。

### 4．银行本票

银行本票是申请人将款项交存银行，由银行签发的、承诺在见票时无条件支付确定的金额给收款人或持票人的票据。银行本票适用于同城结算。银行本票见票即付，所以具有信誉度高、支付功能强等特点。银行本票可以用于转账，在票面注明“现金”字样的，为现金本票。但申请人或收款人为单位的，不得申请签发现金银行本票。银行本票的提示付款期限自出票日起最长不得超过 2 个月。银行本票一律记名，并允许背书转让。银行本票分为定额银行本票和不定额银行本票两种。定额本票面值分别为 1 000 元、5 000 元、10 000 元和 50 000 元。

银行本票存款属于“其他货币资金”科目的核算范围，具体账务处理见本章“其他货币资金”部分。

### 5. 委托收款

委托收款是收款人委托其开户银行向付款人收取款项的结算方式。单位或个人凭已承兑的商业汇票、债券、存单等付款人债务证明办理款项结算时，均可使用委托收款结算方式。另外，委托收款还适用于收取水、电、电话费等付款人众多、分散的公用事业费等有关款项。委托收款在同城和异地均可使用，不受金额起点限制，其划款方式分邮寄和电报两种，由收款人选择。

采用委托收款方式，收款人委托银行收款时应填写委托收款凭证，详细填明有关内容。

### 6. 汇兑

汇兑是汇款人委托银行将款项支付给收款人的结算方式。汇兑适用于单位和个人各种款项的结算。

汇兑按凭证传递的方式不同，可分为信汇和电汇两种。信汇是指汇款人委托银行以邮寄方式将汇款凭证转给收款人指定的汇入行；电汇是指银行将电汇凭证通过电报或其他电讯工具向汇入银行发出付款通知。选择何种汇兑方式，可由汇款人根据对汇款快慢的要求选择使用。

### 7. 托收承付

托收承付是指根据购销合同，由收款人发货后，委托银行向异地付款人收取款项，由付款人向银行承认付款的结算方式。托收承付结算适用于异地结算。使用托收承付结算方式的收款单位和付款单位，必须是国有企业、供销合作社以及经营管理较好，并经开户银行审查同意的城乡集体所有制工业企业。办理托收承付结算的款项，必须是商品交易，以及因商品交易而产生的劳务供应的款项。代销、寄销、赊销商品的款项，不得办理托收承付结算。托收承付结算每笔金额起点为 10 000 元，新华书店系统每笔金额起点为 1 000 元。

付款人可以采用验单付款和验货付款两种方式。付款人必须在承付期内验明单证或货物，若与购销合同不符，应在承付期满之前向银行提出拒付。若承付期满，企业不向银行提出拒付，银行将在承付期满的次日，划转款项。

### 8. 信用卡

信用卡是指商业银行向单位和个人发行的，凭其向特约单位购物、消费和向银行存取现金，具有消费信用的特制载体卡片。发行信用卡的目的主要是为了减少现金的使用。

信用卡按使用对象可分为单位卡和个人卡；按信誉等级分为金卡和普通卡。单位卡账户的资金一律从其基本存款账户转账存入，不得交存现金，不得将销货收入的款项存入其账户。严禁将单位的款项存入个人卡账户。单位卡一律不得支取现金，不得用于 10 万元以上的商品交易、劳务供应款项的结算。

信用卡在规定的限额和期限内允许善意透支，透支后，应在规定的期限内续存。透支超过规定限额或规定期限，并且经发卡银行催收无效的透支行为称为恶意透支。对恶意透支的要依法追究其法律责任。

信用卡存款属于“其他货币资金”科目的核算范围。

#### 9. 信用证

信用证结算是指购货单位开户银行应申请人的申请，开给销货单位的凭符合信用证条款的单据付款的承诺，是一种主要的国际结算方式。

采用信用证结算方式时，收款单位收到信用证后，即备货装运，签发有关发票账单，连同运输单据和信用证送交银行，根据退还的信用证等有关凭证编制收款凭证；付款单位接到开证行的通知时，根据付款的有关单据编制付款凭证。

企业向银行申请开出信用证时，必须向银行交纳一定数额的信用证保证金，此保证金也属于“其他货币资金”科目的核算范围。

### （三）银行存款收付业务的核算

银行存款是企业的一项比较重要的货币资金，涉及银行存款增减变化的经济业务发生得又比较频繁，因此各企业应随时掌握银行存款的增减变化过程（动态）及其结果（静态），合理调度资金和为组织货币资金的收支平衡提供信息资料。

#### 1. 设置账户

企业应设置**“银行存款”**账户。

账户性质：资产类。

账户用途：核算银行存款的增减变化及其余额情况。

账户结构：如图 4-2 所示。

明细账：分别按币种设立明细账进行明细核算。

为了反映银行存款增减变化的具体情况，企业还应设置银行存款日记账。对于同时存在不同币种的企业，在会计上只能选择一个币种作为记账本位币。

银行存款

| （借方） | （贷方） |
| --- | --- |
| 银行存款的增加（收入） | 银行存款的减少（支出） |
| 期末余额：期末库存现金 | |

图 4-2　银行存款账户结构

### 2. 账务处理

银行存款收付业务的结算方式有多种，在不同的结算方式下，企业应当根据不同的原始凭证编制银行存款的收付款记账凭证，据以登记银行存款日记账和总账。企业将款项存入银行等金融机构时，应根据有关原始凭证，借记“银行存款”账户，贷记“库存现金”等有关账户；提取或支付在银行等金融机构中的存款时，借记“库存现金”等有关账户，贷记“银行存款”账户。

**例 4-9**　大华股份有限公司收到购货单位前欠购货款 300 000 元，存入银行。

这是一笔收款业务，应根据银行进账单编制收款凭证，并据以登记有关账簿。其会计分录为：

| | | |
|---|---|---|
| 借：银行存款 | 300 000 | |
| 　贷：应收账款 | | 300 000 |

**例 4-10**　大华股份有限公司开出转账支票支付本月购买办公用品费 6 500 元。

这是一笔付款业务，应根据支票存根和有关收据编制付款凭证，并据以登记有关账簿。其会计分录为：

| | | |
|---|---|---|
| 借：管理费用 | 6 500 | |
| 　贷：银行存款 | | 6 500 |

企业应当设置“银行存款日记账”，按照银行存款收付业务发生时间的先后顺序逐日逐笔登记，每日业务终了应结出余额。企业应定期（至少每月一次）将日记账的记录与银行对账单进行核对，并保证其相符，即对银行存款进行清查，如果发现不符，则应采取有关方法进行处理。

有外币业务的企业，应在“银行存款”账户下分别按人民币和各种外币设置“银行存款日记账”，进行银行存款的明细核算。

## （四）银行存款清查的核算

银行存款的清查主要是指企业银行存款日记账与开户银行开出的对账单两者的核对。在对银行存款日记账与银行开出的对账单进行核对时，应首先将至核对日截止的所有银行存款的收、付业务登记入账，并对发生的错账、漏账及时查清更正，然后再与银行对账单逐笔核对。如果二者余额相符，则说明基本正确；如果二者余额不符，则可能是企业或银行某一方记账过程有错误或存在未达账项。

未达账项是指企业和开户银行双方之间，由于传递单证需要时间、确认收付的口径不一致等原因，而造成对于同一笔款项收付业务因双方记账时间不一致，银行和企业中一方已经接到有关的结算凭证确认收付并已登记入账，而另一方尚未接到有关的结算凭证尚未入账的款项。总体来说，未达账项有两大类，一类是企业记账而银行未记账的账项，另一类是银行记账而企业未记账的账项。具体地说，未达账项有以下 4 种：

（1）企业收款记账，银行未收款未记账的账项，如企业收到其他单位的购货支票等。

（2）企业付款记账，银行未付款未记账的账项，如企业开出付款支票，但持票人尚未到银行办理转账手续等。

（3）银行收款记账，企业未收款未记账的账项，如托收货款收账等。

（4）银行付款记账，企业未付款未记账的账项，如银行代企业支付公用事业费等。

上述任何一种未达账项的存在，都会使企业银行存款日记账的余额与银行开出的对账单的余额不符。因此，在与银行对账时首先应查明是否存在未达账项，如果存在未达账项，就应该编制“银行存款余额调节表”，对有关的账项进行调整。“银行存款余额调节表”是在企业银行存款日记账余额和银行对账单余额的基础上，分别加减未达账项，确定调节后余额。如果调节后双方余额相符，则说明企业和银行双方记账过程基本正确，而且这个调节后余额是企业当时可以实际动用的银行存款的限额。如果调节后余额不符，企业和开户银行双方记账过程可能存在错误，属于开户银行错误，应当即由银行核查更正；属于企业错误，应查明错误所在，区别漏记、重记、错记或串记等情况，分别采用正确的方法进行更正。

以下举例说明“银行存款余额调节表”的具体编制方法。

**例 4-11** 大华股份有限公司 2013 年 3 月 31 日核对银行存款日记账。3 月 31 日，银行存款日记账余额为 285 600 元，同日银行开出的对账单余额为 236 700 元。经银行存款日记账与银行对账单逐笔核对，发现两者的不符是由下列原因造成的：

（1）公司于 3 月 28 日开出支票购买办公用品 4 000 元，公司根据支票存根和有关发票等原始凭证已记账，但收款人尚未到银行办理转账。

（2）3 月 29 日，公司的开户银行代公司收进一笔托收的货款 27 400 元，银行已记账，但尚未通知公司。

（3）3 月 30 日，开户银行代公司支付当月的水电费 5 000 元，银行已记账，但付款通知单尚未送达公司，因而公司未记账。

（4）公司于 12 月 31 日收到客户交来的购货支票，金额 75 300 元，当日存入银行，公司根据进账单等已记账，但因跨行结算，所以银行未记账。

根据调节前的余额和查出的未达账项等内容，编制 3 月 31 日的银行存款余额调节表，如表 4-1 所示。

**表 4-1 银行存款余额调节表**

单位：元

| 项 目 | 金 额 | 项 目 | 金 额 |
|---|---|---|---|
| 银行对账单余额 | 236 700 | 公司银行存款日记账余额 | 285 600 |
| 加：公司收款、银行未收款的购货支票 | 75 300 | 加：银行收款、公司未收款的未达账项 | 27 400 |
| 减：公司付款、银行未付款的办公用品费 | 4 000 | 减：银行付款、公司未付款的水电费 | 5 000 |
| 调节后的余额 | 308 000 | 调节后的余额 | 308 000 |

从表 4-1 可以看出，表中左右两方调整后的金额相等，这说明该公司的银行存款实有

数既不是 236 700 元，也不是 285 600 元，而是 308 000 元，同时还说明公司和银行双方在账目记录过程中基本没有错误（但这不是绝对的，有可能是由于两个差错正好相等，抵消为零）。如果调节后的余额仍然不等，则说明有错误存在，应进一步查明原因，采取相应的方法进行更正。

银行存款余额调节表只起对账的作用，不能根据银行存款余额调节表调整账面记录，其账面记录的调整必须待收到有关收款或付款的凭证之后再进行。

## 四、其他货币资金的核算

企业在经营过程中，为了应付日常开支、购买物资、结算债权债务等，除了需要现金和银行存款之外，还需要其他货币资金。

其他货币资金是指性质与现金、银行存款相同，但其存放地点和用途与现金和银行存款不同的货币资金，包括外埠存款、银行汇票存款、银行本票存款、存出投资款和在途货币资金等。

外埠存款是指企业到外地进行临时或零星采购时，汇往采购地银行开立采购专户的款项；银行汇票存款是企业为了取得银行汇票，按照规定存入银行的款项；银行本票存款是指企业为取得银行本票，按规定存入银行的款项；存出投资款是企业已存入证券公司但尚未进行投资的现金；在途货币资金是指企业同所属单位之间和上下级之间的汇解款项，在月终时尚未到达，处于在途状态的款项。

为了核算其他货币资金的变动及结余情况，需要设置“其他货币资金”账户，并相应设置“外埠存款”、“银行汇票存款”、“银行本票存款”、“存出投资款”和“在途货币资金”等明细账户，进行明细核算。这里仅以外埠存款为例说明其他货币资金的账务处理过程。

**例 4-12**　大华股份有限公司委托当地开户银行汇款 200 000 元给采购地银行开立采购专户。

（1）汇出款项时，根据有关凭证编制如下的会计分录：

| | | |
|---|---|---|
| 借：其他货币资金——外埠存款 | 200 000 | |
| 　贷：银行存款 | | 200 000 |

（2）采购员交来购货发票，注明价款 120 000 元，增值税税额 20 400 元。根据发票等应编制如下的会计分录：

| | | |
|---|---|---|
| 借：材料采购 | 120 000 | |
| 　　应交税费——应交增值税（进项税额） | 20 400 | |
| 　贷：其他货币资金——外埠存款 | | 140 400 |

（3）采购员完成了采购任务，将剩余的外埠存款 59 600 元转回本地银行。应根据银行的收账通知等编制如下的会计分录：

| | | |
|---|---|---|
| 借：银行存款 | 59 600 | |
| 　贷：其他货币资金——外埠存款 | | 59 600 |

# 第二节　应收和预付款项

应收和预付款项是指企业在日常生产经营过程中发生的各项债权，包括应收款项和预付款项。应收款项包括应收票据、应收账款、其他应收款和长期应收款等；预付款项则是指企业因购买商品或劳务而预先支付给有关单位的款项。企业应严格将不同内容的应收款项和预付款项分类加以核算，以正确反映、监督各种短期债权的发生及收回情况，保证企业这部分资产的安全完整，加速企业流动资金的周转。

## 一、应收票据的核算

### （一）应收票据的内容

我国《票据法》规定，票据包括汇票、本票和支票，但在我国会计实务中，支票、银行本票及银行汇票均为见票即付的票据，无须将其列为应收票据予以处理。因此，应收票据仅指企业因销售商品、提供劳务等而收到的商业汇票。

商业汇票是出票人签发的，委托付款人在指定日期无条件支付确定的金额给收款人或持票人的票据。在银行开立存款账户的法人及其他组织之间必须具有真实的交易关系或债权债务关系，才能使用商业汇票。根据我国现行法规制度的规定，商业汇票的付款期限由交易双方商定，但最长不得超过 6 个月。因此，企业持有的应收票据是一项短期债权，在资产负债表上列示为一项流动资产。

企业可以将自己持有的商业汇票背书转让。背书是指持票人将票据转让他人时在票据背面或粘单上记载有关事项并签章的票据行为。签章人称为背书人，接受票据转让的人称为被背书人。背书人对票据的到期付款负连带责任。符合条件的持票人还可持未到期的商业汇票向银行申请贴现。应收票据贴现是指持票人因急需资金，将未到期的商业汇票背书后转让给银行，银行受理后，从票面金额中扣除按银行的贴现率计算确定的贴现息后，将票款余额付给贴现企业的业务活动。

### （二）应收票据的分类

（1）商业汇票按承兑人不同，分为商业承兑汇票和银行承兑汇票。商业承兑汇票是指由付款人签发并承兑或由收款人签发交由付款人承兑的汇票。银行承兑汇票是指由在承兑银行开立存款账户的存款人（这里也是出票人）签发，由承兑银行承兑的票据。

（2）商业汇票按其是否带息，可以分为带息票据和不带息票据两种。带息票据是指商业汇票上标明利率，汇票到期时，承兑人除向收款人或被背书人支付票面金额款外，还应按票面金额和规定的利息率计算支付自票据生效日起至票据到期日止的利息；不带息票据是指商业汇票到期时，承兑人只按票面金额向收款人或被背书人支付款项的票据。

### （三）应收票据的初始计量

根据我国企业会计准则的规定，企业收到开出、承兑的商业汇票时，按照商业汇票的票面金额入账，即应收票据按其面值计价。

### （四）商业汇票的利息计算

商业汇票的利息计算公式如下：

商业汇票的利息=商业汇票的票面金额×票面利率×票据期限

上式中，“票面利率”一般指年利率，“票据期限”指自签发日起至到期日止的时间间隔。商业汇票的期限，有按月表示和按日表示两种。

票据期限按月表示时，应以到期月份中与出票日相同的那一天为到期日。如 4 月 1 日签发的 3 个月票据，到期日应为 7 月 1 日。月末签发的票据，不论月份大小，以到期月份的月末那一天为到期日。与此同时，计算利息使用的利率要换算成月利率（年利率÷12）。

票据期限按日表示时，应从出票日起按实际经历天数计算。出票日和到期日只能计算其中的一天，即“算头不算尾”或“算尾不算头”。例如，4 月 1 日签发的 90 天票据，其到期日应为 6 月 30 日，同时，计算利息使用的利率要换算成日利率（年利率÷360）。

### （五）应收票据的核算

#### 1. 设置账户

企业应设置**“应收票据”**账户。

账户性质：资产类。

账户用途：核算企业销售商品而收到购买单位开出并承兑商业承兑汇票或银行承兑汇票的增减变动及其结余情况。

账户结构：如图 4-3 所示。

明细账：按照债务人的不同设置明细账进行明细核算。

应收票据

| （借方） | （贷方） |
|---|---|
| 本期收到的商业汇票的增加 | 到期或提前贴现票据应收款的减少 |
| 期末余额：尚未回收的票据应收款 | |

图 4-3　应收票据账户结构

#### 2. 账务处理

企业因销售商品、产品或提供劳务收到开出、承兑的商业汇票时，按商业汇票的票面金额，借记“应收票据”账户，按实现的营业收入，贷记“主营业务收入”账户，按专用发票上注明的增值税额，贷记“应交税费——应交增值税（销项税额）”账户。商业汇票到期，应按实际收到的金额，借记“银行存款”账户，按商业汇票的票面金额，贷记“应收票据”账户。商业承兑汇票到期，承兑人违约拒付或无力支付票款，企业收到银行退回的商业承兑汇票、委托收款凭证、未付票款通知书或拒绝付款证明等，将到期票据的票面金额转入“应收账款”账户。“应收票据”账户期末借方余额，反映企业持有的商业汇票的票面金额。

企业应当设置“应收票据备查簿”，逐笔登记商业汇票的种类、号数和出票日期、票面金额、票面利率、交易合同号和付款人、承兑人、背书人的姓名或单位名称、到期日、背书转让日、贴现日期、贴现率和贴现净额、未计提的利息，以及收款日期和收回金额、退票情况等资料，商业汇票到期结清票款或退票后，应当在备查簿内逐笔注销。

（1）不带息应收票据的核算。

**例 4-13** A企业销售一批产品给B公司，货已发出，货款10 000元，增值税税额为1 700元。按合同约定3个月以后付款，B公司交给A企业一张3个月到期的商业承兑汇票，票面金额11 700元。

（1）A企业收到该票据时，作会计分录如下：

| | | |
|---|---|---|
| 借：应收票据 | 11 700 | |
| 　贷：主营业务收入 | | 10 000 |
| 　　　应交税费——应交增值税（销项税额） | | 1 700 |

（2）3个月后，该应收票据到期，A企业收回款项11 700元，存入银行。作会计分录如下：

| | | |
|---|---|---|
| 借：银行存款 | 11 700 | |
| 　贷：应收票据 | | 11 700 |

（3）如果该票据到期，B公司无力偿还票款，A企业应将到期票据的票面金额转入“应收账款”账户。作会计分录如下：

| | | |
|---|---|---|
| 借：应收账款 | 11 700 | |
| 　贷：应收票据 | | 11 700 |

（2）带息应收票据的核算。企业收到的带息商业汇票，应于资产负债表日按商业汇票的票面金额和确定的利率计提票据利息，计提的利息一方面增加应收票据的账面余额，另一方面冲减“财务费用”。

带息的商业汇票到期收回款项时，应按收到的本息，借记“银行存款”账户，按账面余额，贷记“应收票据”账户，按其差额（未计提利息部分），贷记“财务费用”账户。到期不能收回的带息应收票据，转入“应收账款”账户核算后，期末不再计提利息，其所包含的利息，在有关备查簿中进行登记，待实际收到时再冲减收到当期的财务费用。

**例 4-14** B企业2013年9月1日销售一批产品给A企业，货已发出，专用发票上注明的销售收入为200 000元，增值税额34 000元。收到A企业交来的商业承兑汇票一张，期限为6个月，票面利率为5%。

（1）收到票据时，作会计分录如下：

借：应收票据 234 000

贷：主营业务收入 200 000

应交税费——应交增值税（销项税额） 34 000

（2）年度终了（2013 年 12 月 31 日）计提票据利息时，作会计分录如下：

票据利息=234 000×（5%÷12）×4=3 900（元）

借：应收票据 3 900

贷：财务费用 3 900

（3）票据到期收回款项时，作会计分录如下：

收款金额=234 000×[1+（5%÷12）×6]=239 850（元）

2014 年 2 月末发生的票据利息=234 000×（5%/12）×2=1 950（元）

借：银行存款 239 850

贷：应收票据 237 900

财务费用 1 950

（4）如果票据到期 A 企业无力付款，B 企业应将带息应收票据的金额转入“应收账款”账户。作会计分录如下：

借：应收账款 237 900

贷：应收票据 237 900

其余的利息在备查簿中登记，待实际收到时再冲减收到当期的财务费用。

（3）收到抵付应收账款的商业汇票的核算。

**例 4-15** 甲公司收到乙公司寄来一张 2 个月期的商业承兑汇票，票面金额 117 000 元为抵偿前欠的产品货款。甲公司应作如下会计分录：

借：应收票据 117 000

贷：应收账款 117 000

（4）商业汇票贴现的核算。当企业出现资金短缺时，可以将其持有的、未到期的应收票据向银行办理贴现。在贴现中，企业付给银行的利息称为贴现利息，银行计算贴现利息的利率称为贴现率，企业从银行获得的票据到期值扣除贴现利息后的货币收入，称为贴现所得。贴现利息和贴现所得的计算公式如下：

贴现所得=票据到期值-贴现利息

票据到期值=票据面值+到期利息=票据面值×（1+利率×期限）

=票据面值×（1+年利率×票据到期天数÷360）

或 =票据面值×（1+年利率×票据到期月数÷12）

贴现利息=票据到期值×贴现率×贴现期

贴现期=票据期限–企业已持有票据期限

公式中的票据到期值是指：如果是带息商业汇票，到期值就是其面值加上按票据载明的利率计算的票据利息；如果是不带息商业汇票，到期值就是其面值。

例4-16 A公司因急需资金，于7月8日将一张6月8日签发、120天期限、票面价值50 000元的不带息商业汇票向银行贴现，年贴现率为10%。

票据到期日为10月6日（6月份23天，7月份31天，8月份31天，9月份30天，10月份5天）；票据持有天数30天（6月份23天，7月份7天）；贴现期为90天（120–30）；到期值50 000元；贴现利息1 250元（50 000×10%×90/360）；贴现所得48 750元（50 000–1 250）。作会计分录如下：

| | | |
|---|---|---|
| 借：银行存款 | 48 750 | |
| 　　财务费用 | 1 250 | |
| 　贷：应收票据 | | 50 000 |

如果贴现的商业承兑汇票到期，承兑人的银行账户不足支付，银行即将已贴现的票据退回申请贴现的企业，同时从贴现企业的账户中将票据款划回。此时，贴现企业应将所付票据本息转为“应收账款”，借记“应收账款”账户，贷记“银行存款”账户。如果申请贴现企业的银行存款账户余额不足，银行将作为逾期贷款处理，贴现企业应借记“应收账款”账户，贷记“短期借款”账户。

需要注意，企业贴现的票据如果是商业承兑汇票，那么申请贴现企业对该票据负有到期付款的连带责任，因而在资产负债表日应作为或有负债在报表附注中加以披露。

## 二、应收账款的核算

### （一）应收账款的初始计量

应收账款是指企业因销售商品、提供劳务等经营活动，应向购货单位或接受劳务单位收取的款项。

应收账款初始计量的原则与应收票据相同，均是按照公允价值计量，通常为从购货方应收的合同或协议价款。在我国会计实务中，应收账款的入账价值包括因销售商品或提供劳务从购货方或接受劳务方应收的合同或协议价款、增值税销项税额，以及代购货单位垫付的包装费、运杂费等。从理论上来讲，销售日确定的应收账款面值与未来收到现金的现值是不相等的，应收账款应按其现值入账。但由于企业拥有的应收账款，在正常情况下持有时间较短、利息金额不大，且收款日期不确定，因此不考虑从销售日至付款日之间发生的利息。

由于企业为了促销或及时收回货款，在销售时常常采用折扣政策，因此，确定应收账款的入账价值时还需要考虑商业折扣和现金折扣等因素。

#### 1. 商业折扣

商业折扣是指企业根据市场供需情况，或针对不同的客户在商品标价上给予的扣除。企业使用商业折扣可以用百分比表示，也可以用确定的金额表示。

商业折扣是一种“薄利多销”的营销策略，也是企业最常用的促销手段。商业折扣一般在交易发生时销售金额即已确定，它仅仅是确定实际销售价格的一种手段，不需要在买卖双方任何一方的账上反映，所以商业折扣对应收账款的入账价值的确认没有影响。

因此，在存在商业折扣的情况下，企业应收账款的入账价值应按扣除商业折扣以后的实际售价确认。例如，企业对某商品的报价是 1 000 元、商业折扣为 10%，则直接按 900 元确认应收账款。

### 2. 现金折扣

现金折扣是指债权人为鼓励债务人在规定的期限内付款，而向债务人提供的债务扣除。销货方提供现金折扣，是为了早日收回货款，加速资金周转。现金折扣通常发生在以赊销方式销售商品及提供劳务的交易中。企业为了鼓励客户提前偿付货款，通常与债务人达成协议，债务人在不同期限内付款可享受不同比例的折扣。现金折扣一般用符号“折扣 / 付款期限”表示。例如，买方在 10 天内付款可按售价给予 2%的折扣，用符号“2/10”表示；在 20 天内付款按售价给予 1%的折扣，用符号“1/20”表示；在 30 天内付款，则不给折扣，用符号“n/30”表示。

在存在现金折扣的情况下，应收账款入账金额的确定有两种方法：总价法和净价法。在我国采用总价法核算。

（1）总价法。总价法是指将未减去现金折扣前的金额作为实际售价，并以此作为应收账款的入账价值。现金折扣只有当客户在折扣期限内支付货款时，才予以确认。在这种方法下，销货方给予客户的现金折扣被视为融资的理财费用，会计上作为财务费用处理。

（2）净价法。净价法是指将扣除现金折扣后的金额作为实际售价，并据以确定应收账款的入账价值。这种方法把客户取得折扣视为正常现象，认为客户一般都会提前付款，如果客户超过折扣期限付款，销货方则将多收入的金额视为向客户提供信贷所获得的收入。

## （二）应收账款的核算

### 1. 设置账户

企业应设置“**应收账款**”账户。

账户性质：资产类。

账户用途：核算因销售商品和提供劳务等而应向购货单位或接受劳务单位收取货款的结算情况。

账户结构：如图 4-4 所示。

应收账款

| （借方） | （贷方） |
| --- | --- |
| 发生的应收账款 | 收回的应收账款 |
| 期末余额：应收未收款 | |

图 4-4　应收账款账户结构

明细账：按照债务人不同设置明细账，进行明细核算。

2. 账务处理

企业销售商品或材料等发生应收款项时，借记“应收账款”账户，贷记“主营业务收入”、“应交税费——应交增值税（销项税额）”、“其他业务收入”等账户；收回款项时，借记“银行存款”等账户，贷记“应收账款”账户。

企业代购货单位垫付包装费用、运杂费时，借记“应收账款”账户，贷记“银行存款”等账户；收回代垫费用时，借记“银行存款”等账户，贷记“应收账款”账户。

如果企业应收账款改用应收票据结算，在收到承兑的商业汇票时，借记“应收票据”账户，贷记“应收账款”账户。

（1）在没有商业折扣的情况下，应收账款应按应收的全部金额入账。

例 4-17 华联实业股份有限公司赊销给华强公司商品一批，货款总计 50 000 元，适用的增值税税率为 17%，代垫运杂费 1 000 元（假设不作为计税基数）。华联实业股份有限公司应作会计分录如下：

| | | |
|---|---|---|
| 借：应收账款 | 59 500 | |
| 贷：主营业务收入 | | 50 000 |
| 应交税费——应交增值税（销项税额） | | 8 500 |
| 银行存款 | | 1 000 |

收到货款时，应作会计分录如下：

| | | |
|---|---|---|
| 借：银行存款 | 59 500 | |
| 贷：应收账款 | | 59 500 |

（2）在有商业折扣的情况下，应收账款和销售收入按扣除商业折扣后的金额入账。

例 4-18 华联实业股份有限公司赊销商品一批，按价目表的价格计算，货款金额总计 10 000 元，给买方的商业折扣为 10%，适用增值税税率为 17%，代垫运杂费 500 元（假设不作为计税基数）。华联实业股份有限公司应作会计分录如下：

| | | |
|---|---|---|
| 借：应收账款 | 11 030 | |
| 贷：主营业务收入 | | 9 000 |
| 应交税费——应交增值税（销项税额） | | 1 530 |
| 银行存款 | | 500 |

收到货款时，应作会计分录如下：

| | | |
|---|---|---|
| 借：银行存款 | 11 030 | |
| 贷：应收账款 | | 11 030 |

（3）在有现金折扣的情况下，采用总价法核算。

例 4-19 华联实业股份有限公司赊销一批商品，货款为 100 000 元，规定现金折扣为 2/10、n/30，适用的增值税税率为 17%。假设折扣时不考虑增值税，华联实业股份有限公司应作如下账务处理。

（1）销售业务发生时，根据有关销货发票，作会计分录如下：

| | | |
|---|---|---|
| 借：应收账款 | 117 000 | |
| 　贷：主营业务收入 | | 100 000 |
| 　　　应交税费——应交增值税（销项税额） | | 17 000 |

（2）若客户于 10 天内付款，作会计分录如下：

| | | |
|---|---|---|
| 借：银行存款 | 115 000 | |
| 　　财务费用 | 2 000 | |
| 　贷：应收账款 | | 117 000 |

（3）若客户超过 10 天付款，则无现金折扣，作会计分录如下：

| | | |
|---|---|---|
| 借：银行存款 | 117 000 | |
| 　贷：应收账款 | | 117 000 |

### （三）坏账损失的核算

坏账是指企业无法收回或收回可能性极小的应收款项。由于发生坏账而产生的损失，称为坏账损失。

#### 1. 坏账损失的确认

企业确认坏账时，应遵循财务报告的目标和会计核算的基本原则，具体分析应收款项的特性、金额的大小、信用期限、债务人的信誉和当时的经营情况等因素。一般来讲，企业对有确凿证据表明确实无法收回的应收款项，如债务单位已撤销、破产、资不抵债、现金流量严重不足等，根据企业管理权限，经股东大会或董事会，或者经理（厂长）办公会或类似机构批准，作为坏账损失。

企业应当在期末分析各项应收款项的可收回性，并预计可能产生的坏账损失。对预计可能发生的坏账损失，计提坏账准备。企业计提坏账准备的方法由企业自行确定。企业应当制定计提坏账准备的政策，明确计提坏账准备的范围、提取方法、账龄的划分和提取比例，按照法律、行政法规的规定报有关各方备案，并备置于企业所在地。坏账准备计提方法一经确定，不得随意变更。如需变更，应当在会计报表附注中予以说明。

在确定坏账准备的计提比例时，除有确凿证据表明该项应收款项不能够收回或收回的可能性不大外（如债务单位已撤销、破产、资不抵债、现金流量严重不足、发生严重的自然灾害等导致停产而在短时间内无法偿付债务等，以及账龄在 3 年以上的应收款项），下列各种情况不能全额计提坏账准备：

① 当年发生的应收款项；

② 计划对应收款项进行重组；

③ 与关联方发生的应收款项；

④ 其他已逾期，但无确凿证据表明不能收回的应收款项。

应当指出，对已确认为坏账的应收款项，并不意味着企业放弃了其追索权，如重新收回，应及时入账。

### 2. 账务处理

坏账损失的核算方法有两种：直接转销法和备抵法。我国企业采用备抵法核算坏账损失。

备抵法是指按期估计坏账损失，形成坏账准备，当某一应收款项的全部或部分被确认为坏账时，应根据其金额冲减坏账准备，同时转销相应的应收款项金额的一种核算方法。

采用备抵法，企业需设置**“坏账准备”**账户。

账户性质：资产备抵类。

账户用途：核算以谨慎性原则为应收账款计提的坏账准备。

账户结构：如图4-5所示。

坏账准备

| （借方） | （贷方） |
|---|---|
| 发生坏账时冲销已计提部分<br>冲销多计提的部分 | 首次计提的坏账准备<br>补提的坏账准备 |
| | 期末余额：期末坏账准备的余额 |

图4-5　坏账准备账户结构

资产负债表日，企业确定应收款项发生减值的，按应减记的金额，借记“资产减值损失”账户；贷记“坏账准备”账户。本期应计提的坏账准备大于其账面余额的，应按其差额计提；应计提的金额小于其账面余额的差额，作相反的会计分录。

对于确实无法收回的应收款项，按管理权限报经批准后作为坏账损失，转销应收款项，借记“坏账准备”账户，贷记“应收票据”、“应收账款”、“预付账款”、“应收利息”、“其他应收款”、“长期应收款”等账户。

已确认并转销的应收款项以后又收回的，应按实际收回的金额，借记“应收票据”、“应收账款”、“预付账款”、“应收利息”、“其他应收款”、“长期应收款”等账户，贷记“坏账准备”账户；同时，借记“银行存款”账户，贷记“应收票据”、“应收账款”、“预付账款”、“应收利息”、“其他应收款”、“长期应收款”等账户。

企业采用备抵法进行坏账核算时，首先应按期估计坏账损失。估计坏账损失的方法有应收款项余额百分比法、账龄分析法、销货百分比法等。通常情况下采用应收款项余额百分比法，即根据会计期末应收款项的余额和估计的坏账率，估计坏账损失、计提坏账准备的方法。

**例4-20**　华联实业股份有限公司从2012年开始计提坏账准备。

（1）2012年年末应收账款余额为2 400 000元，该公司坏账准备的提取比例为5‰。应作会计分录如下：

坏账准备提取额=2 400 000×5‰=12 000（元）

借：资产减值损失　　12 000
　贷：坏账准备　　12 000

（2）2013 年 3 月，公司发现有 3 200 元的应收账款无法收回，按有关规定确认为坏账损失。应作会计分录如下：

借：坏账准备　　3 200
　贷：应收账款　　3 200

（3）2013 年 12 月 31 日，该公司应收账款余额为 2 880 000 元。按本年年末应收账款余额应保持的坏账准备金额（即坏账准备的余额）为：

$$2\,880\,000\times5‰=14\,400（元）$$

年末计提坏账准备前，“坏账准备”账户的贷方余额为：

$$12\,000-3\,200=8\,800（元）$$

2013 年度应补提的坏账准备金额为：

$$14\,400-8\,800=5\,600（元）$$

应作会计分录如下：

借：资产减值损失　　5 600
　贷：坏账准备　　5 600

（4）2014 年 7 月 15 日，接银行通知，公司上年度已冲销的 3 200 元坏账又收回，款项已存入银行。应作会计分录如下：

借：应收账款　　3 200
　贷：坏账准备　　3 200
借：银行存款　　3 200
　贷：应收账款　　3 200

（5）2014 年 12 月 31 日，公司应收账款余额为 2 000 000 元。本年年末坏账准备余额为：

$$2\,000\,000\times5‰= 10\,000（元）$$

年末计提坏账准备前，“坏账准备”账户的贷方余额为：

$$14\,400+3\,200=17\,600（元）$$

2014 年度应冲销多提的坏账准备金额为：

$$17\,600-10\,000=7\,600（元）$$

应作会计分录如下：

借：坏账准备　　7 600
　贷：资产减值损失　　7600

## 三、预付账款的核算

### （一）预付账款的内容

预付账款是指企业按照购货合同规定预付给供货单位的款项。预付账款是企业暂时被供货单位占用的资金。企业预付货款后，有权要求对方按照购货合同规定发货。预付账款必须以购销双方签订的购货合同为条件，按照规定的程序和方法进行核算。

## （二）预付账款的核算

### 1．设置账户

企业应设置**“预付账款”**账户。

账户性质：资产类。

账户用途：核算企业按照合同规定应向供货单位预付货款而与供货单位发生的结算债权的增减变化及其结余情况。

账户结构：如图 4-6 所示。

明细账：按照债务人不同设置明细账进行明细核算。

**预付账款**

| （借方） | （贷方） |
| --- | --- |
| 预付的款项和补付的款项 | 收到采购货物时按发票金额冲销的预付账款数<br>因预付货款多余而退回的款项 |
| 期末余额：企业实际预付的款项 | |

图 4-6　预付账款账户结构

### 2．账务处理

预付款项不多的企业，可以不设“预付账款”账户，而直接在“应付账款”账户核算。但在编制资产负债表时，应当将“应付账款”项目的借方明细账余额填入“预付账款”项目。

预付账款的核算包括预付款项和收回货物两个方面。

（1）预付款项的账务处理。根据购货合同的规定向供货单位预付款项时，借记“预付账款”账户，贷记“银行存款”账户。

（2）收回货物的账务处理。企业收到所购货物时，根据有关发票账单金额，借记“原材料”、“应交税费——应交增值税（进项税额）”等账户，贷记“预付账款”账户；当预付货款小于采购货物所需支付的款项时，应将不足部分补付，借记“预付账款”账户，贷记“银行存款”账户；当预付货款大于采购货物所需支付的款项时，对收回的多余款项，应借记“银行存款”账户，贷记“预付账款”账户。

**例 4-21**　华联实业股份有限公司向华峰公司采购材料 2 000 件，单价 50 元，所需支付的款项总额为 100 000 元。按照合同规定华联公司向华峰公司预付货款的 40%，验收货物后补付其余款项。

（1）预付 40%的货款，应作会计分录如下：

| | | |
| --- | --- | --- |
| 借：预付账款 | 40 000 | |
| 　贷：银行存款 | | 40 000 |

（2）收到华峰公司发来的 2 000 件材料，经验收无误，有关发票记载的货款为 100 000 元，增值税税额为 17 000 元。据此以银行存款补付不足款项 77 000 元。应作会计分录如下：

| | 借方 | 贷方 |
|---|---|---|
| 借：原材料 | 100 000 | |
| 　　应交税费——应交增值税（进项税额） | 17 000 | |
| 　贷：预付账款 | | 117 000 |
| 借：预付账款 | 77 000 | |
| 　贷：银行存款 | | 77 000 |

## 四、其他应收款的核算

### （一）其他应收款的内容

其他应收款是指除应收票据、应收账款、预付账款以外的其他各种应收、暂付款项。其主要内容包括：

（1）应收的各种赔款、罚款，如因企业财产等遭受意外损失而应向有关保险公司收取的赔款等。

（2）应收的出租包装物租金。

（3）应向职工收取的各种垫付款项，如为职工垫付的水电费，应由职工负担的医药费、房租费等。

（4）备用金，如向企业各有关部门拨出的备用金。

（5）存出保证金，如租入包装物预付的押金。

（6）其他各种应收、暂付款项。

### （二）其他应收款的账务处理

#### 1. 设置账户

企业应设置**“其他应收款”**账户。

账户性质：资产类。

账户用途：核算其他应收款的增减变动及其结余情况。

账户结构：如图 4-7 所示。

明细账：按照债务人不同设置明细账进行明细核算。

**其他应收款**

| （借方） | （贷方） |
|---|---|
| 发生的各种其他应收款 | 企业收到的款项和结转情况 |
| 期末余额：应收未收的其他应收款项 | |

图 4-7　其他应收款账户结构

2. 账务处理

企业发生备用金以外的其他应收款时，借记“其他应收款”账户，贷记“库存现金”、“银行存款”、“营业外收入”等账户；收回备用金以外的其他应收款时，借记“库存现金”、“银行存款”、“应付职工薪酬”等账户，贷记“其他应收款”账户。

企业应当定期或至少于每年年度终了对其他应收款进行检查，预计其可能发生的坏账损失，并计提坏账准备。对于不能收回的其他应收款应查明原因，追究责任。

实在无法收回的，按照企业的管理权限，经股东大会或董事会，或经理（厂长）办公会类似机构批准作为坏账损失，冲减提取的坏账准备。

**例 4-22** 企业库存的一批原材料物资因火灾被毁损，经保险公司确认，企业应收取赔款 50 000 元。

（1）根据有关索赔凭证，作会计分录如下：

| | | |
|---|---|---|
| 借：其他应收款——保险公司 | 50 000 | |
| 贷：待处理财产损益——待处理流动资产损益 | | 50 000 |

（2）收到保险公司支付的上项赔款 50 000 元，已存入银行。根据银行的收账通知，作会计分录如下：

| | | |
|---|---|---|
| 借：银行存款 | 50 000 | |
| 贷：其他应收款——保险公司 | | 50 000 |

**例 4-23** 企业代职工王刚垫付应由其个人负担的住院医药费 6 000 元，以银行存款支付。

（1）根据转账支票存根，作会计分录如下：

| | | |
|---|---|---|
| 借：其他应收款——王刚 | 6 000 | |
| 贷：银行存款 | | 6 000 |

（2）企业根据扣款通知，从王刚的工资中按月扣回为其代垫的住院医药费 1 000 元，6 个月扣清。各月扣款时，根据工资发放明细表，作会计分录如下：

| | | |
|---|---|---|
| 借：应付职工薪酬——工资 | 1 000 | |
| 贷：其他应收款——王刚 | | 1 000 |

**例 4-24** 华联实业股份有限公司替职工王某代垫医药费 10 000 元，因王某病故，亲属无力偿还，确定无法收回，经董事会批准作为坏账核销。作会计分录如下：

| | | |
|---|---|---|
| 借：坏账准备 | 10 000 | |
| 贷：其他应收款 | | 10 000 |

## 本章小结

- 本章主要介绍了有关货币资金和应收项目的具体核算内容。货币资金是停留在货币形态，可以随时用做购买手段和支付手段的资金，包括库存现金、银行存款和其他货币资金。

- 库存现金是货币资金的重要组成部分，是通用的支付手段。企业单位必须建立健全现金账目，包括现金日记账和现金总账。在现金日记账中逐笔登记现金的收入与支出，现金日记账做到日清月结，保证账款相符。现金是企业比较重要的流动资产，在其管理的过程中，由于种种原因使得现金经常会出现长、短款现象，要求对其进行相应的账务处理。

● 银行存款是企业存入银行和其他金融机构的各种款项。企业应根据规定，在银行开立基本存款账户、一般存款账户、临时存款账户和专用存款账户。银行存款的清查主要是指企业银行存款日记账与开户银行开出的对账单两者核对。如果两者余额相符，则说明基本正确；如果两者余额不符，则可能是企业或银行某一方记账错误或存在未达账项。如果存在未达账项，应该编制银行存款余额调节表对有关的账项进行调节。

● 其他货币资金是指性质与现金、银行存款相同，但其存放地点和用途与现金和银行存款不同的货币资金，包括外埠存款、银行汇票存款、银行本票存款、存出投资款和在途货币资金等。

● 应收票据是指企业因向客户提供商品或劳务而收到的由客户签发的在短期内某一确定日期支付一定金额的书面承诺，是持票企业拥有的债权。我国目前允许使用的商业汇票最长期限为 6 个月，遵循重要性原则，为了简化核算手续，在形成应收票据时一般按面值入账，对于带息票据，在会计期末按票面价值和规定的利率计提利息，相应增加应收票据的账面余额。

● 应收账款是企业因销售商品、产品、材料和提供劳务等业务而应向购货单位和提供劳务的单位收取的款项。当应收账款按交易日的实际发生额入账时，应注意现金折扣的内容。应收账款的入账法有总价法和净价法，我国采用的是总价法。企业无法收回的应收账款称为坏账，由于发生坏账而给企业造成的损失，称为坏账损失。对于坏账损失的核算，会计上有两种方法可供选择，即直接转销法和备抵法。我国要求企业采用备抵法核算坏账损失，计提坏账准备金。坏账准备的计提方法包括应收账款余额百分比法、账龄分析法、销货百分比法。具体采用哪一种方法由企业自行确定。

● 应收款项中的预付账款和其他应收款要注意各自的核算内容和账务处理。

## 引导案例分析

应收账款的入账价值应该扣除商业折扣。但对于现金折扣的处理有两种方法：一种为总价法，不扣除折扣；另一种为净价法，要扣除现金折扣。我国采用的是总价法，所以张华计入应收账款的入账价值应该为 18 000 元。

## 复习思考题

1. 什么是应收款项？应收款项包括哪些内容？
2. 应收款项应当于何时加以确认？
3. 如何对应收票据进行初始计量？
4. 如何对应收账款进行初始计量？
5. 商业折扣和现金折扣有何异同？

6. 什么是应收票据的贴现？如何进行账务处理？
7. 如何确认应收款项的坏账损失？
8. 对应收账款的坏账损失应如何计量？

## 练习题

### 习题一

目的：通过练习，掌握银行余额调节表的编制。

资料：

某企业2014年5月31日银行存款日记账月末余额为95 000元，银行对账单的余额为96 000元，经核对，发现存在下列未达账项：

1. 企业收到购货单位开来的转账支票5 500元，已登记入账，银行尚未入账。
2. 企业购买材料开出转账支票1 500元，已登记入账，持票人尚未送存银行，银行尚未入账。
3. 银行收到外地客户汇来的款项7 500元，银行已登记入账，企业尚未收到收款通知，尚未入账。
4. 银行代缴水电费2 500元，已从企业账户中扣除，企业尚未收到付款通知，尚未入账。

要求：根据以上未达账项，编制银行存款余额调节表。

### 习题二

目的：通过练习，掌握开出、承兑商业汇票及票据到期的核算。

资料：

1. 甲公司销售产品一批，价款为60 000元，增值税额为10 200元，收到购货方交来一张期限为2个月的不带息银行承兑汇票，票面金额为70 200元。
2. 票据到期甲公司收到上述票据款。
3. 甲公司于2013年8月26日向乙公司销售产品一批，价款为100 000元，增值税税额为17 000元，已办理了托收手续，但货款尚未收到。9月1日，企业收到乙公司于当日签发并承兑的一张期限为6个月的带息商业承兑汇票，票面金额为117 000元，票面年利率为10%。甲公司于2013年年末计提该票据利息。
4. 甲公司原向A公司销售产品一批，发生应收货款20 000元，增值税额为3 400元，经双方协商改用商业汇票方式结算，收到A公司交来票面金额为23 400元、期限为6个月的不带息银行承兑汇票一张。
5. 甲公司销售给乙公司原材料一批，收到乙公司签发并承兑的期限为3个月、票面利率为12%、面值为40 000元的带息商业承兑汇票一张。
6. 3个月后，上项商业承兑汇票已到期，甲公司如数收回全部票款，并存入银行。

要求：根据上述经济业务，编制甲公司的会计分录。

### 习题三

目的：通过练习，掌握有关商业汇票贴现的核算。

资料：

1. 甲公司因急需资金，于5月2日持从B公司收取的出票日期为3月23日、期限为6个月、面值为110 000元的不带息商业承兑汇票一张到开户银行申请贴现，银行年贴现率为12%，已办妥贴现手续。

2. 承接1，9月23日，甲公司已贴现的上项商业承兑汇票到期，因承兑人B公司无力支付票款而被开户银行退回，银行同时转来支款通知，已从本企业的存款户扣收票款110 000元。

3. 承接1，假设企业已贴现的上项商业承兑汇票已到期，因承兑人B公司无力支付而被开户银行退回，银行从本企业的存款户扣收已贴现的票款60 000元，并将不足部分50 000元转作对本企业的逾期贷款。

4. 甲公司因急需资金，于9月12日持从乙公司收取的票面额为50 000元、票面年利率为6%、期限为6个月的带息商业承兑汇票一张到开户银行申请贴现，该票据的出票日为6月1日，到期日为12月1日，银行规定的年贴现率为9%，已办妥贴现手续。假设甲公司于8月3日向开户银行申请贴现，其他条件不变。

要求：根据上述经济业务，计算票据贴现利息并编制甲公司的会计分录。

### 习题四

目的：通过练习，掌握附有销售折扣的应收账款的核算。

资料：

1. 甲公司向乙公司销售产品一批，售价为100 00元，由于是成批销售，甲公司给乙公司按售价10%的商业折扣，该公司适用的增值税税率为17%，产品已发出，但货款尚未收到。

2. 甲公司向丙公司销售产品一批，售价为100 000元，增值税税额为17 000元。为了早日收回货款，甲公司给予丙公司2/20、n/30的现金折扣条件，产品已经交付并办理了托收手续。

要求：

1. 根据上述经济业务，编制甲公司的会计分录。

2. 在附有现金折扣的条件下，分别编制甲公司在20日内收到货款和20日后收到货款的会计分录。

### 习题五

目的：通过练习，掌握有关计提坏账准备的会计处理。

资料：甲公司于2010年年末对一组具有类似信用风险特征的应收款项首次计提坏账准备，确定的提取比例为10%，当年年末该项应收账款的余额为50 000元。2011年3月，企业发现有6 000元的应收账款已无法收回，按管理权限报经批准后作为坏账转销，其中，应收A单位的购货款5 000元，应收B单位的购货款1 000元。2011年年末，应收款项余额为70 000元，提取比例仍为10%。2012年9月，企业收到开户银行的收账通知，已转销的上年应收B单位购货款1 000元又收回，款项已存入银行。2012年年末，应收款项余额为100 000元，提取比例仍为10%。2013年年末，应收款项余额为90 000元，提取比例仍为10%。

要求：根据上述资料，编制甲公司各年年末有关坏账准备的会计分录。

**习题六**

目的：通过练习，掌握预付账款的核算。

资料：A公司于8月6日向B公司订购原材料一批，按合同规定预付货款50 000元，已从银行存款账户支付。9月22日，材料已到货并验收入库，同时收到B公司交来的增值税专用发票，注明该批材料的价款为100 000元，增值税税额为17 000元，企业以银行存款补付剩余的货款。

要求：编制A公司预付货款、购入材料及结清预付货款的会计分录。

# 第五章 存货

## 学习目标

本章主要介绍存货的相关知识。通过本章的学习，要求了解存货的含义、分类和包括的具体内容，掌握存货中原材料按实际成本计价的全部核算内容，包括原材料实际成本的构成、原材料增加的会计处理，掌握原材料发出的计价方法，另外还要掌握原材料清查的方法和清查结果的会计处理。

**引导案例**

小王在某单位担任会计工作，该单位是生产型企业，生产的产品为某型号的机器设备，某月，该公司将其生产的某型号机器设备留作自用。小王认为留作自用的机器设备和其销售的机器设备同属于一种，就将留作自用的机器设备划为存货记账了。

问题讨论：存货具备哪些特点？小王的做法对吗？

## 第一节 存货及其分类

### 一、存货的概念与特征

存货，是指企业在日常活动中持有以备出售的产成品或商品、处在生产过程中的在产品、在生产过程或提供劳务过程中耗用的材料和物料等。存货具有如下特征。

### 1. 存货是一种具有物质实体的有形资产

存货包括了原材料、在产品、产成品及商品、周转材料等各类具有物质实体的材料物资，因而有别于应收款项、投资、无形资产等没有实物形态的资产，也不同于库存现金、银行存款等货币资金。

### 2. 存货属于流动资产，具有较大的流动性

存货通常都将在一年或超过一年的一个营业周期内被销售或耗用，并不断地被重置，因而属于一项流动资产，具有较强的变现能力和较大的流动性，但其流动性又低于货币资金、交易性金融资产、应收款项等流动资产项目。存货的这一特征，使之明显不同于固定资产、在建工程等具有物质实体的长期资产。

### 3. 存货以在正常生产经营过程中被销售或耗用为目的而取得

企业持有存货的目的在于准备在正常经营过程中予以出售，如商品、产成品及准备直接出售的半成品等；或者仍处在生产过程中，待制成产成品后再予以出售，如在产品、半成品等；或者将在生产过程或提供劳务过程中被耗用，如材料和物料、周转材料等。企业在判断一个资产项目是否属于存货时，必须考虑取得该资产项目的目的，即在生产经营过程中的用途或所起的作用。例如，企业为生产产品或提供劳务而购入的材料，属于存货；但为建造固定资产而购入的材料，就不属于存货。再如，对于生产和销售机器设备的企业来说，机器设备属于存货；而对于使用机器设备进行生产的企业来说，机器设备则属于固定资产。此外，企业为国家储备的特种物资、专项物资等，并不参加企业的经营周转，也不属于存货。

### 4. 存货属于非货币性资产，存在价值减损的可能性

存货通常能够在正常生产经营过程中被销售或耗用，并最终转换为货币资金。但由于存货的价值易受市场价格及其他因素变动的影响，其能够转换的货币资金数额不是固定的，具有较大的不确定性。当存货长期不能销售或耗用时，就有可能变为积压物资或需要降价销售，给企业带来损失。

## 二、存货的分类

存货分布于企业生产经营的各个环节，而且种类繁多、用途各异。为了加强存货的管理，提供有用的会计信息，应当对存货进行适当的分类。

### （一）存货按经济用途的分类

一般来说，存货按经济用途可分为如下几类。

（1）原材料，是指在生产过程中经加工改变其形态或性质并构成产品主要实体的各种

原料及主要材料、辅助材料、外购半成品（外购件）、修理用备件（备品备件）、包装材料、燃料等。

（2）在产品，是指仍处于生产过程中、尚未完工入库的生产物，包括正处于各个生产工序尚未制造完成的在产品，以及虽已制造完成但尚未检验或虽已检验但尚未办理入库手续的产成品。

（3）自制半成品，是指在本企业已经过一定生产过程的加工并经检验合格交付半成品仓库保管，但尚未最终制造完成、仍需进一步加工的中间产品。自制半成品不包括从一个生产车间转给另一个生产车间继续加工的半成品，以及不能单独计算成本的半成品。

（4）产成品，是指工业企业已经完成全部生产过程并验收入库，可以按照合同规定的条件送交订货单位，或者可以作为商品对外销售的产品。企业接受外来原材料加工制造的代制品和为外单位加工修理的代修品，在制造和修理完成验收入库后，应视同企业的产成品。

（5）商品，是指商品流通企业的商品，包括外购或委托加工完成验收入库的用于销售的各种商品。

（6）周转材料，是指企业能够多次使用、逐渐转移其价值但仍保持原有形态、不确认为固定资产的材料，包括包装物、低值易耗品，以及企业（建造承包商）的钢模板、木模板、脚手架等。其中，包装物，是指为了包装本企业产品及商品而储备的各种包装容器，如桶、箱、瓶、坛、袋等，其主要作用是盛装、装潢产品或商品；低值易耗品，是指在使用过程中基本保持其原有实物形态不变但单位价值相对较低、使用期限相对较短，或在使用过程中容易损坏，因而不能列入固定资产的各种用具物品，如工具、管理用具、玻璃器皿、劳动保护用品，以及在经营过程中周转使用的包装容器等。

### （二）存货按存放地点的分类

企业的存货分布于供、产、销各个环节，按存放地点，可以分为在库存货，在途存货、在制存货和在售存货。

（1）在库存货，是指已经购进或生产完工并经过验收入库的各种原材料、周转材料、半成品、产成品及商品。

（2）在途存货，是指已经取得所有权但尚在运输途中或虽已运抵企业但尚未验收入库的各种材料物资及商品。

（3）在制存货，是指正处于本企业各生产工序加工制造过程中的在产品，以及委托外单位加工但尚未完成的材料物资。

（4）在售存货，是指已发运给购货方但尚不能完全满足收入确认条件，因而仍应作为销货方存货的发出商品、委托代销商品等。

### （三）存货按取得方式的分类

存货按取得方式，可以分为外购存货、自制存货、投资者投入的存货、接受捐赠取得的存货、通过债务重组取得的存货、非货币性资产交换取得的存货、盘盈的存货等。

# 第二节　存货的初始计量

存货的初始计量，是指企业在取得存货时，对存货入账价值的确定。存货的初始计量应以取得存货的实际成本为基础，实际成本包括采购成本、加工成本和其他成本。由于存货的取得方式是多种多样的，因此在不同的取得方式下，存货成本的具体构成内容并不完全相同。

## 一、外购存货

外购存货的成本是指采购成本，一般包括购买价款、相关税费，以及运输费、装卸费、保险费等其他可归属于存货采购成本的费用。

购买价款，是指所购货物发票账单上列明的价款，但不包括按规定可予抵扣的增值税税额；相关税费，是指进口关税及购买、自制或委托加工存货发生的消费税、资源税和不能从增值税销项税额中抵扣的进项税额；其他可归属于存货采购成本的费用，是指存货采购过程中发生的除上述各项费用以外的仓储费、包装费、运输途中的合理损耗、大宗物资的市内运杂费、入库前的挑选整理费用等可直接归属于存货采购成本的费用。

下面以外购原材料为例说明外购存货的核算。

### （一）设置账户

#### 1.“原材料”账户

账户性质：资产类。
账户用途：核算企业库存原材料实际成本的增减变动及其结存情况。
账户结构：如图5-1所示。
明细账：按照原材料的品种、类别等进行明细核算。

**原材料**

| （借方） | （贷方） |
|---|---|
| 验收入库材料实际成本的增加 | 库存材料实际成本的减少 |
| 期末余额：库存材料实际成本的结余 | |

图5-1　原材料账户结构

### 2．“在途物资”账户

账户性质：资产类。
账户用途：核算企业购入但尚未验收入库的各种材料实际成本。
账户结构：如图 5-2 所示。
明细账：按供货单位设置明细账进行明细核算。

在途物资

| （借方） | （贷方） |
|---|---|
| 已结算货款材料的实际成本 | 已验收入库材料的实际成本 |
| 期末余额：尚未到达或尚未验收入库在途材料的实际成本 | |

图 5-2　在途物资账户结构

## （二）账务处理

企业外购的存货，由于距离采购地点远近不同、货款结算方式不同等原因，可能造成存货验收入库和货款结算并不总是同步完成；同时，外购存货还可能采用预付贷款方式、赊购方式等。因此，企业外购的存货应根据具体情况，分别进行账务处理。

### 1．存货入库和货款结算同时完成的核算

在存货验收入库和货款结算同时完成的情况下，企业应于支付货款或开出、承兑商业汇票，并且存货验收入库后，按发票账单等结算凭证确定的存货成本，借记“原材料”、“周转材料”、“库存商品”等存货账户，按增值税专用发票上注明的增值税税额，借记“应交税费——应交增值税（进项税额）”账户，按实际支付的款项或应付票据面值，贷记“银行存款”、“应付票据”等账户。

例 5-1　华天企业为增值税一般纳税人，某日企业购入原材料一批，增值税专用发票上注明的材料价款 12 600 元，增值税税额为 2 142 元。货款已通过银行转账支付，材料也已验收入库。应作会计分录如下：

借：原材料　　12 600
　　应交税费——应交增值税（进项税额）　　2 142
　贷：银行存款　　14 742

2．货款已结算但存货尚在运输途中的核算

在已经支付货款或开出、承兑商业汇票，但存货尚在运输途中或虽已运达但尚未验收入库的情况下，企业应于支付货款或开出、承兑商业汇票时，按发票账单等结算凭证确定的存货成本，借记“在途物资”账户，按增值税专用发票上注明的增值税税额，借记“应交税费——应交增值税（进项税额）”账户，按实际支付的款项或应付票据面值，贷记“银行存款”、“应付票据”等账户；待存货运达企业并验收入库后，再根据有关验货凭证，借记“原材料”、“周转材料”、“库存商品”等存货账户，贷记“在途物资”账户。

例 5-2　承【例 5-1】，假设发票等结算凭证已到，货款已付，但材料尚未运到。

（1）支付货款，材料尚在运输途中。应作如下会计分录：

| | | |
|---|---|---|
| 借：在途物资 | 12 600 | |
| 　　应交税费——应交增值税（进项税额） | 2 412 | |
| 　贷：银行存款 | | 14 742 |

（2）原材料运达企业，验收入库。应作如下会计分录：

| | | |
|---|---|---|
| 借：原材料 | 12 600 | |
| 　贷：在途物资 | | 12 600 |

3．存货已验收入库但货款尚未结算的核算

在存货已运达企业并验收入库，但发票账单等结算凭证尚未到达、货款尚未结算的情况下，企业在收到存货时可先不进行会计处理。

如果在本月内结算凭证能够到达企业，则应在支付货款或开出、承兑商业汇票后，按发票账单等结算凭证确定的存货成本，借记“原材料”、“周转材料”、“库存商品”等存货账户，按增值税专用发票上注明的增值税税额，借记“应交税费——应交增值税（进项税额）”账户，按实际支付的款项或应付票据面值，贷记“银行存款”、“应付票据”等账户。

如果月末时结算凭证仍未到达，为全面反映资产及负债情况，应对收到的存货按暂估价值入账，借记“原材料”、“周转材料”、“库存商品”等存货科目，贷记“应付账款——暂估应付账款”账户，下月初，再编制相同的红字记账凭证予以冲回；待结算凭证到达，企业付款或开出、承兑商业汇票后，按发票账单等结算凭证确定的存货成本，借记“原材料”、“周转材料”、“库存商品”等存货账户，按增值税专用发票上注明的增值税税额，借记“应交税费——应交增值税（进项税额）”账户，按实际支付的款项或应付票据面值，贷记“银行存款”、“应付票据”等账户。

例 5-3　2013 年 3 月 28 日，华联实业股份有限公司购入一批原材料，材料已运达企业并已验收入库，但发票账单等结算凭证尚未到达。月末时，该批货物的结算凭证仍未到达，华联公司对该批材料估价 35 000 元入账。4 月 3 日，结算凭证到达企业，增值税专用发票上注明的原材料价款为 36 000 元，增值税税额为 6 120 元，货款通过银行转账支付。

（1）3 月 28 日，材料运达企业并验收入库，暂不作会计处理。

（2）3 月 31 日，结算凭证仍未到达，对该批材料暂估价值入账。应作如下会计分录：

借：原材料　35 000

　贷：应付账款——暂估应付账款　35 000

（3）4 月 1 日，编制红字记账凭证冲回估价入账分录。应作如下会计分录：

借：原材料　35 000

　贷：应付账款——暂估应付账款　35 000

（4）4 月 3 日，收到结算凭证并支付货款。应作如下会计分录：

借：原材料　36 000

　　应交税费——应交增值税（进项税额）　6 120

　贷：银行存款　42 120

### 4．采用预付货款方式购入存货的核算

在采用预付货款方式购入存货的情况下，企业应在预付货款时，按照实际预付的金额，借记“预付账款”账户，贷记“银行存款”账户；购入的存货验收入库时，按发票账单等结算凭证确定的存货成本，借记“原材料”、“周转材料”、“库存商品”等存货账户，按增值税专用发票上注明的增值税税额，借记“应交税费——应交增值税（进项税额）”账户，按存货成本与增值税进项税额之和，贷记“预付账款”账户。预付的货款不足，需补付货款时，按照补付的金额，借记“预付账款”账户，贷记“银行存款”账户；供货方退回多付的货款时，借记“银行存款”账户，贷记“预付账款”账户。

**例 5-4**　2013 年 6 月 20 日，华联实业股份有限公司向乙公司预付货款 70 000 元，采购一批原材料。乙公司于 7 月 10 日交付所购材料，并开来增值税专用发票，材料价款为 62 000 元，增值税税额为 10 540 元。7 月 12 日，公司将应补付的货款 2 540 元通过银行转账支付。

（1）6 月 20 日，预付货款。应作如下会计分录：

借：预付账款——乙公司　70 000

　贷：银行存款　70 000

（2）7 月 10 日，材料验收入库。应作如下会计分录：

借：原材料　62 000

　　应交税费——应交增值税（进项税额）　10 540

　贷：预付账款——乙公司　72 540

（3）7 月 12 日，补付货款。应作如下会计分录：

借：预付账款——乙公司　2 540

　贷：银行存款　2 540

### 5. 采用赊购方式购入存货的核算

在采用赊购方式购入存货的情况下，企业应于存货验收入库后，按发票账单等凭证确定的存货成本，借记“原材料”、“周转材料”、“库存商品”等存货账户，按增值税专用发票上注明的增值税税额，借记“应交税费——应交增值税（进项税额）”账户，按应付未付的货款，贷记“应付账款”账户；待支付款项或开出、承兑商业汇票后，再根据实际支付的货款金额或应付票据面值，借记“应付账款”账户，贷记“银行存款”、“应付票据”等账户。

**例 5-5** 某年3月20日，华联实业股份有限公司从乙公司赊购一批原材料，增值税专用发票上注明的原材料价款为60 000元，增值税税额为10 200元。根据购货合同约定，华联公司应于4月30之前支付货款。

（1）3月20日，赊购原材料。应作如下会计分录：

借：原材料　　60 000
　　应交税费——应交增值税（进项税额）　　10 200
　贷：应付账款——乙公司　　70 200

（2）4月30日，支付货款。应作如下会计分录：

借：应付账款——乙公司　　70 200
　　贷：银行存款　　70 200

## 二、自制存货

企业自制存货的成本由采购成本、加工成本和其他成本构成。

加工成本，是指存货制造过程中发生的直接人工及按照一定方法分配的制造费用。其中，制造费用是指企业为生产产品和提供劳务而发生的各项间接费用。企业应当根据制造费用的性质，合理地选择制造费用分配方法。其他成本，是指除采购成本、加工成本以外的，使存货到达目前场所和达到目前状态所发生的其他支出。例如，为特定客户设计产品所发生的、可直接确定的设计费用；可直接归属于符合资本化条件的存货、应当予以资本化的借款费用等。

企业自制并已验收入库的存货，按确定的实际成本，借记“周转材料”、“库存商品”等存货账户，贷记“生产成本”账户。

**例 5-6** 华联实业股份有限公司的基本生产车间制造完成一批产成品，已验收入库。经计算，该批产成品的实际成本为60 000元。

借：库存商品　　60 000
　贷：生产成本——基本生产成本　　60 000

## 三、委托加工存货

委托加工存货的成本，一般包括加工过程中实际耗用的原材料或半成品成本，加工费、运输费、装卸费等费用，以及按规定应计入加工成本的税金。

### （一）设置账户

企业应设置**“委托加工物资”**账户。

账户性质：资产类。

账户用途：核算委托加工物资发出及其收回的变动、结余情况。

账户结构：如图 5-3 所示。

明细账：按照委托加工物资的品种类别设置明细账进行明细核算。

委托加工物资

| （借方） | （贷方） |
|---|---|
| 发出材料物资的实际成本<br>支付加工费和往返运杂费 | 委托加工物资验收入库 |
| 期末余额：尚未完工的加工物资的实际成本 | |

图 5-3　委托加工物资账户结构

### （二）账务处理

企业拨付待加工的材料物资、委托其他单位加工存货时，按发出材料物资的实际成本，借记“委托加工物资”账户，贷记“原材料”、“库存商品”等账户；支付加工费和往返运杂费时，借记“委托加工物资”账户，贷记“银行存款”账户；支付应由受托加工方代收代交的增值税时，借记“应交税费——应交增值税（进项税额）”科目，贷记“银行存款”账户；需要交纳消费税的委托加工存货，由受托加工方代收代交的消费税，应分别按以下情况处理：

（1）委托加工存货收回后直接用于销售，由受托加工方代收代交的消费税应计入委托加工存货成本，借记“委托加工物资”账户，贷记“银行存款”等账户。

（2）委托加工存货收回后用于连续生产应税消费品，由受托加工方代收代交的消费税按规定准予抵扣的，借记“应交税费——应交消费税”账户，贷记“银行存款”等账户。

委托加工的存货加工完成验收入库并收回剩余物资时，按计算的委托加工存货实际成本和剩余物资实际成本，借记“原材料”、“周转材料”、“库存商品”等账户，贷记“委托加工物资”账户。

例 5-7　华联实业股份有限公司委托乙公司加工一批B材料（属于应税消费品）。发出待加工的A材料的实际成本为25 000元，支付加工费用11 000元。华联公司适用的增值税税率为17%，B材料适用的消费税税率为10%。委托加工的B材料收回后用于连续生产。

（1）发出待加工的A材料。应作如下会计分录：

借：委托加工物资　　25 000
　贷：原材料——A材料　　25 000

（2）支付加工费。应作如下会计分录：

借：委托加工物资　　11 000
　贷：银行存款　　11 000

（3）支付增值税和消费税。应作如下会计分录：

$$应交增值税=11\,000\times17\%=1\,870（元）$$

$$消费税组成计税价格=\frac{25\,000+11\,000}{1-10\%}=40\,000（元）$$

$$应交消费税=40\,000\times10\%=4\,000（元）$$

借：应交税费——应交增值税（进项税额）　　1 870
　　　　　——应交消费税　　4 000
　贷：银行存款　　5 870

（4）收回加工完成的B材料。应作如下会计分录：

B材料实际成本=25 000+11 000=36 000（元）

借：原材料——B材料　　36 000
　贷：委托加工物资　　36 000

## 第三节　发出存货的计价

### 一、存货成本流转假设

企业取得存货的目的，是满足生产和销售的需要。随着存货的取得，存货源源不断地流入企业，而随着销售或耗用，存货则从一个生产经营环节流向另一个生产经营环节，并最终流出企业。存货的这种不断流动，就形成了生产经营过程中的存货流转。

存货流转包括实物流转和成本流转两个方面。从理论上说，存货的成本流转应当与实物流转相一致，即取得存货时确定的各项存货入账成本应当随着各该存货的销售或耗用而同步结转。但在会计实务中，由于存货品种繁多，流进流出数量很大，而且同一存货因不同时间、不同地点、不同方式取得而单位成本各异，很难保证存货的成本流转与实物流转完全一致。因此，会计上可行的处理方法是，按照一个假定的成本流转方式来确定发出存货的成本，而不强求存货的成本流转与实物流转相一致，这就是存货成本流转假设。

采用不同的存货成本流转假设在期末结存存货与本期发出存货之间分配存货成本，就产生了不同的发出存货计价方法，如个别计价法、先进先出法、加权平均法、移动平均法等。由于不同的存货计价方法得出的计价结果各不相同，因此，存货计价方法的选择将对企业的财务状况和经营成果产生一定的影响，主要体现在以下 3 个方面：

（1）存货计价方法对损益计算有直接影响。如果期末存货计价过低，就会低估当期收益，反之，则会高估当期收益；而如果期初存货计价过低，就会高估当期收益，反之，则会低估当期收益。

（2）存货计价方法对资产负债表有关项目数额的计算有直接影响，包括流动资产总额、所有者权益等项目。

（3）存货计价方法对应交所得税数额的计算有一定的影响。我国企业会计准则规定，企业应当采用先进先出法，加权平均法、移动平均法或个别计价法确定发出存货的实际成本。对于性质和用途相似的存货，应当采用相同的存货计价方法。

企业应当根据实际情况，综合考虑存货收发的特点和管理的要求，以及财务报告目标、税收负担、现金流量、股票市价、经理人员业绩评价等各种因素，选择适当的存货计价方法，合理确定发出存货的实际成本。存货计价方法一旦选定，前后各期应当保持一致，并在会计报表附注中予以披露。存货计价方法主要包括以下几种。

## （一）先进先出法

先进先出法是以先入库的存货先发出去这一存货实物流转假设为前提，对先发出的存货按先入库的存货单位成本计价，后发出的存货按后入库的存货单位成本计价，据以确定本期发出存货和期末结存存货成本的一种方法。表 5-1 是某企业 2013 年 7 月的存货收发登记表。

**表 5-1 某企业存货收发登记表**

| 2013 年 | | 摘 要 | 收 入 | | 发出数量 | 结存数量 |
|---|---|---|---|---|---|---|
| 月 | 日 | | 数量（kg） | 单价（元） | | |
| 7 | 1 | 期初存货 | 4 000 | 2.00 | | 4 000 |
| 7 | 5 | 购入 | 6 000 | 2.10 | | 10 000 |
| 7 | 10 | 领用 | | | 8 000 | 2 000 |
| 7 | 18 | 购入 | 4 000 | 2.15 | | 6 000 |
| 7 | 23 | 领用 | | | 4 000 | 2 000 |
| 7 | 28 | 购入 | 2 000 | 2.20 | | 4 000 |

现以表 5-1 资料为例，演示先进先出法的核算过程，如表 5-2 所示。

表 5-2 材料明细账（先进先出法）

材料类别：黑色金属　　　　存放地点：第 2 号库

材料编号：10521　　　　最高储备量：15 000

名称及规格：甲材料　　　　最低储备量：3 000

计量单位：kg　　　　金额单位：元

| 2013 年 | | 凭证编号（略） | 摘要 | 收入 | | | 发出 | | | 结存 | | |
|---|---|---|---|---|---|---|---|---|---|---|---|---|
| 月 | 日 | | | 数量 | 单价 | 金额 | 数量 | 单价 | 金额 | 数量 | 单价 | 金额 |
| 7 | 1 | | 期初余额 | | | | | | | 4 000 | 2.00 | 8 000 |
| 7 | 5 | | 购入 | 6 000 | 2.10 | 12 600 | | | | 4 000<br>6 000 | 2.00<br>2.10 | 8 000<br>12 600 |
| 7 | 10 | | 领用 | | | | 4 000<br>4 000 | 2.00<br>2.10 | 8 000<br>8 400 | 2 000 | 2.10 | 4 200 |
| 7 | 18 | | 购入 | 4 000 | 2.15 | 8 600 | | | | 2 000<br>4 000 | 2.10<br>2.15 | 4 200<br>8 600 |
| 7 | 23 | | 领用 | | | | 2 000<br>2 000 | 2.10<br>2.15 | 4 200<br>4 300 | 2 000 | 2.15 | 4 300 |
| 7 | 28 | | 购入 | 2 000 | 2.20 | 4 400 | | | | 2 000<br>2 000 | 2.15<br>2.20 | 4 300<br>4 400 |
| 7 | 31 | | 月结 | 12 000 | | 25 600 | 12 000 | | 24 900 | 2 000<br>2 000 | 2.15<br>2.20 | 4 300<br>4 400 |

采用先进先出法进行存货计价，可以随时确定发出存货的成本，从而保证了产品成本和销售成本计算的及时性，并且期末存货成本是按最近购货成本确定的，比较接近现行的市场价值。但采用该方法计价，有时对同一批发出的存货要采用两个或两个以上的单位成本计价，计算烦琐，对存货进出频繁的企业更是如此。从该方法对财务报告的影响来看，在物价上涨期间，会高估当期利润和存货价值；反之，会低估当期利润和存货价值。

### （二）加权平均法

加权平均法亦称全月一次加权平均法，是指以月初结存存货数量和本月各批收入存货数量作为权数，计算本月存货的加权平均单位成本，据以确定本期发出存货成本和期末结存存货成本的一种方法。加权平均单位成本的计算公式如下：

$$\text{加权平均单位成本}=\frac{\text{月初结存存货成本}+\text{本月购进存货成本}}{\text{月初结存存货数量}+\text{本月购进存货数量}}$$

由于加权平均单位成本往往不能除尽，因此为了保证期末结存商品的数量、单位成本与总成本的一致性，应先按加权平均单位成本计算期末结存商品成本，然后倒减出本月发出商品成本，将计算尾差计入发出商品成本。

现仍以表 5-1 资料为例，演示加权平均法的核算过程，如表 5-3 所示。

$$其中，甲材料的平均单位成本=\frac{(8\,000+25\,600)}{(4\,000+12\,000)}=2.10（元）$$

$$发出材料的金额=12\,000\times2.10=25\,200（元）$$

$$期末结存材料金额=4\,000\times2.10=8\,400（元）$$

表 5-3 材料明细账（加权平均法）

材料类别：黑色金属　　　　存放地点：第 2 号库

材料编号：10521　　　　最高储备量：15 000

名称及规格：甲材料　　　　最低储备量：3 000

计量单位：kg　　　　金额单位：元

| 2013 年 | | 凭证编号（略） | 摘要 | 收入 | | | 发出 | | | 结存 | | |
|---|---|---|---|---|---|---|---|---|---|---|---|---|
| 月 | 日 | | | 数量 | 单价 | 金额 | 数量 | 单价 | 金额 | 数量 | 单价 | 金额 |
| 7 | 1 | | 期初余额 | | | | | | | 4 000 | 2.00 | 8 000 |
| 7 | 5 | | 购入 | 6 000 | 2.10 | 12 600 | | | | 10 000 | | |
| 7 | 10 | | 领用 | | | | 8 000 | | | 2 000 | | |
| 7 | 18 | | 购入 | 4 000 | 2.15 | 8 600 | | | | 6 000 | | |
| 7 | 23 | | 领用 | | | | 4 000 | | | 2 000 | | |
| 7 | 28 | | 购入 | 2 000 | 2.20 | 4 400 | | | | 4 000 | | |
| 7 | 31 | | 月结 | 12 000 | | 25 600 | 12 000 | 2.10 | 25 200 | 4 000 | 2.10 | 8 400 |

## （三）移动平均法

移动平均法亦称移动加权平均法，是指平时每入库一批存货，就以原有存货数量和本批入库存货数量为权数，计算一个加权平均单位成本，据以对其后发出存货进行计价的一种方法。移动加权平均单位成本的计算公式如下：

$$移动平均单位成本=\frac{(本次收入之前结存存货金额+本次收入存货的金额)}{(本次收入之前结存数量+本次收入存货在数量)}$$

$$发出存货金额=本次发出存货的数量\times当前移动平均单价$$

$$期末结存存货金额=期末结存存货的数量\times当前移动平均单价$$

与全月一次加权平均法相比，移动加权平均法的特点是将存货的计价和明细账的登记分别在平时进行，从而可以随时掌握发出存货的成本和结存存货的成本，为存货管理及时提供所需信息。但采用这种方法，每次收货都要计算一次平均单位成本，计算工作量较大，不适合收发货比较频繁的企业使用。

现仍以表 5-1 资料为例，演示移动平均法的核算过程，如表 5-4 所示。

**表 5-4　材料明细账（移动平均法）**

材料类别：黑色金属　　存放地点：第 2 号库

材料编号：10521　　最高储备量：15 000

名称及规格：甲材料　　最低储备量：3 000

计量单位：kg　　金额单位：元

| 2013 年 | | 凭证编号（略） | 摘要 | 收入 | | | 发出 | | | 结存 | | |
|---|---|---|---|---|---|---|---|---|---|---|---|---|
| 月 | 日 | | | 数量 | 单价 | 金额 | 数量 | 单价 | 金额 | 数量 | 单价 | 金额 |
| 7 | 1 | | 期初余额 | | | | | | | 4 000 | 2.00 | 8 000 |
| 7 | 5 | | 购入 | 6 000 | 2.10 | 12 600 | | | | 10 000 | 2.06* | 20 600 |
| 7 | 10 | | 领用 | | | | 8 000 | 2.06 | 16 480 | 2 000 | 2.06 | 4 120 |
| 7 | 18 | | 购入 | 4 000 | 2.15 | 8 600 | | | | 6 000 | 2.12 | 12 720 |
| 7 | 23 | | 领用 | | | | 4 000 | 2.12 | 8 480 | 2 000 | 2.12 | 4 240 |
| 7 | 28 | | 购入 | 2 000 | 2.20 | 4 400 | | | | 4 000 | 2.16 | 8 640 |
| 7 | 31 | | 月结 | 12 000 | | 25 600 | 12 000 | | 24 960 | 4 000 | 2.16 | 8 640 |

$$^{*}2.06=\frac{8\,000+12\,600}{4\,000+6\,000}$$

## （四）个别计价法

个别计价法，又称个别认定法、具体辨认法、分批实际法，是假设存货的成本流转与实物流转相一致，按照各种存货的批别，逐一辨认各批发出存货和期末存货所属的购进批别或生产批别，分别按其购入或生产时所确定的单位成本作为基础计算各批发出存货和期末存货成本的方法。

个别计价法适用于容易识别、存货品种数量不多、单位成本较高的存货计价，如房产、船舶、飞机、重型设备、珠宝、名画等贵重物品。

采用这种方法，计算发出存货的成本和期末存货的成本比较合理、准确，但这种方法的前提是需要对发出和结存存货的批次进行具体认定，以辨别其所属的收入批次，所以实务操作的工作量繁重，困难较大。

现仍以表 5-1 资料为例，演示个别计价法的核算过程，如表 5-5 所示。

表 5-5 材料明细账（个别计价法）

材料类别：黑色金属　　存放地点：第 2 号库
材料编号：10521　　最高储备量：15 000
名称及规格：甲材料　　最低储备量：3 000
计量单位：kg　　金额单位：元

| 2013 年 | | 凭证编号（略） | 摘要 | 收入 | | | 发出 | | | 结存 | | |
|---|---|---|---|---|---|---|---|---|---|---|---|---|
| 月 | 日 | | | 数量 | 单价 | 金额 | 数量 | 单价 | 金额 | 数量 | 单价 | 金额 |
| 7 | 1 | | 期初余额 | | | | | | | 4 000 | 2.00 | 8 000 |
| 7 | 5 | | 购入 | 6 000 | 2.10 | 12 600 | | | | 4 000<br>6 000 | 2.00<br>2.10 | 8 000<br>12 600 |
| 7 | 10 | | 领用 | | | | 3 000<br>5 000 | 2.00<br>2.01 | 6 000<br>15 000 | 1 000<br>1 000 | 2.00<br>2.10 | 2 000<br>2 100 |
| 7 | 18 | | 购入 | 4 000 | 2.15 | 8 600 | | | | 1 000<br>1 000<br>4 000 | 2.00<br>2.10<br>2.15 | 2 000<br>2 100<br>8 600 |
| 7 | 23 | | 领用 | | | | 1 000<br>3 000 | 2.00<br>2.15 | 2 000<br>6 450 | 1 000<br>1 000 | 2.10<br>2.15 | 2 100<br>2 150 |
| 7 | 28 | | 购入 | 2 000 | 2.20 | 4 400 | | | | 1 000<br>1 000<br>2 000 | 2.10<br>2.15<br>2.20 | 2 100<br>2 150<br>4 400 |
| 7 | 31 | | 月结 | 12 000 | | 25 600 | 12 000 | | 24 950 | 1 000<br>1 000<br>2 000 | 2.10<br>2.15<br>2.20 | 2 100<br>2 150<br>4 400 |

据表 5-1 所示的资料，该企业 7 月 31 日甲材料的期末存货为 4 000kg，经确认，7 月 10 日领用的 8 000kg，其中有 3 00kg 是期初存货，5 000kg 是 7 月 5 日购入的；7 月 23 日领用的 4 000kg，其中 1 000kg 是期初存货，3 000kg 是 7 月 18 日购入的。所以，

本期发出甲材料总金额=3 000×2.00+5 000×2.10+1 000×2.00+3 000×2.15
=24 950（元）

本期期末甲材料库存总金额=1 000×2.10+1 000×2.15+2 000×2.20
=8 650（元）

## 二、发出存货的账务处理

存货是为了满足企业生产经营的各种需要而储备的，其经济用途各异，消耗方式也各不相同。因此，企业应当根据各类存货的用途及特点，选择适当的方法，对发出的存货进

行账务处理。

## （一）原材料发出

原材料在生产经营过程中领用后，其原有实物形态会发生改变乃至消失，其成本也随之形成产品成本或直接转化为费用，或形成其他有关项目支出的一部分。根据原材料的消耗特点，企业应按发出原材料的用途，将其成本直接计入产品成本或当期费用，或作为有关项目支出。

（1）生产经营领用的原材料，应根据领用部门和用途，分别计入有关成本费用项目。领用原材料时，按计算确定的实际成本，借记“生产成本”、“制造费用”、“委托加工物资”、“销售费用”、“管理费用”等账户，贷记“原材料”账户。

**例5-8** 华联实业股份有限公司本月领用原材料的实际成本为250 000元。其中，基本生产领用150 000元，辅助生产领用70 000元，生产车间一般耗用20 000元，管理部门领用10 000元。应作如下会计分录：

| | | |
|---|---|---|
| 借：生产成本——基本生产成本 | 150 000 | |
| ——辅助生产成本 | 70 000 | |
| 制造费用 | 20 000 | |
| 管理费用 | 10 000 | |
| 贷：原材料 | | 250 000 |

（2）出售原材料取得的销售收入作为其他业务收入，相应的原材料成本应计入其他业务成本。出售原材料时，按已收或应收的价款，借记“银行存款”、“应收账款”等账户，按实现的营业收入，贷记“其他业务收入”账户，按增值税销项税额，贷记“应交税费——应交增值税（销项税额）”账户；同时，按出售原材料的实际成本结转销售成本，借记“其他业务成本”账户，贷记“原材料”账户。

**例5-9** 华联实业股份有限公司销售一批原材料，售价6 000元，增值税税额1 020元，原材料实际成本4 500元。应作如下会计分录：

| | | |
|---|---|---|
| 借：银行存款 | 7 020 | |
| 贷：其他业务收入 | | 6 000 |
| 应交税费——应交增值税（销项税额） | | 1 020 |
| 借：其他业务成本 | 4 500 | |
| 贷：原材料 | | 4 500 |

## （二）周转材料发出

周转材料主要包括包装物、低值易耗品，以及企业（建造承包商）的钢模板、木模板、脚手架等。周转材料种类繁多，分布于生产经营的各个环节，具体用途各不相同，会计处理也不尽相同。

生产部门领用的周转材料，构成产品实体一部分的，其账面价值应直接计入产品生产成本；属于车间一般性物料消耗的，其账面价值应计入制造费用。销售部门领用的周转材料，随同商品出售但不单独计价的，其账面价值应计入销售费用；随同商品出售并单独计价的，应视为材料销售，将取得的收入作为其他业务收入，相应的周转材料账面价值计入其他业务成本。用于出租的周转材料，收取的租金应作为其他业务收入并计算交纳增值税，相应的周转材料账面价值应计入其他业务成本；用于出借的周转材料，其账面价值应计入销售费用；管理部门领用的周转材料，其账面价值应计入管理费用。

企业应根据周转材料的消耗方式、价值大小、耐用程度等，选择适当的摊销方法，将其账面价值一次或分期计入有关成本费用。常用的周转材料摊销方法主要有一次转销法和五五摊销法。

一次转销法是指在领用周转材料时，将其账面价值一次计入有关成本费用的一种方法。一次转销法适用于一次领用金额不大的周转材料摊销。

五五摊销法是在领用周转材料时，将其价值的50%摊入有关成本、费用，在其报废时将其价值的另外50%（扣除收回残料的价值）摊入有关成本、费用的一种方法。五五摊销法适用于单位价值较低、使用期限较短或每月领用和报废在数量上大体相同的周转材料。

下面以一次转销法为例说明周转材料发出的核算。

采用一次转销法领用周转材料时，应按其账面价值，借记“管理费用”、“生产成本”、“其他业务成本”、“销售费用”等账户，贷记“周转材料”账户；周转材料报废时，应按其残料价值，借记“原材料”等账户，贷记“管理费用”、“生产成本”、“其他业务成本”、“销售费用”等账户。

**例 5-10** 华联实业股份有限公司的管理部门领用一批低值易耗品，账面价值为6 000元，采用一次转销法。同时，报废一批低值易耗品，残料作价200元，作为原材料入库。应作如下会计分录：

| | | |
|---|---|---|
| 借：管理费用 | 6 000 | |
| 贷：周转材料 | | 6 000 |
| 借：原材料 | 200 | |
| 贷：管理费用 | | 200 |

**例 5-11** 华联实业股份有限公司销售一批产品，随同产品一并销售若干包装物。包装物售价2 000元，增值税税额340元，账面价值1 800元，价款已收存银行。应作如下会计分录：

| | | |
|---|---|---|
| 借：银行存款 | 2 340 | |
| 贷：其他业务收入 | | 2 000 |
| 应交税费——应交增值税（销项税额） | | 340 |
| 借：其他业务成本 | 1 800 | |
| 贷：周转材料 | | 1 800 |

### （三）库存商品发出

库存商品通常用于对外销售，但也可能用于在建工程、对外投资、债务重组、非货币性资产交换等方面。企业用于不同方面的库存商品，会计处理有所不同。

企业对外销售的库存商品，应按从购货方已收合同或协议价款的公允价值确认销售收入，借记“银行存款”或“应收账款”等账户，贷记“主营业务收入”、“应交税费——应交增值税（销项税额）”账户；同时，按库存商品的账面价值结转销售成本，借记“主营业务成本”账户，贷记“库存商品”账户。

**例 5-12** 华联实业股份有限公司赊销 A 产品 300 件，每件售价 50 元。A 产品的单位生产成本为 40 元。应作如下会计分录：

| | | |
|---|---|---|
| 借：应收账款 | 17 550 | |
| 　贷：主营业务收入 | | 15 000 |
| 　　　应交税费——应交增值税（销项税额） | | 2 550 |
| 借：主营业务成本 | 12 000 | |
| 　贷：库存商品 | | 12 000 |

## 第四节　存货的期末计量

为了在资产负债表中更合理地反映期末存货的价值，企业应当选择适当的计价方法对期末存货进行再计量。我国企业会计准则规定，资产负债表日，存货应当按照成本与可变现净值孰低计量。

### 一、成本与可变现净值孰低法的含义

成本与可变现净值孰低法，是指按照存货的成本与可变现净值两者之中的较低者对期末存货进行计量的一种方法。采用这种方法，当期末存货的成本低于可变现净值时，存货仍按成本计量；当期末存货的可变现净值低于成本时，存货则按可变现净值计量。

成本，是指期末存货的实际成本，即采用先进先出法、加权平均法等存货计价方法，对发出存货（或期末存货）进行计价所确定的期末存货账面成本。

可变现净值，是指在日常活动中，存货的估计售价减去至完工时估计将要发生的成本、估计的销售费用及相关税费后的金额。存货在销售过程中，不仅会取得销售收入，也会发生销售费用和相关税费；为使存货达到预定可销售状态，还可能发生进一步的加工成本。这些销售费用、相关税费和加工成本，均构成销售存货产生的现金流入的抵减项目，只有扣除了这些现金流出后，才能确定存货的可变现净值。因此，可变现净值不是指存货的预计售价或合同价，而是指存货的预计未来净现金流入量。

采用成本与可变现净值孰低法对期末存货进行计量，当某项存货的可变现净值跌至成本以下时，表明该项存货为企业带来的未来经济利益将低于账面成本，企业应按可变现净值低于成本的差额确认存货跌价损失，并将其从存货价值中扣除，否则，就会虚计当期利润和存货价值；而当可变现净值高于成本时，企业则不能按可变现净值高于成本的金额确认这种尚未实现的存货增值收益，否则，也会虚计当期利润和存货价值。因此，成本与可变现净值孰低法体现了谨慎性会计原则的要求。

## 二、存货跌价准备的计提方法

企业应当定期对存货进行全面检查，如果由于存货毁损、全部或部分陈旧过时或销售价格低于成本等原因，使存货可变现净值低于其成本，应按可变现净值低于成本的部分，计提存货跌价准备。

### （一）存货减值的判断依据

企业在对存货进行定期检查时，如果存在下列情况之一，表明存货的可变现净值低于成本：

（1）该存货的市场价格持续下跌，并且在可预见的未来无回升的希望。

（2）企业使用该项原材料生产的产品的成本高于产品的销售价格。

（3）企业因产品更新换代，原有库存原材料已不适应新产品的需要，而该原材料的市场价格又低于其账面成本。

（4）因企业所提供的商品或劳务过时或消费者偏好改变而使市场的需求发生变化，导致市场价格逐渐下跌。

（5）其他足以证明该项存货实质上已经发生减值的情形。

### （二）存货跌价准备的计提和转回

企业通常应当按照单个存货项目计提存货跌价准备，即应当将每一存货项目的成本与可变现净值分别进行比较，按每一存货项目可变现净值低于成本的差额作为计提该存货项目跌价准备的依据。但在某些特殊情况下，也可以合并计提存货跌价准备。例如，与在同一地区生产和销售的产品系列相关、具有相同或类似最终用途或目的，且难以与其他项目分开来计量的存货，可以按产品系列合并计提存货跌价准备。此外，对于数量繁多、单价较低的存货，可以按照存货类别计提存货跌价准备。

资产负债表日，企业计提存货跌价准备时，首先应确定本期存货的减值金额，即本期存货可变现净值低于成本的差额，然后将本期存货的减值金额与“存货跌价准备”账户原有的余额进行比较，按下列公式计算确定本期应计提的存货跌价准备金额：

某期应计提的存货跌价准备=当期可变现净值低于成本的差额–“存货跌价准备”账户原有余额

根据上列公式，如果计提存货跌价准备前，“存货跌价准备”账户无余额，应按本期存货可变现净值低于成本的差额计提存货跌价准备，借记“资产减值损失”账户，贷记“存货跌价准备”账户；如果本期存货可变现净值低于成本的差额大于“存货跌价准备”账户原有贷方余额，应按二者之差补提存货跌价准备，借记“资产减值损失”账户，贷记“存货跌价准备”账户；如果本期存货可变现净值低于成本的差额与“存货跌价准备”账户原有贷方余额相等，不需要计提存货跌价准备；如果本期存货可变现净值低于成本的差额小于“存货跌价准备”账户原有贷方余额，表明以前引起存货减值的影响因素已经部分消失，存货的价值又得以部分恢复，企业应当相应地恢复存货的账面价值，即按二者之差冲减已计提的存货跌价准备，借记“存货跌价准备”账户，贷记资产减值损失“账户；如果本期存货可变现净值高于成本，表明以前引起存货减值的影响因素已经完全消失，存货的价值全部得以恢复，企业应将存货的账面价值恢复至账面成本，即将已计提的存货跌价准备全部转回，借记“存货跌价准备”账户，贷记“资产减值损失”账户。

**例5-13** 华联实业股份有限公司从2010年度开始，对A商品期末存货按成本与可变现净值孰低计量。2010年至2013年，有关A商品期末计量的资料及相应的账务处理如下。

（1）2010年12月31日，A商品的账面成本为80 000元，可变现净值为70 000元。

可变现净值低于成本的差额=80 000−70 000=10 000（元）

借：资产减值损失　　10 000

　贷：存货跌价准备——A商品　　10 000

在2010年12月31日的资产负债表中，A商品应按可变现净值70 000元列示其价值。

（2）2011年度，在转出A商品时，相应地结转存货跌价准备8 000元。2011年12月31日，A商品账面成本96 000元，可变现净值85 000元；计提存货跌价准备之前，“存货跌价准备”账户贷方余额2 000元。

可变现净值低于成本的差额=96 000−85 000=11 000（元）

本年应计提存货跌价准备=11 000−2 000=9 000（元）

借：资产减值损失　　9 000

　贷：存货跌价准备——A商品　　9 000

本年计提存货跌价准备之后，“存货跌价准备”账户贷方余额为11 000元；在2011年12月31日的资产负债表中，A商品应按可变现净值85 000元列示其价值。

（3）2012年度，在转出A商品时，相应地结转存货跌价准备6 000元。2012年12月31日，A商品账面成本62 000元，可变现净值58 000元；计提存货跌价准备之前，“存货跌价准备”账户贷方余额5 000元。

可变现净值低于成本的差额=62 000−58 000=4 000（元）

本年应计提存货跌价准备=4 000−5 000=−1 000（元）

借：存货跌价准备——A商品　　1 000

　贷：资产减值损失　　1 000

本年计提存货跌价准备之后，“存货跌价准备”账户贷方余额为4 000元；在2012年

12 月 31 日的资产负债表中，A 商品应按可变现净值 58 000 元列示其价值。

（4）2013 年度，在转出 A 商品时，相应地结转存货跌价准备 3 000 元。2013 年 12 月 31 日，A 商品账面成本 80 000 元，可变现净值 82 000 元；计提存货跌价准备之前，“存货跌价准备”账户贷方余额 1 000 元。

由于可变现净值高于账面成本，因此，应将存货的账面价值恢复至账面成本，即将已计提的存货跌价准备全部转回。

借：存货跌价准备——A 商品　　1 000

　贷：资产减值损失　　1 000

在 2013 年 12 月 31 日的资产负债表中，A 商品应按账面成本 80 000 元列示其价值。

# 第五节　存货的清查

## 一、存货清查概述

为了保护企业存货的安全完整，做到账实相符，企业应对存货进行定期的清查。

存货清查通常采用实地盘点的方法，即通过盘点确定各种存货的实际库存数，并与账面结存数相核对。对于账实不符的存货，核实盘盈、盘亏和毁损的数量，应在期末查明造成盘亏或毁损的原因，并据以编制“存货盘点报告表”，根据企业的管理权限、股东大会或董事会、经理（厂长）办公会或类似机构批准后，在期末结账前处理完毕。盘盈的存货，应冲减当期的管理费用；盘亏的存货，在减去过失人或保险公司等赔偿残值收入之后，计入当期管理费用；属于非常损失的，计入营业外支出。在报经有关部门处理前，根据“存货盘点报告表”，将盘盈、盘亏或毁损的存货，先作为待处理财产损益处理，同时按盘盈、盘亏或毁损存货的实际成本调整存货的账面价值，使得账实相符。

## 二、存货盘亏和毁损的核算

存货的盘亏和毁损，先按其账面成本，借记“待处理财产损益——待处理流动资产损益”账户，贷记有关存货账户。经审批后，按发生的原因和相应的处理决定，分别进行转销。

属于自然损耗造成的定额内损耗，应借记“管理费用”账户；属于过失人责任造成的损失，应扣除其残料价值，借记“原材料”、“其他应收款”账户；应向保险公司收取赔偿金，借记“其他应收款——保险公司”账户；剩余净损失或未参加保险部分的损失，借记“营业外支出——非常损失”账户；若损失中有一般经营损失部分，借记“管理费用”账户。按盘亏和毁损数额，贷记“待处理财产损益——待处理流动资产损益”账户。

**例 5-14**　某企业进行存货清查时，发现材料短缺 500 公斤，总计 18 000 元。应作如下会计分录：

借：待处理财产损益——待处理流动资产损益　　18 000

　贷：原材料　　18 000

经查，该项短缺分别由多种原因造成，经批准，分别进行转销。

（1）短缺材料中，属于责任过失人造成损失的部分，价值2 000元，应由其予以赔偿。应作如下会计分录：

借：其他应收款——过失人　　2 000

　贷：待处理财产损益——待处理流动资产损益　　2 000

（2）短缺材料中，属于定额内耗损的部分，价值325元，应计入管理费用。应作如下会计分录：

借：管理费用　　325

　贷：待处理财产损益——待处理流动资产损益　　325

（3）短缺材料中，属于非常损失的部分，价值15 675元，其中收回残料100元，保险公司给予赔款15 500元，剩余75元经批准转为营业外损失。应作如下会计分录：

借：原材料　　100

　其他应收款——保险公司　　15 500

　营业外支出——非常损失　　75

　贷：待处理财产损益——待处理流动资产损益　　15 675

企业的财产损益，应查明原因，在期末结账前处理完毕，处理后“待处理财产损益”账户应无余额。如在期末结账前尚未经批准，应在对外提供财务会计报告时先按上述规定进行处理，并在会计报表附注中做出说明；如果其后批准处理的金额与已处理的金额不一致，应按其差额调整会计报表相关项目的年初数。

## 本章小结

● 存货是企业一项重要的流动资产，其价值通常占企业资产的比例很大。存货是指企业在日常活动中持有以备出售的产成品或商品、处在生产过程中的在产品、在生产过程或提供劳务过程中耗用的材料或物料等。根据企业会计准则的规定，存货在满足下列条件时，可以确认：与该存货有关的经济利益很可能流入企业；该企业的成本能够可靠地计量。

● 企业的各种存货都应当按照取得时的实际投入或实际支付的现金等作为入账价值，包括采购成本、加工成本和其他成本等。不同方式形成的存货，其入账价值包括的内容不同。企业原材料按实际成本核算应设置的主要账户有“原材料”、“在途物资”、“应付账款”、“预付账款”和“应付票据”等科目。企业从外部购入材料时，由于采用的结算方式和采购地点等的不同，其账务处理也有所区别。

● 企业的各种存货形成之后，根据需要，会陆续地从仓库发出，由于销售和消耗，处于不断的流转过程中。发出存货的计价，可以分别采用先进先出法、加权平均法、移动平均法和个别计价法确定其实际成本。

● 企业的存货应当定期或不定期地进行盘点，每年至少一次。在进行存货清查盘点时，如果发现存货盘亏或毁损，应于期末前查明原因，报经批准，在期末结账前处理完毕。

## 引导案例分析

小王对于机器设备的处理是不对的。其错误在于没有真正理解存货的概念。存货必须是本单位在正常生产经营过程中以被销售或耗用为目的而取得。如果不是为了这个目的的话，就不能算作存货。本单位的机器设备已经纯粹作为消费了，所以应该将其作为固定资产入账，而不是存货。

## 复习思考题

1. 什么是存货？按照企业的性质和存货的用途，存货可分为哪几类？
2. 存货的确认条件有哪些？
3. 存货发出成本的计价方法有哪些，各方法有何优缺点？
4. 什么是成本与可变现净值孰低法？
5. 存货跌价准备如何核算？
6. 委托加工材料如何核算？
7. 对存货清查中发现的盘盈、盘亏和毁损如何处理？

## 练习题

### 习题一

目的：通过练习，掌握按实际成本计价方法进行的材料收发核算方法。

资料：某公司为一般纳税人企业，用实际成本法进行材料收发核算，2013 年 10 月发生的材料收发业务如下：

（1）3 日，购入原材料一批，取得的增值税专用发票上注明的原材料价款为 16 000 元，增值税税额为 2 720 元，发票等结算凭证已经收到，货款已通过银行转账支付，材料已验收入库。

（2）5 日，购入材料一批，发票等结算凭证已收到，价款为 10 000 元，增值税税额为 1 700 元，货款已经支付，但材料尚未运到。

（3）7 日，购入材料价款 4 000 元，增值税发票上的增值税税额为 680 元，供应单位代垫运杂费 400 元。材料已到达并已验收入库，但货款尚未支付。

（4）9 日，收到 5 日购入的材料。

（5）31 日，收到材料一批，并验收入库，但发票等结算凭证尚未收到，货款尚未支付。期末，按照暂估价值入账，假设其暂估价值为 20 000 元。

要求：根据以上经济业务，编制有关会计分录。

### 习题二

目的：通过练习，掌握委托加工材料的核算方法。

资料：

A企业委托B企业加工材料一批（属于应税消费品）。原材料成本为50 000元，支付的加工费为13 000元（不含增值税），消费税税率为10%，材料加工完毕验收入库，加工费用等尚未支付。双方适用的增值税税率均为17%。

要求：

（1）若A企业收回加工后的材料用于继续生产应税消费品，应如何进行会计处理。

（2）若A企业收回加工后的材料直接用于销售，应如何进行会计处理。

### 习题三

目的：通过练习，掌握成本与可变现净值孰低法的应用和账务处理。

资料：某企业2012年年末甲材料的账面成本为100 000元，由于市场价格下跌，预计可变现净值为80 000元；2013年3月31日，甲材料的账面成本为100 000元，由于市场价格有所上升，甲材料的预计可变现净值为95 000元；2013年6月30日，甲材料的账面成本为100 000元，由于市场价格进一步上升，甲材料的预计可变现净值为111 000元。

要求：计算该企业2012年年末、2013年3月31日、2013年6月30日的存货跌价准备，并作相应会计分录。

# 第六章

# 金融资产及长期股权投资

## 学习目标

通过本章学习，要求了解金融资产及其投资的概念与分类，掌握各类金融资产投资初始成本的计量与期末价值的计量，重点掌握交易性金融资产、持有至到期投资、可供出售金融资产、长期股权投资取得、损益确认及处置的基本会计处理方法。

## 引导案例

环宇股份有限公司1月份以250 000元购入天成公司4年期年利率为10%的债券，面值为240 000元，交易费用20 000元，购入债券已用银行存款付清，期满后一次还本付息，企业准备持有至到期，环宇公司按年计提利息。该公司会计在公司投资时编制如下会计分录：

| | | |
|---|---|---|
| 借：持有至到期投资——成本 | 240 000 | |
| ——利息调整 | 10 000 | |
| 投资收益 | 20 000 | |
| 贷：银行存款 | | 270 000 |

会计又从当年1月开始按直线法摊销溢价，并编制如下会计分录：

| | | |
|---|---|---|
| 借：持有至到期投资——利息调整 | 208 | |
| 贷：投资收益 | | 208 |

**问题讨论：**公司会计所作的上述会计处理是否符合《企业会计准则》的要求？为什么？

# 第一节　金融资产概述

## 一、金融资产的定义

金融工具是指形成一个企业的金融资产，并形成其他单位的金融负债或权益工具的合同。金融工具的本质属性是一项合同，合同形成一方的金融资产，对应形成另一方的金融负债或权益工具。

例如，银行储存的贵金属，是企业的存货，但不是金融工具，因为它不是一项合同。再如，企业发行普通股，对于发行企业而言是权益工具，而对于持有方而言是股权投资；企业发行债券，形成发行企业的债务和持有方的金融资产。因此普通股、债券是金融工具。

金融资产是金融工具的重要组成部分。金融资产指企业持有的现金、权益工具投资、从其他单位收取现金或其他金融资产的合同权利，以及在有利条件下与其他单位交换金融资产或金融负债的合同权利，如应收款项、贷款、债权投资、股权投资及衍生金融资产等。

金融资产有导致未来现金的净流量这样一个本质特征，这与传统财务报告中的资产要素的“未来经济利益”本质特征是一致的。但金融资产与传统资产要素又有本质上的区别，这表现在金融资产的“交易或事项”不仅指过去，更多的时候（衍生金融工具）发生在将来，而传统资产要素则强调“过去的交易或事项”。这是金融工具会计对传统会计要素定义上的一种突破。

## 二、金融资产的分类

金融资产是企业资产的重要组成部分，主要包括：库存现金、银行存款、应收账款、应收票据、其他应收款项、股权投资、债权投资和衍生工具形成的资产等。

金融资产分类与金融资产计量密切相关。不同类别的金融资产，其初始计量和后续计量采用的基础也不完全相同。根据《企业会计准则》对金融资产的分类的定义，金融资产在初始确认时应当分为四类：

（1）以公允价值计量且其变动计入当期损益的金融资产；

（2）持有至到期投资；

（3）贷款和应收款项；

（4）可供出售金融资产。

其中，以公允价值计量且其变动计入当期损益的金融资产又包括交易性金融资产和直接指定为以公允价值计量且其变动计入当期损益的金融资产。

本章按上述分类进行阐述，但不涉及贷款（不列入本教材）和应收款项（在第四章阐述）的会计处理。

# 第二节　交易性金融资产

## 一、交易性金融资产的确认

金融资产满足下列条件之一的，应当确认为交易性金融资产。

（1）取得该金融资产的目的主要是为了近期内出售或回购，如企业以赚取差价为目的从二级市场购入的股票、债券、基金等。

（2）属于进行集中管理的可辨认金融工具组合的一部分，且有客观证据表明企业近期采用短期获利方式对该组合进行管理。例如，企业基于其投资策略和风险管理的需要，将某些金融资产进行组合从事短期获利活动，对于组合中的金融资产，应采用公允价值计量，并将其相关公允价值变动计入当期损益。

（3）属于衍生工具。例如，国债期货、远期合同、股指期货等，其公允价值变动大于零时，应将其相关变动金额确认为交易性金融资产，同时计入当期损益。

## 二、交易性金融资产的核算

### （一）设置账户

企业应设置“交易性金融资产”账户。

账户性质：资产类。

账户用途：核算为交易目的而持有的债券投资、股票投资、基金投资等交易性金融资产的公允价值。

账户结构：如图 6-1 所示。

明细账：按照交易性金融资产的类别和品种，分别按“成本”、“公允价值变动”等进行明细核算。

交易性金融资产

| （借方） | （贷方） |
|---|---|
| 取得成本<br>公允价值高于账面价值的差额 | 出售时结转的成本和公允价值变动损益<br>公允价值低于账面价值的差额 |
| 期末余额：期末公允价值 | |

图 6-1　交易性金融资产账户结构

### （二）账务处理

（1）企业取得交易性金融资产时，应按公允价值计量，相关交易费用应当直接计入当期损益。交易费用是指可直接归属于购买、发行或处置金融工具新增的外部费用，包括支付代理机构、咨询公司、券商等的手续费和佣金及其他必要支出，不包括债券溢价、折价、融资费用、内部管理成本及其他与交易不直接相关的费用。

（2）企业取得交易性金融资产所支付的价款中，包含已宣告但尚未发放的现金股利或已到付息期但尚未领取的债券利息的，应当单独确认为应收项目。在持有期间取得的利息或现金股利，应当确认为投资收益。

（3）资产负债表日，企业应将交易性金融资产的公允价值变动计入当期损益。

（4）处置交易性金融资产时，其公允价值与初始入账金额之间的差额应确认为投资收益，同时调整公允价值变动损益。

**例 6-1** 2013 年 6 月 10 日，华为公司支付价款 1 000 000 元从二级市场购入甲公司发行的股票 100 000 股，每股价格 10.60 元（含已宣告但尚未发放的现金股利 0.60 元），另支付交易费用 1 000 元。华为公司将持有的甲公司股票列为交易性金融资产。

华为公司其他相关资料如下：

（1）6 月 20 日，收到甲公司发放的现金股利；

（2）6 月 30 日，甲公司股票价格涨到每股 13 元；

（3）8 月 15 日，将持有的甲公司股票全部售出，每股售价 15 元。

假定不考虑其他因素，华为公司的账务处理如下：

（1）6 月 10 日，购入甲公司股票。

| | | |
|---|---|---|
| 借：交易性金融资产——甲公司股票（成本） | 1 000 000 | |
| 　　应收股利 | 60 000 | |
| 　　投资收益 | 1 000 | |
| 　贷：银行存款 | | 1 061 000 |

（2）6 月 20 日，收到甲公司发放的现金股利。

| | | |
|---|---|---|
| 借：银行存款 | 60 000 | |
| 　贷：应收股利 | | 60 000 |

（3）6 月 30 日，确认股票价格变动。

| | | |
|---|---|---|
| 借：交易性金融资产——甲公司股票（公允价值变动） | 300 000 | |
| 　贷：公允价值变动损益 | | 300 000 |

（4）8 月 15 日，将持有的甲公司股票全部售出。

| | | |
|---|---|---|
| 借：银行存款 | 1 500 000 | |
| 　　公允价值变动损益 | 300 000 | |
| 　贷：交易性金融资产——甲公司股票（成本） | | 1 000 000 |
| 　　　　　　　　　　——甲公司股票（公允价值变动） | | 300 000 |
| 　　投资收益 | | 500 000 |

交易性金融资产核算程序如图 6-2 所示。

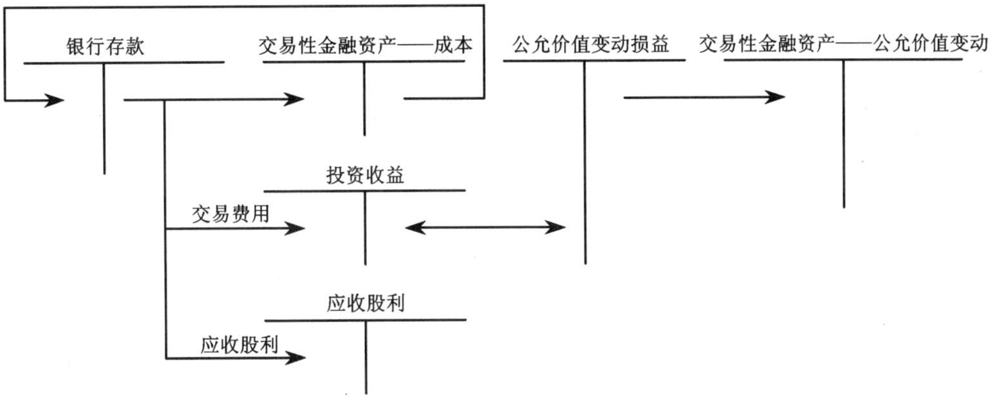


图 6-2　交易性金融资产核算程序

# 第三节　持有至到期投资

## 一、持有至到期投资的含义

持有至到期投资是指到期日固定、回收金额固定或可确定，且企业有明确意图和能力持有至到期的非衍生金融资产。通常情况下，能够划分为持有至到期投资的金融资产，主要是债权性投资，例如，企业从二级市场上购入的固定利率国债、浮动利率金融债券等。

企业将所持有的债券划分为持有至到期投资，如果企业的持有意图或能力发生了变化，在持有至到期投资到期前，可以重分类为可供出售金融资产，也可以将其出售。

## 二、持有至到期投资的核算

### （一）设置账户

企业应当设置**“持有至到期投资”**账户。

账户性质：资产类。

账户用途：核算持有至到期债券投资的取得、出售和到期收回成本。

账户结构：如图 6-3 所示。

明细账：按持有至到期投资的类别和品种，分别按“成本”、“利息调整’、“应计利息”等明细科目进行明细核算。

持有至到期投资

| （借方） | （贷方） |
| --- | --- |
| 取得成本（公允价值+交易费用） | 出售时结转的成本 |
| 期末余额：持有至到期投资的摊余成本 | |

图 6-3　持有至到期投资账户结构

### （二）持有至到期投资取得的核算

持有至到期投资应当按取得时的公允价值和相关交易费用之和作为初始确认金额。如果支付的价款中包含已到付息期但尚未领取的利息，应单独确认为应收项目。企业取得持有至到期投资时，借记“持有至到期投资——成本”账户（投资的面值），借记“应收利息”账户（支付的价款中包含的已到付息期但尚未领取的利息），贷记“银行存款”账户（实际支付的金额），借记或贷记“持有至期投资——利息调整”账户（差额）；收到支付的价款中包含的已到付息期但尚未领取的利息时，借记“银行存款”账户，贷记“应收利息”账户。

**例6-2**　2014年1月1日，华为公司购入乙公司于2013年1月1日发行的面值600 000元、期限5年、票面利率5%、每年12月31日付息、到期还本的债券作为持有至到期投资，实际支付的购买价款为618 500元，该价款中包含已到付息期但尚未支付的利息40 000元。华为公司的账务处理如下：

（1）购入债券时

持有至到期投资取得成本=618 500–40 000=578 500（元）

借：持有至到期投资——乙公司债券（成本）　　600 000
　　应收利息　　40 000
　贷：银行存款　　618 500
　　　持有至到期投资——乙公司债券（利息调整）　　21 500

（2）收到债券利息时

借：银行存款　　40 000
　贷：应收利息　　40 000

### （三）持有至到期投资利息收入确认的核算

企业应在持有至到期投资持有期间，采用实际利率法，按照摊余成本和实际利率计算确认利息收入，计入投资收益。

实际利率，是指将金融资产或金融负债在预期存续期间或适用的更短期间内的未来现金流量，折现为该金融资产或金融负债当前账面价值所使用的利率。实际利率法，是指按照实际利率计算其摊余成本及各期利息收入或利息费用的方法。计算公式如下：

利息收入=期初摊余成本×实际利率

应收利息=面值×票面利率

账面成本摊销额（利息调整）=应收利息–利息收入

持有至到期投资如为分期付息、一次还本债券投资，应将于资产负债表日按票面利率计算确定的应收未收利息，借记“应收利息”账户，按持有至到期投资摊余成本和实际利率计算确定的利息收入，贷记“投资收益”账户，按其差额，借记或贷记“持有至到期投资——利息调整”账户。收到分期付息、一次还本持有至到期投资持有期间支付的利息，借记“银行存款”账户，贷记“应收利息”账户。

持有至到期投资如为一次还本付息债券投资，应将于资产负债表日按票面利率计算确定的应收未收利息，借记“持有至到期投资——应计利息”账户，按持有至到期投资摊余成本和实际利率计算确定的利息收入，贷记“投资收益”账户，按其差额，借记或贷记“持有至到期投资——利息调整”账户。

**例 6-3**　华为公司对持有至到期投资采用实际利率法确认利息收入。该公司 2013 年 1 月 1 日购入面值 500 000 元、期限 5 年、票面利率 6%、每年 12 月 31 日付息、取得成本 528 000 元的乙公司债券。假设实际利率经测算为 4.72%，华为公司采用实际利率法确认的利息收入和摊销的溢价如表 6-1 所示。

**表 6-1　利息收入确认及溢价摊销表（实际利率法）**

单位：元

| 计息日期 | 应计利息（A） | 实际利率（B） | 利息收入（C=E×B） | 应摊销溢价（D=A−C） | 摊余成本（E=期初 E−D） |
|---|---|---|---|---|---|
| 2007 年 1 月 1 日 | | | | | 528 000 |
| 2007 年 12 月 31 日 | 30 000 | 4.72% | 24 922 | 5 078 | 522 922 |
| 2008 年 12 月 31 日 | 30 000 | 4.72% | 24 682 | 5 318 | 517 604 |
| 2009 年 12 月 31 日 | 30 000 | 4.72% | 24 431 | 5 569 | 512 035 |
| 2010 年 12 月 31 日 | 30 000 | 4.72% | 24 168 | 5 832 | 506 203 |
| 2011 年 12 月 31 日 | 30 000 | 4.72% | 23 797 | 6 203 | 500 000 |
| 合　计 | 150 000 | — | 122 000 | 28 000 | — |

根据表 6-1 的计算结果，华为公司编制的各年确认利息收入和摊销溢价的会计分录如下：

2013 年 12 月 31 日，确认利息收入并摊销溢价时，

借：应收利息　　30 000

　贷：投资收益　　24 922

　　　持有至到期投资——乙公司债券（利息调整）　　5 078

以后各年确认利息收入并摊销溢价的会计分录可以此类推。

采用实际利率法确认利息收入和摊销的折价方法与上同。

### （四）持有至到期投资处置的核算

处置持有至到期投资时，应将所取得的价款与该投资账面价值之间的差额计入投资收益。其中，投资的账面价值是指投资的账面余额减除已经计提的减值准备后的差额。

处置持有至到期投资时，应按实际收到的金额，借记“银行存款”账户（持有至到期投资账面余额），贷记“持有至到期投资——成本”、“持有至到期投资——应计利息”账户，贷记或借记“持有至到期投资——利息调整”账户，贷记或借记“投资收益”账户（差额）。已计提减值准备的，还应同时结转减值准备。

**例 6-4** 华为公司于 2013 年 9 月 1 日，将 2011 年 1 月 1 日购入的丙公司面值 800 000 元、期限 4 年、票面利率 5%、每年 12 月 31 日付息的债券提前出售，取得转让收入 815 600 元。转让日，丙公司债券账面摊余成本为 788 783 元，其中，成本 800 000 元，利息调整（贷方余额）11 217 元。华为公司的账务处理如下：

处置损益=815 600–（800 000–11 217）=26 817（元）

| | | |
|---|---|---|
| 借：银行存款 | 815 600 | |
| 　　持有至到期投资——丙公司债券（利息调整） | 11 217 | |
| 　贷：持有至到期投资——丙公司债券（成本） | | 800 000 |
| 　　　投资收益 | | 26 817 |

**例 6-5** 2014 年 1 月 1 日，华为公司持有的丁公司债券（2010 年 1 月 1 日购入）到期，收回全部本息。丁公司债券面值 500 000 元、期限 4 年、票面利率 5%、到期一次还本付息。华为公司的账务处理如下：

到期应收利息=500 000×5%×4=100 000（元）

到期应收本息=500 000+100 000=600 000（元）

| | | |
|---|---|---|
| 借：银行存款 | 600 000 | |
| 　贷：持有至到期投资——丁公司债券（成本） | | 500 000 |
| 　　　　　　　　　——丁公司债券（应计利息） | | 100 000 |

持有至到期投资的核算程序如图 6-4 所示。

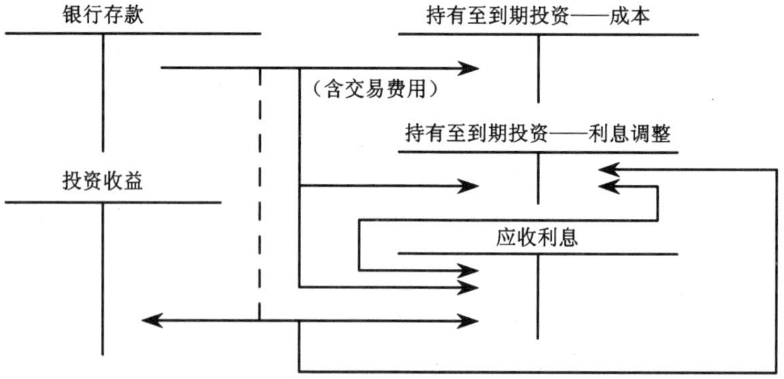


图 6-4　持有至到期投资核算程序

# 第四节　可供出售金融资产

## 一、可供出售金融资产的含义

可供出售金融资产，是指初始确认时即被指定为可供出售的非衍生金融资产，以及没有划分为贷款和应收款项、以公允价值计量且其变动计入当期损益的金融资产。例如，企业购入的在活跃市场上有报价的股票、债券和基金等。可供出售金融资产可以重分类为持有至到期投资。

## 二、可供出售金融资产的核算

### （一）设置账户

企业应当设置**"可供出售金融资产"**账户。

账户性质：资产类。

账户用途：核算持有的可供出售金融资产取得、出售的公允价值。

账户结构：如图 6-5 所示。

可供出售金融资产

| （借方） | （贷方） |
| --- | --- |
| 取得成本（公允价值+交易费用）<br>公允价值高于账面价值的差额 | 出售时结转的成本<br>公允价值低于账面价值的差额 |
| 期末余额：期末公允价值 | |

图 6-5　可供出售金融资产账户结构

明细账：按照可供出售金融资产类别和品种，分别按"成本"、"利息调整"、"应计利息"、"公允价值变动"等明细科目进行明细核算。

### （二）账务处理

（1）企业取得可供出售金融资产支付的价款中包含的已到付息期但尚未领取的债券利息或已宣告但尚未发放的现金股利，应单独确认为应收项目。

（2）可供出售金融资产持有期间取得的利息或现金股利，应当计入投资收益。资产负债表日，可供出售金融资产应当以公允价值计量，且公允价值变动计入资本公积（其他资本公积）。

（3）可供出售金融资产发生的减值损失、外币货币性金融资产形成的汇兑差额、采用实际利率法计算的可供出售金融资产的利息、可供出售权益工具投资在被投资单位宣告发放股利时的现金股利，均应计入当期损益。

（4）处置可供出售金融资产时，应将取得的价款与该金融资产账面价值之间的差额，计入投资损益；同时，将原直接计入所有者权益的公允价值变动累计额对应处置部分的金额转出，计入投资损益。

需要注意的是，可供出售金融资产的账务处理，与交易性金融资产的账务处理的不同之处是初始确认时，可供出售金融资产相关交易费用应计入初始入账金额；资产负债表日，可供出售金融资产的资产公允价值变动计入所有者权益。

企业取得可供出售金额资产时，借记“可供出售金融资产——成本”账户（公允价值与交易费用），借记“应收股利”账户（包含的已宣告但尚未发放的现金股利），贷记“银行存款”账户（实际支付的金额）。

企业取得的可供出售金融资产为债券投资的，借记“可供出售金融资产——成本”账户（面值），借记“应收利息”账户（包含的已到付息期但尚未领取的利息），贷记“银行存款”账户（实际支付的金额），借记或贷记“可供出售金额资产——利息调整”账户（差额）。

持有期间被投资单位宣告发放现金股利时，借记“应收股利”账户（应享有的份额），贷记“投资收益”账户。

收到可供出售权益工具投资发放的现金股利时，借记“银行存款”账户，贷记“应收股利”账户。

可供出售金融资产如为分期付息、一次还本债券投资，应于资产负债表日按票面利率计算确定的应收未收利息，借记“应收利息”账户，按可供出售金融资产摊余成本和实际利率计算确定的利息收入，贷记“投资收益”账户，按其差额，借记或贷记“可供出售金融资产——利息调整”账户。

可供出售金融资产如为一次还本付息债券投资，应于资产负债表日按票面利率计算确定的应收未收利息，借记“可供出售金融资产——应计利息”账户，按可供出售金融资产摊余成本和实际利率计算确定的利息收入，贷记“投资收益”账户，按其差额，借记或贷记“可供出售金融资产——利息调整”账户。收到可供出售金融资产持有期间支付的利息，借记“银行存款”账户，贷记“应收利息”账户。

**例6-6** 华为公司于2013年7月10日从二级市场购入甲公司股票1 000 000股，每股市价15元，手续费30 000元；初始确认时，该股票划分为可供出售金融资产。

华为公司至2013年12月31日仍持有该股票，该股票当时的市价为16元。

2014年2月1日，华为公司将甲公司股票售出，售价为每股13元，另支付交易费用30 000元。假定不考虑其他因素，华为公司的账务处理如下：

（1）2013年7月10日，购入甲公司股票时

| | | |
|---|---|---|
| 借：可供出售金融资产——甲公司股票（成本） | 15 030 000 | |
| 　贷：银行存款 | | 15 030 000 |

（2）2013 年 12 月 31 日，确认股票价格变动时

| | | |
|---|---|---|
| 借：可供出售金融资产——甲公司股票（公允价值变动） | 970 000 | |
| 贷：资本公积——其他资本公积 | | 970 000 |

（3）2014 年 2 月 1 日，出售股票时

| | | |
|---|---|---|
| 借：银行存款 | 12 970 000 | |
| 资本公积——其他资本公积 | 970 000 | |
| 投资收益 | 2 060 000 | |
| 贷：可供出售金融资产——甲公司股票（成本） | | 15 030 000 |
| ——甲公司股票（公允价值变动） | | 970 000 |

**例 6-7** 2013 年 1 月 1 日，华为公司支付价款 1 028 244 元购入乙公司发行的 3 年期公司债券，该公司债券的票面总金额为 1 000 元，票面利率 4%，实际利率为 3%，利息每年年末支付，本金到期支付。华为公司将该债券划分为可供出售金融资产。2013 年 12 月 31 日，该债券的市场价格为 1 000 094 元。假定无交易费用和其他因素的影响，华为公司的账务处理如下：

（1）2013 年 1 月 1 日，购入乙公司债券时

| | | |
|---|---|---|
| 借：可供出售金融资产——乙公司债券（成本） | 1 000 000 | |
| ——乙公司债券（利息调整） | 28 244 | |
| 贷：银行存款 | | 1 028 244 |

（2）2013 年 12 月 31 日，收到债券利息、确认公允价值变动时

$$实际利息=1\,028\,244\times3\%=30\,847.32（元）$$

$$年末摊余成本=1\,028\,244+30\,847.32-40\,000=1\,019\,091.32（元）$$

| | | |
|---|---|---|
| 借：应收利息 | 40 000 | |
| 贷：投资收益 | | 30 847.32 |
| 可供出售金融资产——乙公司债券（利息调整） | | 9 152.68 |
| 借：银行存款 | 40 000 | |
| 贷：应收利息 | | 40 000 |
| 借：资本公积——其他资本公积 | 19 000.32 | |
| 贷：可供出售金融资产——乙公司债券（公允价值变动） | | 19 000.32 |

# 第五节 长期股权投资

## 一、长期股权投资的含义

长期股权投资，通常是指企业长期持有，按所持股份比例享有被投资单位权益并承担相应责任的投资。企业进行长期股权投资，目的在于通过股权投资控制被投资单位，或对被投资单位施加重大影响，或为长期赢利，或为了与被投资单位建立密切关系，以分散经营风险。长期股权投资具有投资大、期限长、风险大、能为企业带来长期利益等特征。

按取得方式的不同，长期股权投资分为合并形成的长期股权投资和其他方式取得的长

期股权投资。

## 二、长期股权投资的核算

### （一）设置账户

企业应设置**“长期股权投资”**账户。

账户性质：资产类。

账户用途：核算企业持有的长期股权投资取得、持有和处置业务。

账户结构：如图 6-6 所示。

长期股权投资

| （借方） | （贷方） |
|---|---|
| 取得时初始投资成本（占被合并方所有者权益账面价值的份额）<br>被投资方净资产增加（获利），按持股比例享有的份额（权益法） | 投资收回冲减投资成本（成本法）<br>被投资方净资产减少（亏损或发放股利），按持股比例承担的份额（权益法）<br>处置时冲减账面成本 |
| 期末余额：反映企业持有长期股权投资的价值（权益法下反映占被投资方股权份额） | |

图 6-6 长期股权投资账户结构

明细账：权益法下分别按“投资成本”、“损益调整”、“其他权益变动”等明细科目进行明细核算。

### （二）账务处理

长期股权投资不同的形成方式是确认初始投资成本的前提。

#### 1. 企业合并形成的长期股权投资

（1）同一控制下的企业合并中，合并方以支付现金、转让非现金资产或承担债务方式作为合并对价的，应当在合并日按照取得被合并方所有者权益账面价值的份额作为长期股权投资的初始投资成本。长期股权投资初始投资成本与支付的现金、转让的非现金资产及所承担债务账面价值之间的差额，应当调整资本公积；资本公积不足冲减的，调整留存收益。

**例 6-8** 2014 年 1 月 1 日，A 公司出资 2 000 000 元，认购 B 公司股票，取得了 B 公司 80%的控股权，购买日 B 公司净资产是 3 000 000 元。A 公司应作如下会计分录：

| | | |
|---|---|---|
| 借：长期股权投资 | 2 400 000 | |
| 　　贷：银行存款 | | 2 000 000 |
| 　　　　资本公积 | | 400 000 |

（2）非同一控制下的企业合并中，购买方应当按照确定的企业合并成本作为长期股权投资的初始投资成本，具体按照以下方式确定：

通过一次交换交易实现的企业合并，合并成本为购买方在购买日为取得对被购买方的控制权而付出的资产、发生或承担的负债，以及发行的权益性证券的公允价值；通过多次交换交易分步实现的企业合并，合并成本为每一单项交易成本之和；购买方为进行企业合并发生的各项直接相关费用也应当计入企业合并成本；在合并合同或协议中对可能影响合并成本的未来事项做出约定的，购买日如果估计未来事项很可能发生，并且对合并成本的影响金额能够可靠计量的，购买方应当将其计入合并成本。

**例 6-9**　A 公司一次性出资 10 000 000 元，购入 M 公司股票 100 股，每股市价 10 元，取得了 M 公司 80%的控股权，对 M 公司实施控制。A 公司另支付相关税费 210 000 元。合并前后 A 公司、M 公司不受同一方控制。A 公司应作如下会计分录：

| | | |
|---|---|---|
| 借：长期股权投资 | 10 210 000 | |
| 　贷：银行存款 | | 10 210 000 |

### 2．其他方式取得的长期股权投资

（1）以支付现金取得的长期股权投资，应当按照实际支付的购买价款作为初始投资成本。初始投资成本包括与取得长期股权投资直接相关的费用、税金及其他必要支出，但实际支付的价款中包含的已宣告但尚未领取的现金股利，应作为应收项目单独核算。

**例 6-10**　华为公司以每股 6 元的价格购入 H 公司每股面值 1 元的股票 4 000 股，支付交易税费 720 元，准备长期持有，款项通过银行支付。应作如下会计分录：

初始投资成本=4 000×6+720=24 720（元）

| | | |
|---|---|---|
| 借：长期股权投资——股票投资 | 24 720 | |
| 　贷：银行存款 | | 24 720 |

**例 6-11**　华为公司以每股 8 元的价格购入 H 公司每股面值 1 元的股票 5 000 股作为长期投资，支付交易税费 1 200 元。股票价格中包含每股 0.5 元已宣告但尚未领取的现金股利，款项通过银行支付。应作如下会计分录：

（1）购入股票时

初始投资成本=5 000×（8−0.5）+1 200=38 700（元）

应收股利=5 000×0.5=2 500（元）

| | | |
|---|---|---|
| 借：长期股权投资——股票投资 | 38 700 | |
| 　　应收股利 | 2 500 | |
| 　贷：银行存款 | | 41 200 |

（2）领取现金股利时

| | | |
|---|---|---|
| 借：银行存款 | 2 500 | |
| 　贷：应收股利 | | 2 500 |

（2）通过债务重组取得的长期股权投资，其初始投资成本以应收债权的账面价值加上应支付的相关税费，作为初始投资成本。重组债务的账面价值与转让的非现金资产公允价值之间的差额，确认为债务重组利得，计入当期损益。

转让的非现金资产公允价值与其账面价值之间的差额，确认为资产转让损益，计入当期损益。

例 6-12　华为公司应收 H 公司货款 120 000 元，由于 H 公司现金短缺，经双方协商，华为公司同意 H 公司用其持有的甲公司股票 40 000 股相抵。在办理股票过户手续时，支付相关费用 1 500 元，华为公司准备长期持有该股票。支付的相关费用，均已通过银行转账。应作如下会计分录：

初始投资成本=120 000+1 500=121 500（元）

| | | |
|---|---|---|
| 借：长期股权投资——股票投资 | 121 500 | |
| 　贷：应收账款——H 公司 | | 120 000 |
| 　　银行存款 | | 1 500 |

（3）通过非货币性资产交换取得的长期股权投资，其初始投资成本如涉及补价的，应当按以下方法确定换取长期股权投资的初始投资成本。

收到补价款时：按换出资产的账面价值减去补价，加上应支付的相关税费作为初始投资成本。换入资产成本与初始投资成本的差额，应当计入当期损益。

支付补价款时：按换出资产的账面价值加上支付的补价和应支付的相关税费，作为初始投资成本。换入资产成本与初始投资成本的差额，应当计入当期损益。

例 6-13　华为公司以原材料换入每股面值 1 元的股票 200 000 股，准备长期持有，办理股票过户手续时，支付相关费用 1 500 元，收取对方的补价款 30 000 元。换出材料的账面价值 500 000 元，按照计税价格计算的增值税额 85 000 元。收取的补价款和支付的相关费用均已通过银行转账。应作如下会计分录：

初始投资成本=500 000+1 500+85 000-30 000=556 500（元）

| | | |
|---|---|---|
| 借：长期股权投资——股票投资 | 556 500 | |
| 　　银行存款 | 28 500 | |
| 　贷：原材料 | | 500 000 |
| 　　应交税费——应交增值税（销项税额） | | 85 000 |

例 6-14　华为公司以原材料换入每股面值 1 元的股票 200 000 股，准备长期持有，办理股票过户手续时，支付相关费用 1 500 元，向对方支付补价款 30 000 元。换出材料的账面价值 500 000 元，按照计税价格计算的增值税额 85 000 元。补价款和相关费用均已通过银行支付。应作如下会计分录：

初始投资成本=500 000+1 500+85 000+30 000=616 500（元）

| | | |
|---|---|---|
| 借：长期股权投资——股票投资 | 616 500 | |
| 　贷：原材料 | | 500 000 |
| 　　应交税费——应交增值税（销项税额） | | 85 000 |
| 　　银行存款 | | 31 500 |

## 三、长期股权投资的后续计量

企业取得的长期股权投资在持有期间，要根据所持股份的性质、对被投资单位财务和经营政策的影响程度，以及是否存在活跃市场、公允价值能否可靠取得等情况，选择采用成本法和权益法进行核算。

### （一）长期股权投资的成本法核算

#### 1. 成本法及其适用范围

成本法，是指长期股权投资的价值通常按初始投资成本计量，除追加或收回投资外，一般不对长期股权投资的账面价值进行调整的一种会计处理方法。

对于投资企业能够对被投资单位实施控制、无共同控制且无重大影响，并且在活跃市场中没有参照价格、公允价值不能可靠计量的长期股权投资，应当采用成本法进行长期股权投资的核算。

#### 2. 成本法核算的一般原则

（1）长期股权投资以取得股权时的成本计价，其后，除了投资企业追加投资、收回投资等情形外，长期股权投资的账面价值保持不变。

（2）如果发生追加投资、将应分得的现金股利或利润转为投资、收回投资等情况，应按照追加或收回投资的数额调整股权的初始投资成本，并按调整后的成本作为长期股权投资的账面价值。

（3）被投资单位宣告分派的现金股利或利润，投资企业按应享有的部分，确认为当期投资收益，但投资企业确认的投资收益仅限于被投资单位接受投资后产生的累积净利润的分配额。所获得的现金股利或利润超过上述数额的部分，作为初始投资成本的收回，冲减长期股权投资的账面价值。

（4）被投资单位宣告分派股票股利，投资企业只做备忘记录；被投资单位未分派股利，投资企业不做任何账务处理。

#### 3. 成本法的账务处理

（1）初始投资或追加投资时，按发生的投资成本增加长期股权投资的账面价值。借记“长期股权投资——成本”账户，贷记“银行存款”账户。

**例 6-15**　华为公司于 2013 年 3 月 10 日购入 H 公司股票 80 000 股，每股价格 6 元，占该公司有表决权资本总额的 5%，另支付相关税费 3 000 元，准备长期持有，款项通过银行支付。应作如下会计分录：

初始投资成本=80 000×6+3 000=483 000（元）

借：长期股权投资——H公司（成本）　　483 000
　贷：银行存款　　483 000

（2）被投资单位宣告分派的利润或现金股利，投资企业按应享有的部分，确认为当期投资收益，借记“应收股利”账户，贷记“投资收益”账户；属于被投资单位在取得投资前实现净利润的分配额，应作为投资成本的收回，借记“应收股利”账户，贷记“长期股权投资——成本”账户。

**例6-16**　承【例6-15】，H公司于2014年3月1日宣告分派2013年度的现金股利500 000元，华为公司应分得25 000（500 000×5%）元现金股利。应作如下会计分录：

（1）2014年3月1日，H公司宣告分派现金股利

借：应收股利——H公司　　25 000
　贷：投资收益　　25 000

（2）以后收到现金股利时

借：银行存款　　25 000
　贷：应收股利——H公司　　25 000

**注意**：投资企业在投资当年分得的利润或现金股利，一般不作为投资收益，而作为投资成本的冲回；如果投资企业投资当年分得的利润或现金股利，有一部分属于投资后被投资单位的盈余分配，则应作为投资企业投资年度的投资收益。

## （二）长期股权投资的权益法核算

### 1. 权益法及其适用范围

权益法，是指最初以初始投资成本计价，以后根据投资企业享有被投资单位所有者权益份额的变动，对投资账面价值进行调整的会计处理方法。在权益法下，长期股权投资的账面价值随着被投资单位所有者权益（净资产）的变动而变动。

投资企业对被投资单位具有共同控制或重大影响时，长期股权投资应采用权益法核算。

### 2. 权益法核算的一般原则

（1）在取得股权投资的时候，以初始投资成本作为长期股权投资账面价值，以后随着被投资企业所有者权益的变动进行相应的调整。

（2）在取得股权投资的时候，如果初始投资成本与应享有的被投资企业股东权益份额之间有差额，该差额为初始投资成本大于被投资单位可辨认净资产公允价值份额的，不调整长期股权投资的初始投资成本；如果投资的初始投资成本小于被投资单位可辨认净资产公允价值份额的，其差额应当计入当期损益，同时调整长期股权投资的成本。

（3）投资以后，被投资企业各期实现的净利润或发生的净亏损，均影响所有者权益变

动。投资企业应按投资比例，调整长期股权投资的账面价值。

（4）当被投资企业宣告分派利润或现金股利时，投资企业按持股比例计算应得利润或现金股利，冲减长期股权投资的账面价值。

### 3. 权益法的账务处理

长期股权投资采用权益法核算时，应设置“长期股权投资”账户，其下设置“成本”、“损益调整”、“其他权益变动”等明细账户。

**例 6-17** 华为公司 2013 年 1 月以 5 000 000 元购入 Y 公司 30%的股份，购买日该公司普通股股东享有的股东权益总额为 10 000 000 元，华为公司采用权益法核算，应作如下会计处理。

（1）购买日初始投资成本确定时

借：长期股权投资——Y 公司（成本）　　5 000 000

　贷：银行存款　　5 000 000

（2）2014 年 1 月，Y 公司报告 2013 年度净收益 50 000 000 元时

华为公司应享有的收益份额=50 000 000×30%=15 000 000（元）

借：长期股权投资——Y 公司（损益调整）　　15 000 000

　贷：投资收益　　15 000 000

如果 Y 公司报告 2013 年度净亏损 50 000 000 元，

华为公司应分担的亏损份额=50 000 000×30%=15 000 000（元）

借：投资收益　　15 000 000

　贷：长期股权投资——Y 公司（损益调整）　　15 000 000

（3）2014 年 1 月，Y 公司宣告分派上年度现金股利 8 000 000 元，并于 2 月 10 日发放。

宣告派发现金股利时

华为公司应得现金股利=8 000 000×30%=2 400 000（元）

借：应收股利——Y 公司　　2 400 000

　贷：长期股权投资——Y 公司（损益调整）　　2 400 000

2 月 10 日，收到现金股利时，

借：银行存款　　2 400 000

　贷：应收股利——Y 公司　　2 400 000

## 本章小结

● 投资，是指企业为通过分配来增加财富，或为谋求其他利益而将资产让渡给其他单位所获得的另一项资产。企业会计准则按照投资的目的将投资分为交易性金融资产、持有至到期投资、可供出售金融资产、长期股权投资等，并设置相应的会计账户核算；在资产负债表中，各类投资分项单独列示。

● 交易性金融资产初始确认时，应按公允价值计量，相关交易费用应当直接计入当

期损益。企业取得交易性金融资产所支付的价款中，包含已宣告但尚未发放的现金股利或已到付息期但尚未领取的债券利息的，应当单独确认为应收项目。在持有期间取得的利息或现金股利，应当确认为投资收益。资产负债表日，企业应将交易性金融资产的公允价值变动计入当期损益。

● 持有至到期投资应当按取得时的公允价值和相关交易费用之和作为初始确认金额。如果支付的价款中包含已到付息期但尚未领取的利息，应单独确认为应收项目。企业应在持有至到期投资持有期间，采用实际利率法，按照摊余成本和实际利率计算确认利息收入，计入投资收益。

● 可供出售金融资产的账务处理，与交易性金融资产的账务处理的不同之处在于初始确认时，可供出售金融资产相关交易费用应计入初始入账金额；资产负债表日，可供出售金融资产的资产公允价值变动计入所有者权益。

● 长期股权投资具有投资大、期限长、风险大及能为企业带来长期利益等特征。长期股权投资的核算分别采用成本法或权益法。在成本法下，长期股权投资以取得时的成本计价，投资企业确认投资收益，仅限于所获得的被投资单位在投资后产生的净利润的分配额，超过部分作为投资成本的收回冲减投资成本。权益法是指投资最初以投资成本计价，以后根据投资企业享有被投资单位所有者权益份额的变动，对投资的账面价值进行调整的方法。

## 引导案例分析

1．环宇公司会计对购入债券时的会计处理不正确。按新《企业会计准则》的要求，企业对金融资产初始确认时，应当按照公允价值计量，对于以公允价值计量且其变动计入当期损益的金融资产，相关交易费用应当直接计入当期损益，对于其他类别的金融资产，相关交易费用应当计入初始确认金额。因此，正确的会计处理应该是：

| | | |
|---|---|---|
| 借：持有至到期投资——成本 | 240 000 | |
| 　　　　　　　　——利息调整 | 30 000 | |
| 　贷：银行存款 | | 270 000 |

2．环宇公司采用直线法摊销违反了会计准则的规定。企业应在持有至到期投资持有期间，采用实际利率法，按照摊余成本和实际利率计算确认利息收入和摊销溢价。

## 复习思考题

1. 什么是金融资产？如何分类？
2. 交易性金融资产与可供出售金融资产公允价值变动的会计处理有何不同？
3. 如何确认持有至到期投资的利息收入？
4. 长期股权投资的初始成本如何确定？
5. 长期股权投资的成本法和权益法有何不同？
6. 如何确认各类投资的处置损益？

## 练习题

根据下列资料，作相关会计分录。

1. 2013 年 4 月 20 日，华为公司按每股 5.50 元的价格购入每股面值 1 元的股票 60 000 股作为交易性金融资产，并支付交易税费 3 250 元。股票购买价格中包含每股 0.50 元已宣告发放但尚未领取的现金股利，该现金股利于 2014 年 5 月 10 日发放。

2. 2013 年 4 月 20 日，华为公司按每股 7.60 元的价格购入 A 公司每股面值 1 元的股票 80 000 股作为可供出售金融资产，并支付交易费用 2 500 元。股票购买价格中包含每股 0.20 元已宣告但尚未领取的现金股利，该现金股利于 2014 年 5 月 10 日发放。

3. 接上题，2014 年 4 月 15 日，A 公司宣告每股分派现金股利 0.25 元，该现金股利于 2014 年 5 月 15 日发放。

4. 2012 年 1 月 1 日，华联实业股份有限公司购入 B 公司当日发行的面值 600 000 元、期限 3 年、票面利率 8%、每年 12 月 31 日付息、到期还本的债券作为可供出售金融资产，实际支付的购买价款为 620 000 元。华为公司持有的面值 600 000 元、期限 3 年、票面利率 8%、每年 12 月 31 日付息的 B 公司债券，作为可供出售金融资产。

5. 2012 年 12 月 31 日，B 公司债券的市价为 618 000 元。2012 年 12 月 31 日，B 公司债券按公允价值调整前的账面余额为 613 788 元。

6. 2012 年 1 月 1 日，华为公司购入丙公司于 2011 年 1 月 1 日发行的面值 650 000 元、期限 5 年、票面利率 5%、每年 12 月 31 日付息、到期还本的债券作为持有至到期投资，实际支付的购买价款为 668 500 元，该价款中包含已到付息期但尚未支付的利息 40 000 元。

7. 2012 年 1 月 10 日，华为公司以每股 3.50 元的价格购入 C 公司每股面值 2 元的普通股 2 500 000 股作为长期投资，并支付税金和手续费 65 000 元。该股票占 C 公司全部普通股的 10%，华为公司采用成本法记账。2013 年 3 月 10 日，C 公司宣告 2012 年度股利分配方案，每股分派现金股利 0.15 元，并于 2013 年 4 月 15 日派发。2013 年度，C 公司发生亏损，当年未分派股利。2014 年 3 月 10 日，C 公司宣告 2013 年度股利分配方案，每股分派现金股利 0.20 元，并于 2014 年 4 月 10 日派发。

8. 华为公司投资 12 894 000 元购买了 E 公司全部普通股的 30%，采用权益法记账。2012 年度，E 公司取得净收益 9 386 500 元。2013 年 2 月 15 日，E 公司宣告 2012 年度股利分配方案，共分派现金股利 785 000 元，并于 2013 年 3 月 20 日派发。2013 年度，E 公司报告净亏损 1 340 000 元，用以前年度留存收益弥补亏损后，于 2014 年 2 月 15 日，宣告分派现金股利 580 000 元，并于 2014 年 3 月 20 日派发。2014 年度，E 公司又发生亏损 468 000 元，未分派股利。

# 第七章

# 固定资产

## 学习目标

通过本章的学习，要求明确固定资产的基本概念、特征与分类，掌握固定资产的计价方法，以及固定资产折旧的各种计算方法，同时还应熟练掌握企业通过不同的来源取得固定资产的业务及关于固定资产后续支出业务、固定资产处置业务的账务处理方法。

## 引导案例

为了给新一年产品的生产创造更好的条件，以利于生产计划的圆满完成，精诚公司于12月初围绕公司的固定资产进行了以下工作：

（1）对一台加工设备进行大修理，12月底完成，实际发生大修理费用26 000元，以银行存款支付。

（2）以一辆卡车与大华公司的一台精加工设备进行交换。卡车的原始价350 000元，已提折旧80 000元，已计提减值准备6 000元，收到对方的补价款10 000元，卡车的公允价值288 000元，另外支付相关的税费600元。安装时发生安装支出980元，以银行存款支付。

（3）将一台设备上的附属独立装置拆卸下来，进行报废处理，同时又购买一个新的装置并安装在该设备上。该设备的原始价值240 000元，已提折旧85 000元，被拆卸装置的成本7 200元，企业购买新装置时以银行存款支付款项8 190元。

（4）为腾出一定的空间，以安装新的设备，公司将一台四成新的设备出售。该设备原始价值38 000元，已提折旧14 100元，出售所得价款23 000元已存入银行。

（5）为提高工作效率，公司将一台已提足折旧但尚可使用的设备转入报废清理。报废设备的原始价值 62 000 元，已计提折旧 59 520 元。报废时发生清理费用 300 元，残值收入 450 元（残料）。

（6）一台数控机床由于使用性能下降，公司决定对其重新安装。该机床的原始价值 320 000 元，已提折旧 108 800 元，初始安装成本 9 000 元。安装完毕后，共发生新的安装成本 9 600 元。

问题讨论：

（1）上述支出业务中，哪些是属于资本性支出业务？为什么？构成公司资本性支出金额合计是多少？

（2）各项支出业务对公司固定资产原始价值的影响金额是多少？

（3）上述支出业务对公司损益的影响金额是多少？

# 第一节 固定资产概述

## 一、固定资产极其特征

固定资产是指使用期限较长、单位价值较高并且在使用过程中保持原有实物形态的资产。属于产品生产过程中用来改变或影响劳动对象的劳动资料，是固定资本的实物形态。根据重要原则，一个企业把劳动资料按照使用年限和原始价值划分为固定资产和低值易耗品。对于原始价值较大、使用年限较长的劳动资料，按照固定资产来进行核算；而对于原始价值较小、使用年限较短的劳动资料，按照低值易耗品来进行核算。

我国的《企业会计准则第 4 号——固定资产》规定：“固定资产，是指同时具有下列两个特征的有形资产：① 为生产商品、提供劳务、出租或经营管理而持有的；② 使用寿命超过一个会计年度。”使用寿命是指企业使用固定资产的预计期间，或者该固定资产所能生产产品或提供劳务的数量。

这一定义强调了固定资产的有形性、持有目的及使用寿命三个基本特征，这与国际会计准则的表述相同。

固定资产主要有以下特点：

（1）能够长期使用且保持其实物形态不变。企业拥有固定资产是以使用为目的，固定资产可供企业用于生产经营、行政管理或出租等，不是以出售为目的，使用年限在一年以上，能连续参加若干个生产过程，可供企业长期使用，这一点与存货相区别。固定资产在长期的使用过程中，虽然其价值随其实物的磨损而逐渐减少，但其原有实物形态能保持基本不变。

（2）其价值随着使用逐渐地、部分地转移。企业为购置固定资产所发生的支出属于资本性支出，形成固定资产的原始成本；固定资产虽然使用时间长，但其寿命是有限的，最终要被废弃或重置。随着固定资产的使用，原始成本逐渐地、部分地以折旧的形式转移到成本、费用中去，随着营业收入的实现而逐步得到补偿。

## 二、固定资产的分类

固定资产的类别繁多，为了满足固定资产管理和会计核算的要求，主要按以下 3 种标准进行分类。

### 1. 按所有权分类

按所有权分类，固定资产可分为自有固定资产和租入固定资产两大类。

（1）自有固定资产是指企业通过各种渠道取得的所有权属于企业，并可自由使用和支配的固定资产。

（2）租入固定资产是指企业采用租赁的方式从其他单位租入的，只拥有使用权而不拥有所有权的固定资产，包括以融资租赁方式和经营租赁方式租入的固定资产两类。会计实务中对融资租入的固定资产视同自有固定资产进行核算。

### 2. 按经济用途分类

按经济用途分类，固定资产可分为生产经营用固定资产和非生产经营用固定资产。

（1）生产经营用固定资产是指参加生产经营过程或直接为生产经营服务的固定资产，包括用于企业生产经营的房屋、建筑物、机器设备、运输设备、设施和器具等。

（2）非生产经营用固定资产是指不直接服务于生产经营过程的固定资产，如用于职工宿舍、食堂、浴室等公共福利、文化娱乐、卫生保健方面的房屋建筑物、设备和器具等。

### 3. 按使用情况分类

按使用情况分类，固定资产可分为使用中固定资产、未使用固定资产和不需用固定资产三类。

（1）使用中固定资产是指企业正在使用中的经营用和非经营用固定资产。企业的房屋及建筑物无论是否在实际使用，都应作为使用中固定资产；由于季节性经营和大修理等原因暂时停用的固定资产、以经营租赁方式出租的固定资产也属于使用中固定资产。

（2）未使用固定资产包括尚未正式投入使用的新增固定资产、尚待安装的固定资产、进行改扩建的固定资产。

（3）不需用固定资产是指企业已不需要的，还未使用的或已脱离使用过程待处理的固定资产。

固定资产的分类如图 7-1 所示。

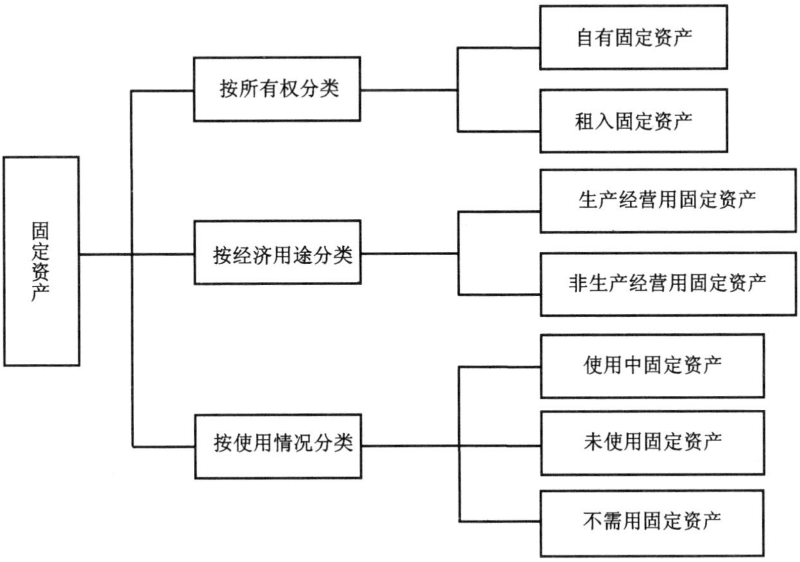


图 7-1　固定资产分类

## 三、固定资产的计价

### （一）固定资产的计价基础

固定资产计价，是以货币为计量单位计算固定资产的价值。由于计价目的不同，采用的计价基础也不同。固定资产的计价基础有以下 3 种。

#### 1．按原始价值计价

固定资产的原始价值，是指企业为取得某种固定资产使其达到预计的使用状态所支付的合理必要的支出。它是固定资产的基本计价基础，是新购建固定资产所采用的计价标准。

#### 2．按重置价值计价

固定资产的重置价值，是指在现行技术和状况下，重新购置同样的固定资产所需支付的全部金额。采用重置价值对固定资产计价，可以比较真实地反映固定资产的现实价值，一般只在取得无法确定其原始价值的固定资产时采用这种价值标准，如盘盈的固定资产、接受捐赠（未附原始价值凭证）的固定资产。

#### 3．按净值计价

固定资产的净值也称折余价值，是指固定资产原始价值或重置价值减去累计折旧后的净额。它可以反映企业实际占用在固定资产上的资金数额和固定资产的新旧程度。这种计价方法主要用于计算盘盈、盘亏、毁损固定资产的益余或损失等。

### （二）固定资产价值的确定

由于企业取得固定资产的方式和途径不同，因此对固定资产入账价值的确定也不相同。

（1）购入的固定资产。以固定资产购入时实际支付的价款及相关费用作为固定资产价值，包括买价、支付的运杂费、包装费、税金、安装费和专业人员服务费等。

（2）自制自建的固定资产。企业以自己生产的产品用做固定资产时，应以生产该产品的实际支出及相关税金作为固定资产原值，不包括任何内部利润；企业自建的固定资产，按建造过程中实际发生的全部支出作为原价。

（3）投资者投入的固定资产，采用重置价值作为原值。现行会计制度对于投资人投入的固定资产按照评估确认的价值或合同、协议约定的价值计价。

（4）融资租入的固定资产，企业应按照租赁协议或合同确定的设备价款、运输费、途中保险费、安装调试费等支出计价。

（5）改建、扩建的固定资产。企业在原有固定资产基础上进行改建、扩建的固定资产，按原有固定资产的账面原价，减去改建、扩建过程中发生的固定资产变价收入，加上由于改建、扩建而增加的支出计价。

（6）接受捐赠的固定资产。企业接受捐赠的固定资产，按同类资产的市场价格或根据捐赠者提供的有关凭据计价入账。在接受捐赠过程中发生的相关费用，均应计入固定资产的价值。

（7）盘盈的固定资产。企业要按照盘盈资产重置价值计价入账。

（8）非货币性交易换得的固定资产。企业要根据换出资产的账面价值加上应支付的相关税费作为计价入账价值。如涉及补价的，按以下规定确定换入固定资产的入账价值：

① 收到补价的，按换出资产的账面价值，加上应确认的收益和应支付的相关税费，减去补价后的余额，作为入账价值；

② 支付补价的，按换出资产的账面价值，加上应支付的相关税费和补价，作为换入资产的入账价值。

## 第二节　固定资产取得的核算

企业以不同来源方式取得的固定资产，在会计实务中其账务处理也不尽相同。企业取得固定资产的方式主要有购入、自行建造、投资者投入、非货币性交易换得、融资租入，接受捐赠和盘盈等。

## 一、设置账户

### 1.“固定资产”账户

账户性质：资产类。

账户用途：核算企业固定资产的原始价值。

账户结构：如图 7-2 所示。

明细账：应按固定资产类别、使用部门和每项固定资产设置明细账，进行明细分类核算。为了反映固定资产的明细资料，企业应设置“固定资产登记簿”和“固定资产卡片”进行登记；对经营租入的固定资产，应另设置“固定资产备查簿”进行登记。

固定资产

| （借方） | （贷方） |
| --- | --- |
| 取得固定资产原始价值的增加额 | 处置固定资产原始价值的减少额 |
| 期末余额：表示现有固定资产的原值 | |

图 7-2　固定资产账户结构

### 2.“在建工程”账户

账户性质：资产类。

账户用途：核算企业建筑、安装、技改等在建工程发生的支出。

账户结构：如图 7-3 所示。

明细账：应按固定资产类别、使用部门和每项固定资产设置明细账，进行明细分类核算。

在建工程

| （借方） | （贷方） |
| --- | --- |
| 建筑、安装、技改等工程成本 | 工程完工结转的工程成本 |
| 期末余额：尚未完工或结转的工程成本 | |

图 7-3　在建工程账户结构

### 3.“工程物资”账户

账户性质：资产类。

账户用途：核算企业为在建工程准备的各种物资。

账户结构：如图 7-4 所示。

明细账：应按“专用材料”、“专用设备”、“施工器具”等进行明细分类核算。

工程物资

| （借方） | （贷方） |
|---|---|
| 购入工程物资的实际成本（含增值税） | 领用工程物资的实际成本 |
| 期末余额：结存各种工程物资的实际成本 | |

图 7-4　工程物资账户结构

## 二、购入的固定资产

企业购入的固定资产，有些不需要安装可以直接投入使用，有些需要经过安装调试以后才能投入使用。

（1）不需要安装调试的固定资产。按购入固定资产实际支付的买价、发生的相关费用和税金，借记“固定资产”账户，贷记“银行存款”账户。

**例 7-1**　华为公司购入一台不需要安装的设备，买价 100 000 元，增值税税额 17 000 元，支付运杂费 2 000 元，款项以银行存款支付。应作会计分录如下：

| | | |
|---|---|---|
| 借：固定资产 | 102 000 | |
| 　　应交税费——应交增值税（进项税额） | 17 000 | |
| 　贷：银行存款 | | 119 000 |

（2）需要安装调试的固定资产。由于在安装过程中可能发生各种安装成本，因此要将购入需要安装固定资产的实际支出和安装过程中发生的各种安装成本，先记入“在建工程”账户的借方，待设备安装完成交付使用，再将设备的买价、支付的运输费连同设备安装成本，一并由“在建工程”账户贷方转入“固定资产”账户借方。

**例 7-2**　华为公司购入一台需要安装的设备。设备买价 50 000 元，增值税税额 8 500 元，支付运费 1 000 元，在安装过程中发生安装费用 1 000 元，款项均以银行存款支付，应作会计分录如下：

购入设备：

| | | |
|---|---|---|
| 借：在建工程 | 51 000 | |
| 　　应交税费——应交增值税（进项税额） | 8 500 | |
| 　贷：银行存款 | | 59 500 |

交付安装：

| | | |
|---|---|---|
| 借：在建工程 | 1 000 | |
| 　贷：银行存款 | | 1 000 |

设备安装完毕交付使用，应作会计分录如下：

| | | |
|---|---|---|
| 借：固定资产 | 52 000 | |
| 　贷：在建工程 | | 52 000 |

## 三、自制、自建的固定资产

企业自行建造取得的房屋建筑物称为自建固定资产，也称为在建工程。自制自建的固定资产，从开始建造到完工交付使用，一般要经历较长的时间。应在“在建工程”账户核算实际成本。

在建工程按其施工的方式不同可分为自营工程和出包工程两种。下面结合实例，说明自制自建固定资产的核算过程。

### 1. 自营工程

**例 7-3** 华为公司自建厂房一幢，购入工程建设的物资 500 000 元，支付增值税 85 00 元，该物资全部用于厂房建设，此外，为工程支付的工资费用 100 000 元，因工程而发生的利息费用 80 000 元。厂房已完工交付使用。

（1）购入工程使用的材料物资时，应作会计分录如下：

借：工程物资　500 000

　　应交税费——应交增值税（进项税额）　85 000

　贷：银行存款　585 000

（2）工程领用材料物资时，应作会计分录如下：

借：在建工程　500 000

　贷：工程物资　500 000

（3）支付工程人员工资时，应作会计分录如下：

借：在建工程　100 000

　贷：应付职工薪酬　100 000

（4）结转工程借款的利息费用时，应作会计分录如下：

借：在建工程　80 000

　贷：长期借款　80 000

（5）工程完工验收交付使用，结转成本时，应作会计分录如下：

借：固定资产　680 000

　贷：在建工程　680 000

### 2. 出包工程

**例 7-4** 华为公司新建一幢厂房，将建造工程出包给寰宇建筑公司，企业按照合同规定预付工程款 800 000 元。应作会计分录如下：

借：在建工程——出包工程　800 000

　贷：银行存款　800 000

（1）厂房建造完工验收合格，与寰宇建筑公司办理工程价款结算，企业补付工程款 200 000 元。应作会计分录如下：

借：在建工程——出包工程　200 000

贷：银行存款　　　　200 000

（2）厂房交付使用，结转成本，应作会计分录如下：

借：固定资产　　　　1 000 000

贷：在建工程——出包工程　　　　1 000 000

## 四、投资者投入的固定资产

企业接受投资者投入的房屋、机器设备等固定资产，一方面反映本企业固定资产的增加，另一方面反映投资者投资额的增加，投入的固定资产按双方确认的价值记账。

**例7-5**　华为公司接受寰宇公司投入的设备一套，双方协商作价120 000元。应作会计分录如下：

借：固定资产——设备　　　　120 000

贷：实收资本——寰宇公司　　　　120 000

## 五、租入的固定资产

企业在经营过程中，为了满足生产经营活动临时性或季节性需要，或出于融资等方面的考虑，可以采用租赁的方式取得生产经营所需的固定资产。租赁按其性质和形式的不同可分为融资租赁和经营租赁两种。

（1）融资租赁是指在实质上转移了与资产所有权有关的全部风险和报酬的租赁。在融资租赁模式下，出租人已将与资产所有权有关的主要风险和报酬转移给承租人。承租企业应将其视同自有固定资产核算，并将承诺的分期支付的租赁费总额作为一项长期负债入账。企业租入固定资产时，根据应付的融资租赁费，借记“固定资产”账户，贷记“长期应付款”账户。若租入固定资产需要安装，则先通过“在建工程”账户核算，借记“在建工程”账户，贷记“长期应付款”账户；安装完毕投入使用后，借记“固定资产”账户，贷记“在建工程”账户；支付融资租赁费时，冲减“长期应付款”账户。融资租入的固定资产，应在“固定资产”账户下单设“融资租入固定资产”明细账户进行核算，待租赁期满，租入设备转归企业所有时，再将租入固定资产从“融资租入固定资产”明细账户转入有关明细账户。

（2）经营租赁是指除融资租赁以外的其他租赁。在经营租赁模式下，出租人仍然承担持有固定资产的费用和风险，因而需为被租赁资产交纳有关税金、保险费，进行维修保养并计提折旧。承租人不必将租赁的固定资产资本化，对于租入的固定资产，通过备查登记的方式记录和管理；对于确认的租金费用，应根据租入的固定资产的用途，借记“制造费用”、“管理费用”、“营业费用”、“在建工程”等账户，贷记“银行存款”账户，对租入固定资产所进行的改良工程支出，应先计入长期待摊费用，然后再分期摊销。

## 六、接受捐赠的固定资产

企业接受捐赠的固定资产，按照同类资产的市场价格或根据捐赠方提供的有关凭据数字作为固定资产原价，借记“固定资产”账户，按税法规定计算所得税，贷记“递延所得税负债”账户，固定资产入账价值与递延所得税负债的差额计入当期损益，通过“营业外收入”账户核算。如捐赠的固定资产为旧的，还应按估计折旧贷记“累计折旧”账户。

## 七、非货币性交换取得的固定资产

以非货币性交易换入的固定资产，按换出资产的账面价值加上应支付的相关税费，作为入账价值。涉及补价的，按以下规定确定换入固定资产的入账价值：

（1）收到补价款的，按换出资产的账面价值，加上应确认的收益和应支付的相关税费，减去补价后的余额，作为入账价值；

（2）支付补价款的，按应收债权的账面价值，加上支付的补价和应支付的相关税费，作为入账价值。

# 第三节　固定资产折旧

## 一、固定资产折旧的性质与范围

### （一）固定资产折旧的性质

固定资产能够长期服务于企业，在使用过程中不改变其实物形态，但其自身价值会随着使用而逐渐损耗和减少，这部分损耗和减少的价值，就称为固定资产折旧。固定资产折旧应当在固定资产的有效使用年限内进行分摊，形成折旧费用，计入各期成本。固定资产折旧计入生产成本的过程，就是固定资产价值的转移以折旧的形式在产品销售收入中得到补偿，并转化为货币资金的过程。

固定资产折旧的过程，实质上就是固定资产价值的转移过程。这种价值的转移是由企业的生产经营活动带来的。因此，从本质上讲，折旧也是一种费用。根据配比的原则，这种费用应在固定资产的预计有效使用期内，以计提折旧的方式计入各期成本费用，从各期营业收入中逐步得到补偿，从而也为将来重置固定资产准备了资金来源。所以，固定资产折旧的计提和补偿，既是正确计算产品成本和各期损益的前提条件，又是进行固定资产简单再生产的重要步骤。

### （二）影响固定资产折旧的因素

（1）计提折旧的基数。是以固定资产的原始价值或账面净值（双倍余额递减法）作为计提固定资产折旧的基数。

（2）固定资产使用年限。固定资产使用年限长短直接关系到折旧率的高低，它是影响企业计提折旧额的主要因素。

（3）折旧方法。企业采用不同的折旧方法，其计提的折旧额相差很大。

（4）固定资产净残值。固定资产净残值是指预计固定资产清理报废时可以收回的残值扣除预计清理费用后的余额。

### （三）固定资产折旧的范围

企业的下列固定资产应当计提折旧：

房屋和建筑物；在用的机器设备、仪器仪表、运输工具、工具器具；季节性停用、大修理停用的固定资产；融资租入和以经营租赁方式租出的固定资产。

企业一般应按月提取折旧，规定如下：

当月增加的固定资产，当月不提折旧，从下月起计提折旧；当月减少的固定资产，当月照提折旧，从下月起不提折旧。固定资产提足折旧后，无论能否继续使用，均不再提取折旧；提前报废的固定资产，也不再补提折旧。提足折旧是指已经提足该项固定资产应提的折旧总额。应提的折旧总额为固定资产原价减去预计净残值加上预计清理费用。

## 二、固定资产折旧的计算方法

会计上计算折旧的方法很多，有年限平均法、工作量法、加速折旧法等。由于固定资产折旧方法的选用直接影响到企业成本、费用的计算，也影响到企业的收入和纳税，从而也影响了国家的财政收入，因此对于折旧方法的选用，国家历来有较严格的规定。企业应在国家规定的范围内选择折旧计算方法。

### （一）年限平均法

年限平均法也称直线法，是将固定资产的应计折旧额在固定资产的预计使用年限内平均分摊的一种方法。采用这种方法计算的折旧额每期都是相等的，固定资产折旧额的计算公式如下：

$$\text{固定资产年折旧额}=\frac{\text{固定资产原价}-\text{估计净残值}}{\text{预计使用年限}}=\frac{\text{固定资产原价}\times(1-\text{净残值率})}{\text{预计使用年限}}$$

$$\text{固定资产月折旧额}=\frac{\text{固定资产年折旧额}}{12}$$

**例 7-6** 华为公司有厂房一幢，原价为 500 000 元，预计使用年限 25 年，预计净残值率为 5%。该厂房的折旧额计算如下：

$$固定资产年折旧额=\frac{500\ 000\times(1-5\%)}{25}=1\ 900（元）$$

$$固定资产月折旧额=\frac{1\ 900}{12}=158.33（元）$$

在实际工作中，通常采用固定资产的折旧率计算某项固定资产的折旧额。固定资产折旧率是指固定资产折旧额与固定资产原价的百分比。计算公式如下：

$$固定资产年折旧率=\frac{固定资产年折旧额}{固定资产原价}\times100\%$$

$$=\frac{1-净残值率}{预计使用年限}\times100\%$$

$$固定资产月折旧率=\frac{固定资产年折旧率}{12}$$

上述公式中，按某项固定资产的资料计算的折旧率称为个别折旧率；按某类固定资产的资料计算的折旧率称为分类折旧率；按全部固定资产的资料综合计算的折旧率称为综合折旧率。

使用年限法具有计算方便的优点，但由于计算公式中除了原价以外的因素均为估计数，计算不够精确。此法适用于各个时期使用情况大致相同的固定资产项目。

### （二）工作量法

工作量法是根据固定资产在使用期间完成的总的工作量平均计算折旧的一种方法。适用于大型专业设备和运输设备等固定资产的折旧计算。固定资产折旧额的计算公式如下：

$$单位工作量折旧额=\frac{固定资产原价-预计净残值}{固定资产预计总工作量}$$

某项固定资产月折旧额=该项固定资产当月工作量×单位工作量折旧额

**例 7-7**　华为公司有运货卡车一辆，原值 100 000 元，预计净残值率 5%，预计总行驶里程 500 000km，当月行驶 2 000km。这辆卡车的月折旧额如下：

$$单位里程折旧额=\frac{100\ 000\times(1-5\%)}{500\ 000}=0.20（元）$$

月折旧额=2 000×0.20=400（元）

### （三）加速折旧法

加速折旧法也称为快速折旧法或递减折旧法，其特点是在固定资产有效使用年限的前期多提折旧，后期则少提折旧，从而相对加快折旧的速度，以使固定资产成本在有效使用年限中加快得到补偿。我国目前允许采用的加速折旧法有两种，即双倍余额递减法和年数总和法。

### 1．双倍余额递减法

双倍余额递减法是以固定资产的期初账面净值为折旧基数、以直线法折旧率的双倍数为折旧率来计算各期折旧额的方法。在计算折旧率时，不考虑固定资产净残值。其计算公式为：

$$年折旧率=（2\div 预计使用年限）\times 100\%$$

$$年折旧额=期初固定资产账面净值\times 年折旧率$$

$$月折旧率=年折旧率/12$$

$$月折旧额=期初固定资产账面净值\times 月折旧率$$

由于折旧率中不考虑预计净残值，因此会导致在固定资产预计使用期满时，已提折旧额总数超过应计折旧额，即固定资产处置时其账面净值低于预计净残值。为了解决这个问题，在固定资产预计使用年限的最后几年，每年要进行这样的测算与处理：如果用双倍余额递减法计算的年折旧额小于本年用固定资产账面净值与预计净残值之差在剩余年限内按直线法计算的折旧额时，从这一年起，改按平均年限法计提折旧。为了简化核算，我国会计实务中在固定资产使用的最后两年改按平均年限法计算折旧额。

**例 7-8** 华为公司某项设备购置成本为 100 000 元，预计使用 5 年，预计净残值 2 000 元。

$$年折旧率=（2\div 5）\times 100\% = 40\%$$

每年应计提的折旧额计算如表 7-1 所示。

**表 7-1　折旧计算表（双倍余额递减法）**

单位：元

| 使用年数 | 折 旧 率 | 年折旧额 | 累计折旧额 | 账面净值 |
|---|---|---|---|---|
| 购置时 | | | | 100 000 |
| 1 | 40% | 40 000 | 40 000 | 60 000 |
| 2 | 40% | 24 000 | 64 000 | 36 000 |
| 3 | 40% | 14 400 | 78 400 | 21 600 |
| 4 | — | 9 800 | 88 200 | 11 800 |
| 5 | — | 9 800 | 98 000 | 2 000 |
| 合计 | | 98 000 | | |

表 7-1 中，第 4 年、第 5 年的折旧额$=\dfrac{21\,600-2\,000}{2}=9\,800$（元）

在上述快速折旧法下，各月份折旧额的计算可以采用按年折旧额除以 12 的简便方法求得。

## 2. 年数总和法

年数总和法是以固定资产原值减去预计净残值后的净额为基数，以一个逐年递减的分数为折旧率来计算各年折旧额的方法。计算公式如下：

$$年折旧率=\frac{尚可使用年限}{预计使用年限的数字之和}$$

$$年折旧额=（固定资产原值-预计净残值）\times 年折旧率$$

$$月折旧率=年折旧率/12$$

$$月折旧额=（固定资产原值-预计净残值）\times 月折旧率$$

**例 7-9** 承【例 7-8】，采用年数总和法计提折旧，如表 7-2 所示。

**表 7-2 折旧计算表（年数总和法）**

单位：元

| 使用年数 | 折 旧 率 | 年折旧额 | 累计折旧额 | 账面净值 |
|---|---|---|---|---|
| 购置时 | | | | 100 000 |
| 1 | 5/15 | 32 667 | 32 667 | 67 333 |
| 2 | 4/15 | 26 133 | 58 800 | 41 200 |
| 3 | 3/15 | 19 600 | 78 400 | 21 600 |
| 4 | 2/15 | 13 067 | 91 467 | 8 533 |
| 5 | 1/15 | 6 533 | 98 000 | 2 000 |
| | | 98 000 | | |

采用年数总和法计算折旧的基数是固定不变的，折旧率以固定资产尚可使用年限来确定，各年折旧率呈递减趋势，依此计算的折旧额也呈递减趋势。

企业在计提固定资产折旧时，可以选择以上任意一种折旧计算方法，只要能使折旧费用的分摊与固定资产带来的收益相配比，这种计算方法就是稳妥可行的。

折旧方法的选择主要考虑两方面的因素，一是如何真实地反映固定资产在各期的实际损耗价值，以便准确计算收益，使财务报表能公正表述企业财务状况和经营成果；二是应考虑纳税的因素，即选择一种可以使企业在税法允许的范围内、交税最少或交税最迟的折旧方法是符合谨慎性原则要求的。但是，企业一旦选定某一种折旧方法，就应该保持前后期的一致，不得随意改变，这符合可比性原则的要求。如果必须改变折旧计算方法，也应在年初进行，以保持某一年度内折旧计算方法的一致性，并将变更的原因及其变更对损益的影响在会计报表附注中加以说明。

## 三、固定资产折旧的核算

### （一）设置账户

企业计提固定资产折旧时，应设置**“累计折旧”**账户。

账户性质：资产类，是“固定资产”账户的备抵账户。

账户用途：核算固定资产折旧数额。

账户结构：如图 7-5 所示。

累计折旧

| （借方） | （贷方） |
| --- | --- |
| 因减少固定资产而转出的折旧 | 计提折旧 |
| | 期末余额：现有固定资产的累计折旧额 |

图 7-5　累计折旧账户结构

**提示：**“固定资产”账户借方余额与“累计折旧”账户贷方余额相抵后的差额，为固定资产净值，它可以反映固定资产的新旧程度。

### （二）账务处理

企业计提的固定资产折旧费，要按照固定资产的使用部门和用途分别处理，属于生产车间固定资产计提的折旧费应借记“制造费用”账户，企业管理部门固定资产计提的折旧费应借记“管理费用”账户，经营出租固定资产计提的折旧费应借记“其他业务成本”账户；同时，按当月计提的折旧总额贷记“累计折旧”账户。

在会计实务中，各月计提折旧的工作一般是通过编制“固定资产折旧计算表”来完成的。

**例 7-10**　华为公司 2013 年 10 月份固定资产折旧计算情况如表 7-3 所示。

根据表 7-3 的计算结果，编制会计分录如下：

| | | |
| --- | --- | --- |
| 借：制造费用 | 48 700 | |
| 　　管理费用 | 5 500 | |
| 　　其他业务成本 | 10 000 | |
| 　贷：累计折旧 | | 64 200 |

表 7-3 固定资产折旧计算表

2013 年 10 月　　　　单位：元

| 部门 | 上月折旧额 | 上月增加固定资产应提折旧额 | 上月减少固定资产应提折旧额 | 本月应提折旧额 | 费用分配 |
|---|---|---|---|---|---|
| 第一生产车间 | 18 000 | 1 000 | | 19 000 | 制造费用 |
| 第二生产车间 | 20 000 | | 800 | 19 200 | |
| 第三生产车间 | 9 000 | 1 500 | | 10 500 | |
| 小　计 | 47 000 | 2 500 | 800 | 48 700 | |
| 企业管理部门 | 5 000 | 500 | | 5 500 | 管理费用 |
| 经营出租 | 10 000 | | | 10 000 | 其他业务成本 |
| 合　计 | 62 000 | 3 000 | 800 | 64 200 | |

## 四、固定资产的修理与改良

### （一）固定资产的修理

固定资产的修理按其修理范围大小、费用支出多少、修理间隔时间长短等，分为日常修理和大修理两种。固定资产日常修理包括中、小修理，是保持和恢复固定资产正常工作状态所进行的经常性修理，它的特点是修理范围小、费用支出少、修理间隔时间短。固定资产大修理是保持和恢复固定资产正常工作状态所进行的定期修理和局部更新。它的特点是修理范围大、费用支出多、修理次数少、修理间隔时间长。

固定资产进行日常修理和大修理，从作用上来讲，只是对固定资产使用性能的恢复和维持，因此对固定资产修理期间所发生的修理费用也不再加以区分和采取不同方法进行处理，而是在发生的当期按照固定资产的用途和部门的不同分别计入有关成本和费用中，不再进行资本化处理。

**例 7-11** 华为公司 2013 年 10 月对公司的生产设备进行日常修理，领用修理配件 1 200 元，用银行存款支付其他修理费用 600 元。应作会计分录如下：

| | | |
|---|---|---|
| 借：制造费用——修理费 | 1 800 | |
| 　贷：原材料 | | 1 200 |
| 　　银行存款 | | 600 |

### （二）固定资产的改良

固定资产改良是指对固定资产进行的改建、扩建，如改变建筑物内部结构、在原有建筑物基础上扩大面积或增加规模等。由于固定资产的改建或扩建，会导致原有固定资产质量、性能的改进与提高或延长固定资产的使用年限，因此按照划分资本性支出和收益性支出的原则，固定资产的改良支出属于资本性支出，应计入固定资产的价值。在原有固定资产的基础上进行改建、扩建的，按原固定资产的账面价值，加上由于改建、扩建而使该项资产达到预定可使用状态所发生的支出，减去改建、扩建过程中发生的变价收入，作为入账价值。实际工作中，固定资产改建、扩建工程一般要通过“在建工程”账户核算，工程完工交付使用后再转入“固定资产”账户。

**例 7-12** 华为公司改造旧厂房一幢，厂房原值 500 000 元，已提折旧 260 000 元，支付改建房屋费 150 000 元，改建过程中残料变价收入 2 000 元，改建完工交付使用。应作会计分录如下：

（1）进行改建时

借：在建工程——旧厂房改建工程　　500 000
　贷：固定资产——生产用固定资产　　500 000

（2）支付改建费用时

借：在建工程——旧厂房改建工程　　150 000
　贷：银行存款　　150 000

（3）回收残料变价收入时

借：银行存款　　2 000
　贷：在建工程——旧厂房改建工程　　2 000

（4）改造完工交付使用时

借：固定资产——生产用固定资产　　648 000
　贷：在建工程——旧厂房改建工程　　648 000

## 五、固定资产减值

固定资产减值是指固定资产由于发生损坏、技术陈旧、市场价格持续下跌、长期闲置或其他经济原因，导致其可收回金额低于其账面净值的情况。预计可收回金额通常可以按照市价确定，其低于固定资产账面价值的差额部分，作为固定资产减值准备，并按照单项资产计提。新《企业会计准则》规定：资产减值损失一经确认，在以后会计期间不得转回。

企业应设置“固定资产减值准备”账户，对于已经全额计提减值准备的固定资产，不再提取折旧。当发生固定资产减值时，计入当期损益，借记“固定资产减值损失”账户，贷记“固定资产减值准备”账户；本账户期末贷方余额，反映企业已提取的固定资产减值准备。

**例 7-13** 华为公司有一台长期闲置不用的设备，其账面原值为 460 000 元，已提取折旧 200 000 元，企业对该设备计提减值准备 80 000 元。应作会计分录如下：

借：资产减值损失　　80 000
　贷：固定资产减值准备　　80 000

# 第四节　固定资产处置

## 一、固定资产处置的业务内容

固定资产处置是指由于各种原因使企业固定资产需退出生产经营过程所做的处理活动。如固定资产的出售、报废、毁损等。

固定资产在处置过程中会发生收益或损失，称为处置损益。它以处置固定资产所取得的各项收入与固定资产账面价值、发生的清理费用及应交纳的营业税之间的差额来确定。其中，处置固定资产的收入包括出售价款、残料变价收入、保险及过失人赔款等项收入；清理费用包括处置固定资产时发生的拆卸、搬运、整理等项费用；营业税是指出售不动产按出售收入的 5%计算交纳的营业税。

## 二、固定资产处置的账务处理

### （一）设置账户

企业应设置**“固定资产清理”**账户。

账户性质：资产类。

账户用途：核算固定资产的处置损益。

账户结构：如图 7-6 所示。

固定资产清理

| （借方） | （贷方） |
| --- | --- |
| 固定资产清理时转入的账面净值<br>固定资产清理支出<br>（清理费用、税金） | 固定资产清理收入<br>（出售价款、残料变价收入、保险及过失人赔款等项收入） |
| 期末余额：尚未清理完毕的固定资产价值及清理净损失（处置损失） | 清理净收益（处置利得） |

图 7-6　固定资产清理账户结构

### （二）固定资产出售

企业对多余闲置或不再需用的固定资产，可出售给其他需要该项固定资产的企业，以收回资金，避免资源的浪费。

例 7-14　华为公司因经营管理的需要，将一栋办公楼出售，出售的价款为 800 000 元。办公楼的原始价值为 1 000 000 元，累计折旧 400 000 元。出售前公司对房屋进行了适当整修，并支付整修费用 1 200 元。应作会计分录如下：

（1）注销固定资产原价及累计折旧时

| | | |
|---|---|---|
| 借：固定资产清理 | 600 000 | |
| 　　累计折旧 | 400 000 | |
| 　贷：固定资产 | | 1 000 000 |

（2）支付整修费用时

| | | |
|---|---|---|
| 借：固定资产清理 | 1 200 | |
| 　贷：银行存款 | | 1 200 |

（3）交纳的营业税时

$$应交营业税=800\ 000 \times 5\%=40\ 000（元）$$

| | | |
|---|---|---|
| 借：固定资产清理 | 40 000 | |
| 　贷：应交税费——应交营业税 | | 40 000 |

（4）收到出售价款时

| | | |
|---|---|---|
| 借：银行存款 | 800 000 | |
| 　贷：固定资产清理 | | 800 000 |

（5）结转净收益时

$$净收益=800\ 000-600\ 000-1\ 200-40\ 000=158\ 800（元）$$

| | | |
|---|---|---|
| 借：固定资产清理 | 158 800 | |
| 　贷：营业外收入——处置非流动资产利得 | | 158 800 |

### （三）固定资产报废

固定资产报废分为到期正常报废、提前报废和超龄使用后报废三种情况。无论是何种情况的报废，其损益的计算方法是一样的，都是指报废时固定资产的残料变价收入与固定资产账面价值、发生的清理费用之间的差额。

例 7-15　华为公司一台设备进入报废程序。设备原价 120 000 元，累计折旧 117 000 元。报废时支付清理费用 400 元，残料作价 1 500 元，可验收入库作为材料使用。应作会计分录如下：

（1）设备报废，注销原价及累计折旧

| | | |
|---|---|---|
| 借：固定资产清理 | 3 000 | |
| 　　累计折旧 | 117 000 | |
| 　贷：固定资产 | | 120 000 |

（2）支付报废设备清理费用

借：固定资产清理　400

　贷：银行存款　400

（3）残料入库

借：原材料　1 500

　贷：固定资产清理　1 500

（4）结转报废净损失

报废净损失=3 000+400−1 500=1 900（元）

借：营业外支出——处置非流动资产损失　1 900

　贷：固定资产清理　1 900

### （四）固定资产毁损

固定资产毁损有的是由于自然灾害等不可抗力因素造成的，也有的是由于责任事故等人为因素造成的。对于不能继续使用的固定资产要做毁损处理。

**例 7-16**　华为公司一座仓库因火灾烧毁。仓库原价为 300 000 元，累计折旧 120 000 元。大火扑灭后对现场进行了清理，发生清理费用 21 000 元，收到保险公司赔款 100 000 元，残料变卖收入 19 000 元。应作会计分录如下：

（1）注销烧毁库房原价及累计折旧

借：固定资产清理　180 000

　　累计折旧　120 000

　贷：固定资产　300 000

（2）支付现场清理费用

借：固定资产清理　21 000

　贷：银行存款　21 000

（3）残料变卖收入存入银行

借：银行存款　19 000

　贷：固定资产清理　19 000

（4）收到保险公司赔款

借：银行存款　100 000

　贷：固定资产清理　100 000

（5）结转毁损净损失

毁损净损失=180 000+21 000−19 000−100 000=82 000（元）

借：营业外支出——处置非流动资产损失　82 000

　贷：固定资产清理　82 000

### （五）固定资产盘亏

企业通过清查发现账簿记录的固定资产的实物并不存在，这种情况在会计上称为盘亏。

盘亏的固定资产应通过“待处理财产损益——待处理固定资产损益”账户进行核算。发现盘亏的固定资产，在未报经批准处理前，要先按账面原价和累计折旧及时予以注销，其净值记入“待处理财产损益——待处理固定资产损益”账户；待报经批准处理后，再将净值转入“营业外支出——固定资产盘亏”账户。

**例 7-17** 华为公司在固定资产的定期清查中，发现少了一台电机。该电机账面原价 5 600 元，已提折旧 1 900 元。应作会计分录如下：

（1）报经批准处理前，注销盘亏电机原价与累计折旧

借：待处理财产损益——待处理固定资产损益　　3 700
　　累计折旧　　1 900
　贷：固定资产　　5 600

（2）经批准，盘亏电机净值转入营业外支出

借：营业外支出——固定资产盘亏　　3 700
　贷：待处理财产损益——待处理固定资产损益　　3 700

固定资产核算程序如图 7-7 所示。

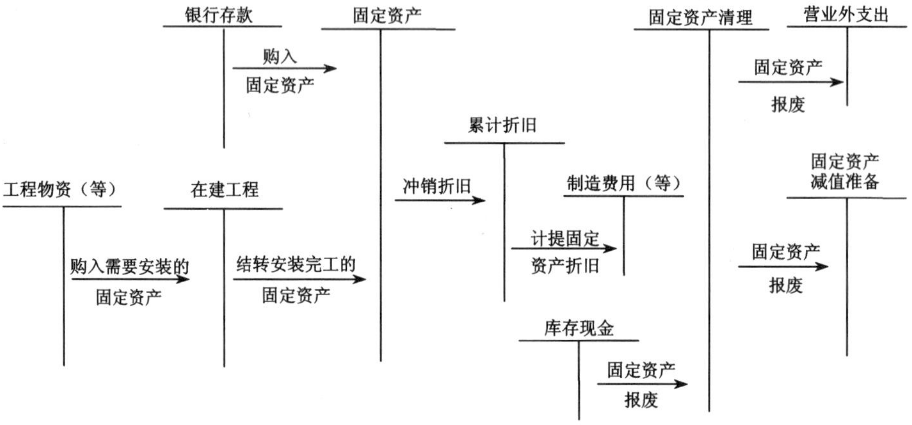


图 7-7　固定资产处置核算程序

## 本章小结

● 固定资产是指使用期限较长、单位价值较高，并且在使用过程中保持原有实物形态的资产。固定资产具有有形性、持有目的及使用寿命三个基本特征。

● 固定资产的计价基础有三种：原始价值、重置价值、净值。企业取得固定资产的方式主要有购入、自行建造、投资者投入、非货币性交易换得、融资租入、接受捐赠和盘盈等。通

过不同来源方式取得的固定资产，在会计实务中其账务处理也不尽相同。

● 固定资产折旧应当在固定资产的有效使用年限内进行分摊，形成折旧费用，计入各期成本。固定资产折旧计入生产成本的过程，是固定资产价值的转移以折旧的形式在产品销售收入中得到补偿，并转化为货币资金的过程。计算折旧的方法主要有年限平均法、工作量法、加速折旧法等。

● 企业应当在期末或至少在每年度终了，对现有的固定资产逐项进行检查。按照会计制度的规定，及时计提固定资产减值准备。新《企业会计准则》规定：资产减值损失一经确认，在以后会计期间不得转回。

● 固定资产处置过程中会发生收益或损失，为处置非流动资产利得或损失，应转入营业外收入或营业外支出。

## 引导案例分析

（1）本案例中的固定资产支出业务属于资本性支出的业务包括：交换设备的业务、安装附属独立装置业务，以及固定资产的重新安装业务。① 交换设备的业务本身就是增加公司的固定资产，因此，按照规定的计算方法确定的应计入固定资产价值的资产支出就是按照资本化的要求来进行处理的；② 安装附属独立装置业务属于固定资产的资产单元换新业务，资产单元具有相对独立性并具有可单独辨认其成本的特点，通过资产单元换新，可以恢复固定资产的质量，所以将其作为资本性支出业务；③ 对固定资产的重新安装是为了创造新的生产环境和提高流水作业的合理性，可以起到改善生产组织、提高生产效率、充分发挥资产潜力、降低产品成本的作用，因此会计上同样把固定资产的重新安装业务作为固定资产的资本性支出业务，重新安装的支出应予以资本化，计入固定资产的价值。

资本性支出金额合计＝288 000+600+980+8 190+9 600＝307 370（元）

（2）固定资产原始价值的影响金额＝350 000+289 580−7 200+8 190−38 000−62 000−9 000+9 600＝158 830（元）

（3）公司损益的影响金额＝26 000+34 000−4 650−900−2 330−5 940＝5 860（元）

## 复习思考题

1. 固定资产的特征有哪些？
2. 固定资产如何分类？
3. 固定资产的计价基础有哪几种？如何确定固定资产的入账价值？
4. 固定资产折旧的性质和影响因素有哪些？
5. 什么是加速折旧法？我国常用的加速折旧法有哪些？为什么要采用加速折旧法？

## 练习题

### 习题一

根据下列固定资产业务作相关会计分录。

1. 华为公司购入一台不需要安装的设备，发票价格 78 000 元，增值税税额 13 260 元，支付运杂费 4 500 元。

2. 华为公司购入一台需要安装的设备，发票价格 78 000 元，增值税税额 13 260 元，支付运杂费 4 500 元，设备运抵企业，等待安装。支付安装成本 2 800 元。设备安装完毕，交付使用。

3. 华为公司自行制造一台设备。用银行存款购入 58 500 元工程物资（其中，8 500 元为支付的增值税）。工程实际领用物资 49 500 元，领用库存材料 4 000 元，工程应负担直接工资 6 400 元，设备已完工交付使用。

4. 华为公司接受一台捐赠设备，捐赠者新世纪股份公司提供的发票上标明的设备价值为 95 000 元，新世纪股份公司支付运杂费 600 元。新世纪股份公司适用 25%的所得税税率。

5. 华为公司准备扩建厂房，该厂房原价 4 800 000 元，累计折旧 2 000 000 元。扩建时，用银行存款支付工程支出 1 500 000 元，厂房拆除部分残料价值 10 000 元。

6. 华为公司每年对生产设备进行一次全面检修，领用修理配件 1 250 元，实际支付修理费 2 000 元。

7. 华为公司一台设备报废。该设备原价 60 000 元，已提折旧 42 000 元。报废时支付清理费用 1 000 元，残料作价 1 500 元入库。

8. 华为公司在固定资产清查中，发现一台账外设备，同类固定资产市场价格为 5 000 元，按新旧程度估计折旧为 1 200 元。

### 习题二

根据下列固定资产业务进行固定资产折旧的计算。

1. 华为公司的一台机器，原始价值 55 000 元，预计净残值率 5%，预计使用 5 年。计算年折旧额。

2. 华为公司的一台机器，原始价值 640 000 元，预计净残值率 4%，预计可工作 30 000 小时。该设备投入使用后，各年的实际工作小时数依次为 8 000 小时、9 000 小时、7 000 小时、6 000 小时。计算各年折旧额。

3. 华为公司有一台设备，采用双倍余额递减法计提折旧。该设备原始价值 56 000 元，预计使用 5 年，预计净残值 5 000 元。计算各年折旧额。

4. 华为公司有一台设备，采用年数总和法计提折旧。该设备原始价值 56 000 元，预计使用 5 年，预计净残值 5 000 元。计算各年折旧额。

# 第八章

# 无形资产及其他长期资产

**学习目标**

通过本章的学习，要求明确无形资产及其他资产的基本概念、基本特征，了解无形资产的分类，以及无形资产的确认与计量问题方面的有关规定，熟练掌握无形资产及其他长期资产业务的会计处理方法，包括企业从各种不同的来源渠道取得的各种无形资产会计处理、无形资产的摊销、出售、报废，以及各种其他长期资产的会计处理等。

**引导案例**

南海公司2012年1月1日用银行存款150 000元购入一项专利权，该公司经营期为2年，法律规定该专利权的有效年限为10年。2012年12月31日，由于与该专利权相关的经济因素发生不利变化，致使该专利发生价值减值，南海公司估计其可收回金额为125 000元。2013年12月31日，南海公司将专利权的所有权转让，取得转让收入160 000元，适用的营业税税率为5%。

**问题讨论：**南海公司对这项专利权的取得和处置应如何进行会计处理。

# 第一节 无形资产

## 一、无形资产的概念与特征

### 1. 无形资产的概念

无形资产是指企业拥有或控制的没有实物形态的可辨认非货币性资产（《企业会计准则第6号——无形资产》），包括专利权、非专利技术、商标权、著作权、土地使用权和特许权等。

（1）专利权：国家专利主管机关依法授予发明创造专利申请人对其发明创造在法定期限内所享有的专有权利，包括发明专利权，实用新型专利权和外观设计专利权。

（2）非专利技术：也称专有技术，是指不为外界所知，在生产经营活动中应采用了的，不享有法律保护的，可以带来经济效益的各种技术和诀窍。

（3）商标权：专门在某类指定的商品或产品上使用特定的名称或图案的权利。

（4）著作权：制作者对其创作的文学、科学和艺术作品依法享有的某些特殊权利。

（5）特许权：又称经营特许权、专营权，指企业在某一地区经营或销售某种特定商品的权利或是一家企业接受另一家企业使用其商标、商号、技术秘密等的权利。

（6）土地使用权：国家准许某企业在一定期间内对国有土地享有开发、利用、经营的权利。

### 2. 无形资产的特征

（1）无形资产的持有目的是为生产商品、提供劳务、出租给他人或为改善本企业的管理服务。

（2）没有实物形态。这表明无形资产是以一种“隐形”形式存在的：当其能为企业带来潜在利益时，使是有价值的；如果其潜在收益能力消失，则该项无形资产也就失去了其价值。例如，法律所赋予的特权（如专利权、商标权）不是人们通过感官能直接触摸或感受到的。

（3）无形资产的收益能力是长期的（一年以上），也就是说，其应为长期资产。其价值要在有效期内分摊，这个有效期是法律或人为为有关无形资产界定的。

（4）无形资产提供的未来经济利益具有很大的不确定性。无形资产能否为企业提供未来的经济利益、提供的未来经济利益有多大，在一定程度上要受到很多因素的影响，如市场需求、技术进步等，使得其预期的获利能力具有不确定性。

## 二、无形资产的账务处理

### （一）设置账户

#### 1.“无形资产”账户

账户性质：资产类。
账户用途：核算企业无形资产的成本。
账户结构：如图 8-1 所示。
明细账：按无形资产项目设置明细账，进行明细核算。

无形资产

| （借方） | （贷方） |
|---|---|
| 取得成本 | 出售转出的账面价值 |
| 期末余额：期末成本 | |

图 8-1　无形资产账户结构

#### 2.“研发支出”账户

账户性质：成本类。
账户用途：核算企业在研究和开发无形资产过程中发生的支出。
账户结构：如图 8-2 所示。
明细账：按研发项目，分别按“费用化支出”、“资本化支出”进行明细核算。

研发支出

| （借方） | （贷方） |
|---|---|
| 各项开发支出（料、工、费） | 期末或研发成功转出的费用或成本 |
| 期末余额：正在研发中的各项支出 | |

图 8-2　研发支出账户结构

### （二）无形资产取得的核算

#### 1. 购入的无形资产

企业购入的无形资产应按实际支付的价款作为购入无形资产的实际成本计价入账，同时，按照具体无形资产的类别设置明细账，进行明细核算。

例 8-1　华为公司用银行存款购买 HY 公司新试制成功的某产品的专利权，支付价款 1 100 000 元，此外发生业相关费用 15 000 元，款项已用银行存款支付。应作如下会计分录：

| | | |
|---|---|---|
| 借：无形资产——专利权 | 1 115 000 | |
| 　贷：银行存款 | | 1 115 000 |

### 2．自行研发的无形资产

企业内部研发项目所发生的支出应分为研究阶段的支出和开发阶段的支出。研究阶段的支出，应当于发生时计入当期损益；开发阶段的支出，满足资本化条件的，才能计入无形资产的成本。对于以前期间已经费用化的支出不再进行调整。

自行研发并按法律程序申请取得的无形资产，发生的注册费、聘请律师费等，可以作为无形资产的实际成本入账。

企业自行开发无形资产时，对于不满足资本化条件的支出，借记“研发支出——费用化支出”账户，满足资本化条件的支出，借记“研发支出——资本化支出”账户，同时贷记“原材料”、“银行存款”、“应付职工薪酬”等账户。

研究开发项目达到预定用途形成无形资产的，应按“研发支出——资本化支出”账户的余额，借记“无形资产”账户，贷记“研发支出——资本化支出”账户。

期（月）末，应将“研发支出”账户归集的费用化支出金额转入“管理费用”账户，借记“管理费用”账户，贷记“研发支出——费用化支出”账户。

例 8-2　华为公司自去年开始自行研发一项新技术，截至去年 12 月 31 日该项技术已实现预定用途，并成功申请专利。为研究、开发该项技术，发生材料费 450 000 元、工资 350 000 元及支付的其他费用 200 000 元，共 1 000 000 元。其中，符合资本化条件的支出 800 000 元。则华为公司依据领料单、转账支票的存根和工资分配表等凭证，应作如下会计分录：

（1）发生支出时

| | | |
|---|---|---|
| 借：研发支出——费用化支出 | 200 000 | |
| 　　研发支出——资本化支出 | 800 000 | |
| 　贷：原材料 | | 450 000 |
| 　　　应付职工薪酬 | | 350 000 |
| 　　　银行存款 | | 200 000 |

（2）专利权申请成功时

| | | |
|---|---|---|
| 借：无形资产——专利权 | 800 000 | |
| 　贷：研发支出——资本化支出 | | 800 000 |

（3）期末结算时

| | | |
|---|---|---|
| 借：管理费用 | 200 000 | |
| 　贷：研发支出——费用化支出 | | 200 000 |

### 3. 投资者投入的无形资产

投资者投入无形资产的成本，应当按照投资合同或协议约定的价值确定，但合同或协议约定价值不公允的除外。企业应当借记“无形资产”账户，贷记“实收资本”或“股本”账户。

例 8-3　华为公司接受某单位以土地使用权向本公司进行投资，投资合同确定该土地使用权价值 1 100 000 元，按市场行情估计的公允价值为 1 100 000 万元。则华为公司应作如下会计分录：

| | | |
|---|---|---|
| 借：无形资产——土地使用权 | 1 100 000 | |
| 　贷：实收资本 | | 1 100 000 |

## （三）无形资产摊销的核算

《企业会计准则第 6 号——无形资产》规定：无形资产的成本，应自取得当月起在预计使用年限内分期平均摊销，即采用直线法在无形资产的有用期限内平均分期摊销计入各期损益。

摊销无形资产价值时，单独设置“累计摊销”账户，反映因摊销而减少的无形资产价值。按月计提摊销额时，借记“管理费用”、“其他业务成本”等账户，贷记“累计摊销”账户。本科目的期末贷方余额，反映无形资产的累计摊销额。

例 8-4　华为公司于 2013 年 1 月 1 日购入一项专利权，实际支付价款 200 000 元，按照 10 年期限摊销。2013 年 12 月 31 日，公司摊销专利权价值 20 000 元。应作如下会计分录：

（1）2013 年 1 月 1 日，购入专利权时

| | | |
|---|---|---|
| 借：无形资产——专利权 | 200 000 | |
| 　贷：银行存款 | | 200 000 |

（2）2013 年 12 月 31 日，摊销专利权价值时

| | | |
|---|---|---|
| 借：管理费用——无形资产摊销 | 20 000 | |
| 　贷：累计摊销 | | 20 000 |

剩余各年的摊销处理同上。

## （四）无形资产出售的核算

企业出售无形资产，一方面应反映转让收入的取得，另一方面应将无形资产的摊余价值予以转销，作为转让无形资产的一项成本。转让时，按其实际取得的转让收入，借记“银行存款”等账户，按累计摊销额，借记“累计摊销”账户，按该无形资产已提的减值准备，借记“无形资产减值准备”账户，按该无形资产的账面价值，贷记“无形资产”账户，按应交纳的营业税，贷记“应交税费”账户，按其差额计入当期损益“营业外收入”或“营

业外支出”账户。

**例 8-5** 华为公司于2013年3月取得一项专利权，其取得成本为500 000元。该专利权的摊销期限为10年。2014年3月，华为公司以470 000元的价格将其出售，营业税率5%。假定该无形资产没有提取减值准备。应作如下会计分录：

已摊销的金额=500 000÷10=50 000（元）

应交营业税=470 000×5%=23 500（元）

摊余价值=500 000–50 000=450 000（元）

| | | |
|---|---|---|
| 借：银行存款 | 470 000 | |
| 　　累计摊销 | 50 000 | |
| 　　营业外支出——非流动资产处置损失 | 3 500 | |
| 　贷：无形资产——专利权 | | 500 000 |
| 　　　应交税费——应交营业税 | | 23 500 |

## 第二节　其他长期资产

其他长期资产是指企业除长期股权投资、固定资产、无形资产等以外的长期资产，如长期待摊费用和商誉。

此外，其他长期资产一般还包括国家批准储备的特准物资、银行冻结存款，以及临时设施和涉及诉讼中的财产等。其他长期资产可以根据资产的性质及特点单独设置相关科目核算。

### 一、长期待摊费用

长期待摊费用是指企业已经支出，但摊销期限在一年以上（不含一年）的各项费用。应当由本期负担的借款利息、租金等，不得作为长期待摊费用处理。长期待摊费用应当单独核算，在费用项目的受益期限内分期平均摊销，如以经营租赁方式租入固定资产的改良支出。

除购置和建造固定资产以外，所有筹建期间发生的费用，应先在长期待摊费用中归集，待企业开始生产经营，一次计入开始生产经营当期的损益。

如果长期待摊的费用项目不能使以后会计期间受益，应当将尚未摊销的该项目的摊余价值全部转入当期损益。

为了正确反映长期待摊费用的发生和摊销情况，应设置“长期待摊费用”账户。企业已经发生但应由本期和以后各期负担的、分摊期限在1年以上的各项费用均通过本账户核算。企业发生长期待摊费用时，借记本账户，贷记有关账户。摊销长期待摊费用时，借记“管理费用”、“销售费用”等账户，贷记本账户。本账户期末借方余额，反映企业尚未摊销完毕的长期待摊费用的摊余价值。

## 二、商誉

### （一）商誉的性质

商誉是指产生于企业的良好形象及顾客对企业的好感，这种好感可能起源于企业所拥有的优越的地理位置、良好的口碑、有利的商业地位、良好的劳资关系、独占特权和管理有方等，并且能为企业带来超过正常投资回报的经济利益。

商誉是不能独立存在的，不能与企业的其他各项可辨认资产分开出售。商誉的价值只有与企业作为一个整体，在企业的并购交易中才能加以确认。商誉可分为外购商誉和自创商誉。

### （二）商誉的确认和计量

根据《企业会计准则第 20 号——企业合并》规定，商誉的确认和计量方法如下：

在非同一控制下的企业合并中，购买方对合并成本大于合并中取得的被购买方可辨认净资产公允价值份额的差额，应当确认为商誉。

商誉价值的计算公式如下：

商誉=合并成本–被购买方可辨认净资产的公允价值

购买方对合并成本小于合并中取得的被购买方可辨认净资产公允价值份额的差额，应当按照下列规定处理：对取得的被购买方各项可辨认资产、负债及或有负债的公允价值，以及合并成本的计量进行复核；经复核后合并成本仍小于合并中取得的，被购买方可辨认净资产公允价值份额的，其差额应当计入当期损益，即出现负商誉时，计入企业的当期损益。

**例 8-6**　A 公司 12 月 31 日用银行存款 2 000 万元购入 B 公司 100%的股权，B 公司在 12 月 31 日的可辨认净资产的公允价值为 1 800 万元，假定合并前后 A、B 公司均不受同一方控制，12 月 31 日 A、B 公司的资产负债表如表 8-1、表 8-2 所示。

表 8-1　A 公司资产负债表

单位：万元

| | | | |
|---|---|---|---|
| 银行存款 | 5 000 | 应付账款 | 500 |
| 存货 | 1 000 | 股本 | 3 000 |
| | | 资本公积 | 2 000 |
| | | 未分配利润 | 500 |

表 8-2　B 公司资产负债表

单位：万元

| | | | |
|---|---|---|---|
| 银行存款 | 1 000 | 应付账款 | 1 000 |
| 应收账款 | 1 000 | 股本 | 200 |
| 存货（公允价值 800） | 500 | 资本公积 | 1 000 |
| | | 未分配利润 | 300 |

根据表中数据计算商誉价值：

$$2\ 000-（1\ 000+1\ 000+800-1\ 000）=200（万元）$$

12 月 31 日，A 公司的账务处理如下：

借：商誉　　20 000 000

　贷：银行存款　　20 000 000

## 本章小结

● 无形资产属于企业的长期资产，能在较长的时间里给企业带来效益。企业购入的无形资产应按实际支付的价款作为购入无形资产的实际成本计价入账；但无形资产通常也有一定的有效期限，它所具有的价值的权利或特权总会终结或消失，因此，企业应将入账的无形资产在一定年限内摊销，计入各受益期的损益。

● 其他长期资产是指企业除长期股权投资、固定资产、无形资产等以外的长期资产，如长期待摊费用。长期待摊费用是指企业已经支出，但摊销期限在一年以上（不含一年）的各项费用。

## 引导案例分析

南海公司应作如下会计处理：

2012 年 1 月 1 日购入专利权时，

借：无形资产　　150 000

　贷：银行存款　　150 000

按年摊销时，

$$每年无形资产摊销额=150\ 000\div 10=15\ 000（元）$$

借：管理费用　　15 000

　贷：累计摊销　　15 000

2012 年 12 月 31 日，发生价值减值时，

借：资产减值损失　　25 000

　贷：无形资产减值准备　　25 000

2013 年 12 月 31 日，转让专利权时，

| | | |
|---|---|---|
| 借：银行存款 | 160 000 | |
| 　　累计摊销 | 15 000 | |
| 　　资产减值损失 | 25 000 | |
| 　贷：无形资产 | | 150 000 |
| 　　　应交税费——应交营业税 | | 8 000 |
| 　　　营业外收入——处置非流动资产利得 | | 42 000 |

## 复习思考题

1. 无形资产有哪些特征？
2. 无形资产如何分类？
3. 无形资产如何确认和计价？
4. 无形资产的摊销期限如何确定？

## 练习题

根据下列无形资产资料作相关会计分录。

1. 华为公司购入一项专利权，支付专利权转让费及有关手续费 750 000 元。

2. 华为公司以 750 000 元的成本购入的新产品专利权，按 15 年摊销。

3. 华为公司以 750 000 元购入的专利权，在使用了 2 年后以 700 000 元的价格出售。该项专利权的摊销期限为 15 年。

# 第九章

# 负　　债

**学习目标**

通过本章的学习，要求理解负债的含义、特征和分类，掌握短期借款、应付账款、应付票据、预收账款、应付职工薪酬、预计负债和应交税费的核算内容及其相应的账务处理，掌握长期借款、应付债券和长期应付款的核算内容及其相应的账务处理。

**引导案例**

恒大公司2011年拟扩大生产经营，预计筹资3 000万元，管理层决定发行债券。具体操作如下：2011年7月1日发行了一批5年期、到期一次还本付息、年利率为10%、按面值发行，发行总额为3 000万元的债券，款项已存入银行，所筹资金用于建造新厂房，工程于2012年年底完工。

问题讨论：1．恒大公司应如何进行发行债券的会计处理？

2．借款费用应如何处理？处理不当将产生哪些影响？

## 第一节　负债概述

### 一、负债的含义及特征

我国《企业会计准则——基本准则》在对负债定义时，借鉴了国际会计准则和美国财务会计准则，规定："负债是指企业过去的交易或事项形成的、预期会导致经济利益流出企业的现时义务。现时义务是指在现行条件下已承担的义务。未来发生的交易或事项形成的义务，不属于现时义务，不应当确认为负债。”

从定义中可以看出，负债具有以下基本特征：

（1）负债产生的原因——过去的交易或事项。

（2）负债的表现形式——现时应承担的义务。

（3）负债解除的结果——未来的经济利益流出企业。

负债是企业的一项现存义务，必须在未来某一特定时日以牺牲自己的经济利益去偿还，而偿还的对象和金额可以是确定的，也可以是合理估计的。因此，某一项目是否应作为企业的一笔负债，基本的判断标准就是负债的含义及特征。正确、合理地确认、计量和报告企业的负债，既是财务会计核算的重要内容之一，也有利于正确反映企业的财务状况及财务状况变动，从而为投资者提供预测企业未来现金流量、偿债能力、投资风险等方面的决策信息。

## 二、负债的分类

负债的种类很多，有不同偿还期限的负债，也有不同原因形成的负债。主要包括：银行借款（短期或长期）、应付票据、应付账款、预收账款、应付职工薪酬、应交税费、应付股利、应付利息、其他应付款、预计负债、应付债券、长期应付款等。

为满足不同信息使用者的需要和企业加强资金管理的目的，会计上需要对不同偿还要求的负债做进一步分类。

### 1. 流动负债和非流动负债

负债按偿还期的长短不同可分为流动负债和非流动负债（见图 9-1）。在资产负债表上，负债应当按照其流动性分类分项列示。

- 负债（按偿还期限分类）
  - 流动负债
    - 短期借款
    - 应付账款
    - 应付票据
    - 预收账款
    - 应付职工薪酬
    - 应交税费
    - 应付股利
    - 应付利息
    - 其他应付款
  - 非流动负债
    - 长期借款
    - 应付债券
    - 长期应付款

图 9-1　负债按偿还期限分类图

流动负债是指将在 1 年（含 1 年）或超过 1 年的一个营业周期内偿还的债务，包括短期借款、应付票据、应付账款、预收账款、应付职工薪酬、应交税费、应付利息、其他应付款等。非流动负债是指偿还期在一年或超过一年的一个营业周期以上的债务，包括长期借款、应付债券、长期应付款等。

这种分类的一个作用是使企业能够分清两种负债形成的不同原因及所起到的不同作用，例如，流动负债是在企业经营活动过程中发生的，是不可避免的，而非流动负债是企业经营决策的结果，企业是否负债经营及负债应占有多少比例完全取决于企业管理层的决策。这种分类的另一个作用是便于企业在不影响正常经营活动的前提下，合理安排偿债资金，按时偿还负债。

#### 2．货币性负债和非货币性负债

负债还可按其偿还方式的不同分为货币性负债和非货币性负债。货币性负债是指企业以货币偿还的债务，如应交税费。非货币性负债是指企业以实物资产或提供劳务偿还的债务，如预收账款。这种分类便于企业安排现金使用。

## 第二节　流动负债的核算

### 一、短期借款

短期借款是指企业向银行或其他金融机构借入的、偿还期限在一年以内（含一年）的各种借款。企业由于季节性生产、偿还到期债务，或者企业经营资金出现暂时周转困难等原因导致企业资金不足时，为了满足正常经营的需要而向银行或其他金融机构申请贷款。

#### （一）设置账户

企业应设置**“短期借款”**账户。

账户性质：负债类。

账户用途：核算短期借款的取得和归还。

账户结构：如图 9-2 所示。

明细账：按借款种类、贷款人和币种进行明细核算。

**短期借款**

| （借方） | （贷方） |
| --- | --- |
| 归还借款 | 期初余额<br>取得借款 |
| | 期末余额：尚未归还的本金 |

图 9-2　短期借款账户结构

### （二）账务处理

包括短期借款本金和利息的核算。借款本金通过“短期借款”账户核算，短期借款的利息应确认为费用，通过“财务费用”账户核算。

**例 9-1** 华为公司因生产经营的临时需要，于 2013 年 12 月 1 日向银行借入 500 000 元，期限为 3 个月，年利率为 9%。到期一次还本付息。应作会计分录如下：

（1）2013 年 12 月 1 日，借款发生时

| | | |
|---|---|---|
| 借：银行存款 | 500 000 | |
| 　贷：短期借款 | | 500 000 |

（2）2013 年 12 月 31 日，计算尚未支付利息时

| | | |
|---|---|---|
| 借：财务费用 | 3 750 | |
| 　贷：应付利息 | | 3 750 |

（3）到期偿还借款本金和支付利息时

| | | |
|---|---|---|
| 借：短期借款 | 500 000 | |
| 　　应付利息 | 3 750 | |
| 　　财务费用 | 7 500 | |
| 　贷：银行存款 | | 511 250 |

## 二、应付账款、应付票据及预收账款

### （一）应付账款

应付账款是企业在生产经营过程中因购买货物或接受劳务等形成的债务。

应付账款的入账时间为收到发票账单的时间。应付账款的入账金额按发票价格确定。但是如果购货条件包括在规定的期限内付款可以享受一定的现金折扣，我国采用总价法核算，即按发票价格全额入账，实际付款时，如果享受现金折扣，少付的金额作为理财的收益处理。

#### 1. 设置账户

企业应设置**“应付账款”**账户。

账户性质：负债类。

账户用途：核算企业因购买材料、商品和接受劳务供应等经营活动应支付的款项。

账户结构：如图 9-3 所示。

明细账：按债权人的不同设置明细科目进行明细核算。

应付账款

| （借方） | （贷方） |
| --- | --- |
| 应付账款的支付数 | 期初余额<br>应付账款的发生数 |
| | 期末余额：尚未支付的应付账款数 |

图 9-3　应付账款账户结构

### 2. 账务处理

**例 9-2**　华为公司 2014 年 6 月 10 日从万达公司赊购一批材料，不含税价格 200 000 元，增值税税率为 17%。双方约定在 1 个月内付款。华为公司应作如下会计分录：

（1）2014 年 6 月 10 日，赊购时

借：原材料　　200 000

　　应交税费——应交增值税（进项税额）　　34 000

　贷：应付账款——万达公司　　234 000

（2）7 月 10 日，还款时

借：应付账款——万达公司　　234 000

　贷：银行存款　　234 000

本例中，假定万达公司给予华为公司购货的现金折扣条件为：2/10，n/30，则按总价法进行账务处理如下：

购货发生时的会计分录同上。

（1）若华为公司在 10 天之内付款，可以少付 200 000 × 2%=4 000（元）

借：应付账款——万达公司　　234 000

　贷：银行存款　　230 000

　　　财务费用　　4 000

（2）若华为公司超过 10 天，但 30 天之内付款，

借：应付账款——万达公司　　234 000

　贷：银行存款　　234 000

## （二）应付票据

应付票据是指企业签发的允诺按票据上规定期限支付一定金额给持票人的一种书面证明。我国会计实务中，应付票据仅指应付商业汇票，这是在企业经济往来活动中由于采用商业汇票结算办法而形成的债务或在借贷活动中形成的债务。

### 1. 设置账户

企业应设置**“应付票据”**账户。

账户性质：负债类。

账户用途：核算各种签发、承兑的商业汇票。

账户结构：如图 9-4 所示。

明细账：按债权人的不同设置明细科目进行明细核算。同时设置“应付票据备查簿”，详细登记每一笔应付票据的种类、号数、签发日期、到期日、票面金额、合同交易号、收款人，以及付款日期和金额等详细资料。应付票据到期付清时，应在备查簿内逐笔注销。

应付票据

| （借方） | （贷方） |
|---|---|
| 到期支付的票据金额或无力支付转出的票据金额 | 期初余额<br>开出并承兑的商业汇票面值 |
| | 期末余额：尚未到期的商业汇票面值 |

图 9-4　应付票据账户结构

### 2. 账务处理

企业开出、承兑商业汇票或以承兑商业汇票抵付货款、应付账款时，借记“在途物资”、“库存商品”、“应付账款”、“应交税费——应交增值税（进项税额）”等账户，贷记“应付票据”账户。

支付银行承兑汇票的手续费，借记“财务费用”账户，贷记“银行存款”账户。支付款项时，借记“应付票据”账户，贷记“银行存款”账户。

应付票据到期，如企业无力支付票款，按应付票据的票面价值，借记“应付票据”账户，按票据的承兑人不同贷记“应付账款”或“短期借款”账户。

应付票据期末列示在资产负债表的流动负债部分，列示项目为“应付票据”，列示金额为“应付票据”账户的贷方余额。

应付票据包括不带息票据和带息票据。

（1）不带息票据

**例 9-3**　华为公司赊购一批材料，不含税价格 50 000 元，增值税税率 17%，企业开出一张等值的 4 个月期限的不带息商业承兑汇票，材料到达企业并已验收入库。华为公司应作如下会计分录：

（1）购货时

借：原材料　　50 000

　　应交税费——应交增值税（进项税额）　　8 500

　贷：应付票据　　58 500

（2）到期付款时

借：应付票据　　58 500

　贷：银行存款　　58 500

（3）假如该票据到期，华为公司无法偿还这笔款项，则应将其转为应付账款

借：应付票据　　58 500

　贷：应付账款　　58 500

（4）假如该票据为银行承兑汇票，企业到期不能支付这笔款项，则应由银行先行支付，作为对企业的短期借款

借：应付票据　　58 500

　贷：短期借款　　58 500

（2）带息票据

带息票据是指债务人到期还款时，除了偿还面值金额外，还要偿还按面值和票面利率计算的利息，即票据到期值等于面值加利息。面值即为发票的价格，票面利率由交易双方协商确定。利息为债务人由于延期付款所付出的代价，记入“财务费用”账户。

对利息的处理：在每个会计期末不计提利息，票据到期时利息一次入账，但是如果票据的期限跨年度，在资产负债表日，则需要计提票据签发日至资产负债表日按面值和票面利率计算的累计利息，借记“财务费用”账户，贷记“应付利息”账户。

**例9-4**　华为公司2013年12月1日向蓝天公司购入材料一批，不含税价格100 000元，增值税率17%；材料已验收入库，经双方协商，由购货方给销货方出具一张等值的商业承兑带息票据，期限为3个月，票面利率为6%，票据到期付款。华为公司应作会计分录如下：

（1）出具应付票据时

借：原材料　　100 000

　　应交税费——应交增值税（进项税额）　　17 000

　贷：应付票据——蓝天公司　　117 000

（2）2013年12月31日，计算本年度1个月应计利息时

借：财务费用　　585

　贷：应付利息　　585

（3）2014年3月1日，到期付款时

借：应付票据　　117 000

　　财务费用　　1 170

　　应付利息　　585

　贷：银行存款　　118 755

## （三）预收账款

预收账款是指企业在销售商品或提供劳务前，根据购销合同的规定，向购货方预先收取的部分或全部货款。预收账款具有定金的性质，企业在收到款项后，应在合同规定的期限内给购货单位发出货物或提供劳务，否则，必须如数退还预收的款项。但预收账款的偿还一般不需要支出货币资金，而是商品或劳务。因此，在会计上，将预收账款作为负债处理。

企业在核算预收账款时，常用方法有两种：

（1）单独设置“预收账款”账户，收到预收货款时记入该账户，待企业以商品或劳务偿还后，再进行结算。这种核算方法能完整地反映这项流动负债的发生及偿付情况，并便于填报会计报表。

（2）将预收的货款直接作为应收账款的减项，反映在“应收账款”账户的贷方，收到预收账款时，记入“应收账款”账户的贷方，偿付债务时，再在“应收账款”账户借方进行结算。这种方法也能完整地反映购货方预付货款的发生和结算情况，但在填列会计报表时，需根据“应收账款”账户的明细账户分析填列。

企业应根据具体情况选择适当的方法核算预收账款。如果企业预收账款很多，可以采用第一种方法；而预收账款不多的企业，可以采用第二种方法。

预收账款核算程序如图 9-5 所示。

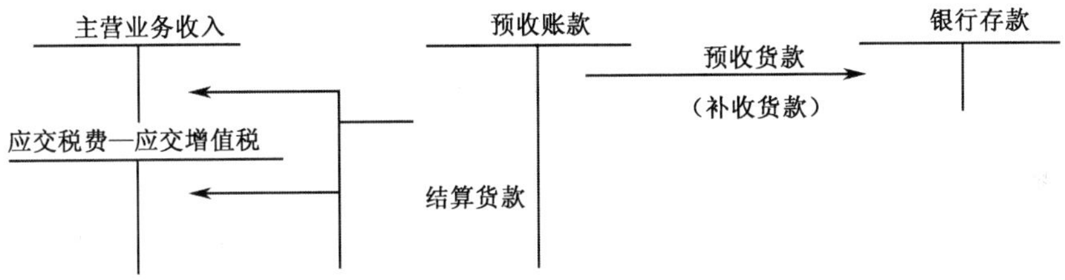


图 9-5　预收账款核算程序

## 三、应付职工薪酬

### （一）职工薪酬的内容

职工薪酬，是指企业为获得职工提供的服务或解除劳动关系而给予的各种形式的报酬或补偿。职工薪酬包括短期薪酬、离职后福利、辞退福利和其他长期职工福利。企业提供给职工配偶、子女、受赡养人、已故员工遗属及其他受益人等的福利，也属于职工薪酬。职工薪酬的构成如图 9-6 所示。

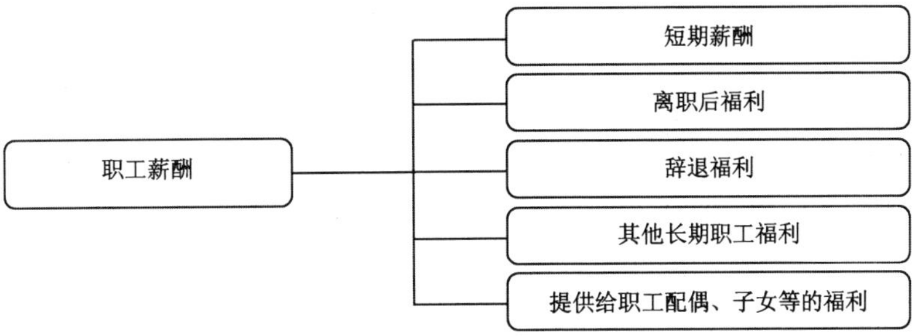


图 9-6　职工薪酬的构成

（1）短期薪酬，是指企业在职工提供相关服务的年度报告期间结束后12个月内需要全部予以支付的职工薪酬，因解除与职工的劳动关系给予的补偿除外。短期薪酬具体包括：职工工资、奖金、津贴和补贴，职工福利费，医疗保险费、工伤保险费和生育保险费等社会保险费，住房公积金，工会经费和职工教育经费，短期带薪缺勤，短期利润分享计划，非货币性福利及其他短期薪酬。

带薪缺勤，是指企业支付工资或提供补偿的职工缺勤，包括年休假、病假、短期伤残、婚假、产假、丧假、探亲假等。利润分享计划，是指因职工提供服务而与职工达成的基于利润或其他经营成果提供薪酬的协议。

（2）离职后福利，是指企业为获得职工提供的服务而在职工退休或与企业解除劳动关系后，提供的各种形式的报酬和福利，短期薪酬和辞退福利除外。

（3）辞退福利，是指企业在职工劳动合同到期之前解除与职工的劳动关系，或者为鼓励职工自愿接受裁减而给予职工的补偿。

（4）其他长期职工福利，是指除短期薪酬、离职后福利、辞退福利之外所有的职工薪酬，包括长期带薪缺勤、长期残疾福利、长期利润分享计划等。

## （二）应付职工薪酬的核算

### 1. 设置账户

企业应设置**“应付职工薪酬”**账户。

账户性质：负债类。

账户用途：核算企业根据有关规定应付给职工的各种薪酬。

账户结构：如图9-7所示。

明细账：按“短期薪酬”、“离职后福利”、“辞退福利”、“其他长期职工福利”等进行明细核算。

应付职工薪酬

| （借方） | （贷方） |
|---|---|
| | 期初余额 |
| 发放数额<br>发放职工薪酬和福利支出<br>结转代扣款项<br>支付工会经费和职工教育经费<br>交纳社会保险费和住房公积金<br>支付离职后的报酬和福利<br>支付辞退职工的补偿<br>支付长期带薪缺勤、离职后福利、长期利润分享计划 | 分配数额（计入有关成本费用）<br>发生应付职工薪酬 |
| | 期末余额：应付未付的职工薪酬 |

图9-7 应付职工薪酬账户结构

### 2. 账务处理

企业应当在职工为其提供服务的会计期间，将应付的职工薪酬确认为负债。企业根据考勤簿和产量记录，以及其他有关资料，可以计算出应付职工薪酬的总额。每月月末，企业应将本月的应付工资按照其发生的地点、部门及与产品的关系进行分配，编制“职工薪酬分配表”，并根据表中的各项目分别记入相关账户。应当根据职工提供服务的受益对象，分下列情况处理：

（1）应由生产产品、提供劳务负担的职工薪酬，计入产品成本或劳务成本；

（2）应由在建工程、无形资产负担的职工薪酬，计入建造在建工程或无形资产成本；

（3）除上述两种情况之外的其他职工薪酬，计入当期损益。

**例 9-5** 华为公司本月职工薪酬总额为 562 134 元，其中：生产工人工资 345 000 元，福利费 48 300 元；车间管理人员工资 70 000 元，福利费 9 800 元；厂部管理人员的工资 51 200 元，福利费 7 168 元；研发人员的工资 12 000 元，福利费 1 680 元；销售人员的工资 14 900 元，福利费 2 086 元。应作会计分录如下：

| | | |
|---|---|---|
| 借：生产成本 | 393 300 | |
| 　　制造费用 | 79 800 | |
| 　　管理费用 | 58 368 | |
| 　　研发支出 | 13 680 | |
| 　　销售费用 | 16 986 | |
| 　贷：应付职工薪酬——短期薪酬（工资） | | 493 100 |
| 　　　　　　　　——短期薪酬（职工福利费） | | 69 034 |

企业为职工交纳的医疗保险费、养老保险费、失业保险费、工伤保险费、生育保险费等社会保险费和住房公积金，应当在职工为其提供服务的会计期间，根据工资总额的一定比例计算，并按照上述规定处理。

**例 9-6** 华为公司按国家标准规定计算，本月应向社会保险机构交纳职工养老保险费共计 52 921 元，其中记入“生产成本”账户 34 100 元，记入“制造费用”账户 9 800 元，记入“管理费用”账户 9 021 元。应作会计分录如下：

| | | |
|---|---|---|
| 借：生产成本 | 34 100 | |
| 　　制造费用 | 9 800 | |
| 　　管理费用 | 9 021 | |
| 　贷：应付职工薪酬——短期薪酬（基本养老保险） | | 52 921 |

**例 9-7** 华为公司应付职工薪酬 493 100 元，实发工资 448 600 元，代扣养老保险 29 400 元，代扣住房公积金 10 000 元，代扣个人所得税 5 100 元。应作会计分录如下：

| | | |
|---|---|---|
| 借：应付职工薪酬——短期薪酬（工资） | 493 100 | |
| 　贷：银行存款 | | 448 600 |
| 　　　应交税费——应交个人所得税 | | 5 100 |

其他应付款——社会保险（基本养老保险） 29 400
其他应付款——住房公积金 10 000

应付职工薪酬核算程序如图9-8所示。

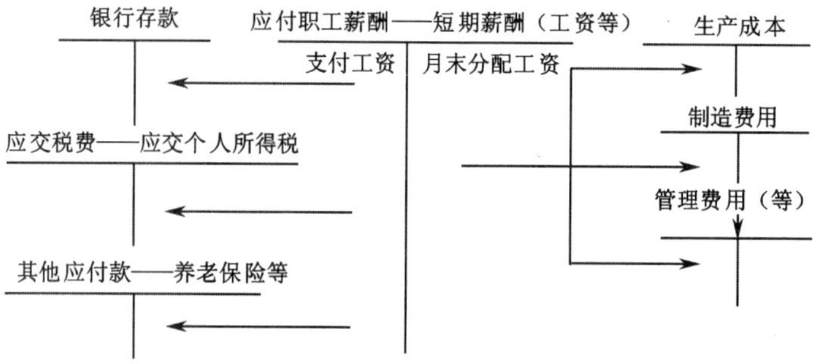


图9-8 应付职工薪酬核算程序

## 四、应交税费

应交税费是企业按照国家法律规定计算的应向国家交纳的各种税费。税费是企业的一项支出，但在尚未交纳前，形成了企业的流动负债。

企业应依法交纳的各种税费主要包括增值税、消费税、营业税、所得税、资源税、土地增值税、城市维护建设税、教育费附加、房产税、城镇土地使用税、车船税、印花税等。为了总括反映各种税费的交纳情况，会计核算中应设置**“应交税费”**账户，并在该账户下设置有关明细账户进行核算。但并不是所有的税费都通过“应交税费”账户核算，如印花税、耕地占用税等。

### （一）应交增值税

增值税是流转税中的主要税种，是就企业货物或劳务的增值部分征收的税金。在我国境内销售货物或提供加工、修理修配劳务及进口货物的单位和个人为增值税的纳税义务人。

为了严格增值税的征收管理和对某些经营规模小的纳税人简化计税办法，我国税法参照国际惯例，将纳税人按其经营规模及会计核算健全与否划分为一般纳税人和小规模纳税人。

#### 1．应纳税额的计算

我国增值税的计算采用购进抵扣法，即企业购入货物或接受劳务支付的增值税（称为进项税额），可以从销售货物或提供劳务按规定收取的增值税（称为销项税额）中抵扣。计算公式为：

应交增值税额=销项税额−进项税额

当期销项税额=不含税销售额×增值税税率

小规模纳税人销售货物或提供应税劳务，实行简易办法计算应纳税额，计算公式为：

应交增值税额=不含税销售额×征收率

### 2. 设置账户

企业应交增值税的借方发生额反映企业购进货物或接受应税劳务支付的进项税额、实际已交纳的增值税额等；贷方发生额反映销售货物或提供应税劳务应交纳的增值税额、出口货物退税、转出已支付或应分担的增值税以及进项税额转出等。

企业应在**“应交税费”**账户下设置**“应交增值税”**和**“未交增值税”**两个明细账户。以“应交税费——应交增值税”账户为例。

账户性质：负债类。

账户用途：核算增值税的计算和交纳业务。

账户结构：如图 9-9 所示。

应交税费——应交增值税

| （借方） | （贷方） |
| --- | --- |
| 进项税额<br>已交税金<br>减免税款<br>出口抵减内销产品应纳税额<br>转出未交增值税 | 销项税额<br>出口退税<br>进项税额转出<br>转出多交增值税 |
| 期末余额：尚未抵扣的增值税 | 期末余额：应纳税额 |

图 9-9 应交税费——应交增值税账户结构

### 3. 一般纳税人购销业务的账务处理

（1）购进阶段。购进货物取得的增值税专用发票上注明的增值税额可以用销项税额抵扣。账务处理时实行价与税分离，价与税分离的依据为增值税专用发票上注明的增值税和价款：属于价款部分，计入购进货物的成本；属于增值税额部分，计入进项税额。

（2）销售阶段。企业销售货物或提供劳务可以开具增值税专用发票，销售价格中不再含税。如果定价时含税，应还原为不含税价格作为销售收入，将向购买方收取的增值税作为销项税额。

**例 9-8** 华为公司为一般纳税人，本月购进一批原材料，增值税专用发票上注明的原材料价款为 1 000 万元，增值税额为 170 万元。货款已经支付，材料已经验收入库。同时，该企业当期销售产品收入为 1 500 万元（不含应向购买方收取的增值税），货款已经收到。假如该产品的增值税税率为 17%，不交纳消费税。

根据上述经济业务，华为公司应作如下分录：

借：原材料　　10 000 000

　　应交税费——应交增值税（进项税额）　　1 700 000

贷：银行存款　　11 700 000

销项税额=1 500×17%=255（万元）

借：银行存款　　17 550 000

　贷：主营业务收入　　15 000 000

　　应交税费——应交增值税（销项税额）　　2 550 000

#### 4. 视同销售的账务处理

视同销售的情况包括：企业将货物交付他人代销；销售代销货物；将自产或委托加工的货物用于非应税项目；将自产、委托加工或购买的货物作为投资，提供给其他单位或个体经营者；将自产、委托加工或购买的货物分配给股东或投资者；将自产、委托加工的货物用于集体福利或个人消费；将自产、委托加工或购买的货物无偿赠送他人。

对于某些视同销售的行为，如对外投资，实际上不是一种销售行为，因为企业不会由于对外投资而取得销售收入，增加货币流量，因此，会计核算中不将其作为销售处理，按成本转账。但需要按计税价格计算交纳增值税，需要开具增值税专用发票。所以，计算交纳的增值税仍然作为销项税额，记入“应缴税费——应缴增值税”账户中的“销项税额”专栏。

**例 9-9**　华为公司用原材料对万达公司投资，投资各方协议按成本作价。该批原材料的成本300万元，计税价格为350万元。假如该原材料的增值税税率为17%。

（1）华为公司对外投资转出原材料时，应作会计分录如下：

销项税额=350×17%=59.5（万元）

借：长期股权投资　　3 595 000

　贷：原材料　　3 000 000

　　应交税费——应交增值税（销项税额）　　595 000

（2）万达公司收到投资时，视同购进处理，应作会计分录如下：

借：原材料　　3 000 000

　　应交税费——应交增值税（进项税额）　　595 000

　贷：实收资本　　3 595 000

另外，企业将自产或委托加工的货物用于非应税项目或作为集体福利的，也应视同销售计算应交的增值税。

**例 9-10**　华为公司将自己生产的产品用于在建工程。产品的成本200万元，计税价格为200万元。假如该产品的增值税税率为17%，企业应作如下会计分录：

用于工程的产品的销项税额=200×17%=34（万元）

借：在建工程　　2 340 000

　贷：库存商品　　2 000 000

　　应交税费——应交增值税（销项税额）　　340 000

#### 5. 不予抵扣项目的账务处理

用于非应税项目的购进货物或应税劳务；用于免税项目的购进货物或应税劳务；用于集体福利或个人消费的购进货物或应税劳务；非正常损失的购进货物；非正常损失的在产品、产成品所耗用的购进货物或应税劳务；纳税人购进货物或应税劳务，未按照规定取得并保存增值税扣税凭证，或者增值税扣税凭证上未按照规定注明增值税额及其他有关事项的，其进项税额不得从销项税额中抵扣。

不予抵扣的进项税额应计入相关的成本。

**例 9-11** 华为公司购入一批材料，增值税专用发票上注明的增值税额为 68 万元，材料买价 400 万元，款项已经支付，由于管理不善，造成材料毁损。根据这项经济业务，该公司应作会计分录如下：

| | | |
|---|---|---|
| 借：管理费用 | 4 680 000 | |
| 贷：原材料 | | 4 000 000 |
| 应交税费——应交增值税(进项税额转出) | | 680 000 |

#### 6. 交纳增值税的账务处理

企业在月末计算税款后，应作如下账务处理：

借：应交税费——应交增值税（转出未交增值税）

贷：应交税费——未交增值税

下月实际交纳税款时，应依据税收交款书作如下账务处理：

借：应交税费——未交增值税

贷：银行存款

### （二）应交消费税

消费税是对生产、委托加工及进口应税消费品（主要指烟、酒、饮料、高档次及高能耗的消费品）征收的一种税。在对货物普遍征收增值税的基础上，选择少数消费品再征收一道消费税，主要是为了调节产品结构，引导消费方向，保证国家财政收入。

消费税实行价内征收，企业应纳的消费税计入销售税金，抵减产品销售收入，企业进口或委托加工应税消费品交纳的消费税，一般计入货物成本。

#### 1. 设置账户

企业应在**“应交税费”**账户下设置**“应交消费税”**明细账户核算。

账户性质：负债类。

账户用途：核算应交消费税的发生和交纳业务。

账户结构：如图 9-10 所示。

应交税费——应交消费税

| （借方） | （贷方） |
| --- | --- |
| 实际交纳的消费税 | 期初余额<br>应交的消费税 |
| | 期末余额：未交的消费税 |

图 9-10 应交税费——应交消费税账户结构

### 2. 销售应税产品的账务处理

企业将生产的产品直接对外销售的，对外销售产品应交纳的消费税，通过“营业税金及附加”账户核算。企业按规定计算出应交的消费税，借记“营业税金及附加”账户，贷记“应交税费——应交消费税”账户。

**例 9-12** 华为公司 2013 年 10 月份销售摩托车 100 辆，每辆销售价格 10 000 元（不含应向购买方收取的增值税额），货款尚未收到，摩托车每辆成本 3 000 元。摩托车的增值税税率为 17%、消费税税率为 10%。应作会计分录如下：

应向购买方收取的增值税额=10 000 × 100 × 17%=170 000（元）

应交纳的消费税额=10 000 × 100 × 10%=100 000（元）

借：应收账款　　1 170 000
　贷：主营业务收入　　1 000 000
　　　应交税费——应交增值税（销项税额）　　170 000
借：营业税金及附加　　100 000
　贷：应交税费——应交消费税　　100 000
借：主营业务成本　　300 000
　贷：库存商品　　300 000

### 3. 视同销售的账务处理

企业用应税消费品对外投资，或用于在建工程、非生产机构等其他方面，按规定应交纳的消费税，应计入有关的成本。

**例 9-13** 华为公司将应税消费品用于对外投资，产品成本 800 万元，计税价格为 900 万元。该产品的增值税税率为 17%，消费税税率为 10%。应作会计分录如下：

增值税额= 9 000 000 × 17% = 1 530 000（元）

应交的消费税= 9 000 000 × 10% = 900 000（元）

借：长期股权投资　　10 530 000
　　营业税金及附加　　900 000
　贷：应交税费——应交增值税（销项税额）　　1 530 000

应交税费——应交消费税　　900 000
主营业务收入　　9 000 000
借：主营业务成本　　8 000 000
　贷：库存商品　　8 000 000

4．进口消费品的账务处理

企业在进口环节交纳的消费税，计入资产的成本。

**例 9-14**　华为公司从国外进口小轿车一辆，价值 166 000 元，进口环节需交纳的消费税 19 221 元，货款尚未支付，税款已用银行存款支付。应作会计分录如下：

借：固定资产　　185 221
　贷：应付账款　　166 000
　　银行存款　　19 221

### （三）应交营业税

营业税是对提供劳务、转让土地使用权和销售不动产的单位和个人征收的税种。我国正在进行税制改革，十二五期间拟完成营业税退出税收体系。目前营业税应税劳务包括金融保险业、服务业、建筑业、邮电通信业、文化体育业和娱乐业。金融保险业中不包括按有形动产融资租赁。服务业中只包括如代购代销、介绍服务、其他代理业务，不包括旅店业和饮食业纳税人销售非现场消费的食品。

营业税按照营业额和规定的税率计算应纳税额，其公式为：

$$应纳税额=营业额\times 税率$$

企业按规定应交的营业税，在“应交税费”账户下设置“应交营业税”明细账户核算。“应交营业税”明细账户的借方发生额，反映企业已交纳的营业税；贷方发生额，反映应交的营业税；期末借方余额，反映多交的营业税；期末贷方余额，反映尚未交纳的营业税。

### （四）应交所得税

所得税是国家对企业的生产经营所得和其他所得征收的一种税。所得税的应纳税额是根据应纳税所得额和税率计算的，其计算公式为：

$$应纳所得税额=应纳税所得额\times 所得税税率$$

所得税是对企业的应纳税所得额征税，但是应纳税所得额（即应税利润）不等于会计利润。因为会计利润是按会计政策计算的，而应纳税所得额是按税法规定计算的，两者存在一定的差异。应纳税所得额的计算通常利用会计利润的资料，对会计利润按税法的规定进行调整，其计算公式为：

$$应纳税所得额=会计利润\pm 应调整项目的金额$$

在“应交税费”账户下设置“应交所得税”明细账户，用来核算所得税的应交、已交和期末未交数。

会计上对所得税费用的处理有两种方法：应付税款法和纳税影响会计法。纳税影响会计法分成递延法、债务法。债务法又分成利润表债务法和资产负债表债务法两种方法。我国现行企业会计准则只允许采用资产负债表债务法进行所得税的债务处理。所得税费用的账务处理都设计“所得税费用”账户，“应交税费——应交所得税”账户，“递延所得税资产”和“递延所得税负债”。

### （五）其他应交税费

其他税种包括资源税、城市维护建设税、教育费附加、土地增值税、房产税、土地使用税、车船使用税、矿产资源补偿费。

#### 1．资源税、城市维护建设税和教育费附加

资源税是对在我国境内开采应税矿产品及生产盐的单位和个人就其占用国有资源和取得的级差收入而征收的一种税。城市维护建设税和教育费附加都是附加税，城市维护建设税按流转税（增值税、消费税和营业税）的 7%计算交纳，教育费附加按流转税（增值税、消费税和营业税）的 3%计算交纳。

企业按规定计算应交的资源税、城市维护建设税、教育费附加等，借记“营业税金及附加”账户，贷记“应交税费”账户。实际交纳时，借记“应交税费”账户，贷记“银行存款”等账户。

#### 2．土地增值税

土地增值税是对有偿转让国有土地使用权、地上建筑物及其附着物的单位和个人，就其转让房地产所取得的增值额而征收的一种税。

土地使用权与地上建筑物及其附着物一并在“固定资产”等账户核算的，企业转让土地使用权应交的土地增值税，应借记“固定资产清理”等账户，贷记“应交税费——应交土地增值税”账户。土地使用权在“无形资产”账户核算的，按实际收到的金额，借记“银行存款”账户，按应交的土地增值税，贷记“应交税费——应交土地增值税”账户，同时冲销土地使用权的账面价值，贷记“无形资产”账户，按其差额，借记“营业外支出”账户或贷记“营业外收入”账户。实际交纳土地增值税时，借记“应交税费——应交土地增值税”账户，贷记“银行存款”等账户。

#### 3．房产税、土地使用税、车船使用税

房产税是对我国境内拥有房屋产权的单位和个人，按其房产价值或房产租金收入征收的一种税。土地使用税是对我国境内拥有国有土地使用权的单位和个人，按其实际占用的土地面积征收的一种税。车船使用税是对在我国境内拥有并使用车船的单位和个人，按照不同类型车船的辆、净吨位、载重吨位征收的一种税。

企业按规定计算应交的房产税、土地使用税、车船使用税，借记“管理费用”账户，贷记“应交税费”账户。实际交纳时，借记“应交税费”账户，贷记“银行存款”等账户。

## 五、应付利息、应付股利

### （一）应付利息

应付利息是指在资产负债表日，根据权责发生制对分期付息到期还本的长期借款、发行债券形成的应付未付的利息的核算。为了核算资产负债表日按实际利率计算确定的应付未付利息，需要设置**“应付利息”**账户。在资产负债表日应按摊余成本和实际利率计算。借记“在建工程”、“财务费用”、“研发支出”等账户，按合同利率计算的应付未付利息，贷记“应付利息”账户，按其差额，贷记“长期借款——利息调整”账户。实际支付利息时，借记**“应付利息”**账户，贷记“银行存款”等账户。期末余额在贷方，反映企业应付未付的利息。本账户可按存款人或债权人进行明细核算。

合同利率与实际利率差异较小的，也可以采用合同利率计算确定利息费用。这时，利息费用和应付利息相等，则直接借记“在建工程”、“财务费用”、“研发支出”等账户，贷记“应付利息”账户。

### （二）应付股利

股利是股份制企业对股东投资的回报。也就是说，股东投资后有权参与企业税后利润的分配。股利的支付形式有现金股利和股票股利。

按会计准则规定，设置**“应付股利”**账户，核算从宣告日到发放日应付未付的现金股利，而企业分配的股票股利，在正式办理增资手续以前，只需在备查簿中进行相应登记，不需要作正式的账务处理。

通常，企业派发现金股利需经历两个步骤或阶段，首先是企业董事会或股东大会决议确定并宣告股利分配方案，这时，按应支付的现金股利，借记“利润分配——应付现金股利”账户，贷记“应付股利”账户；然后，企业如数拨出一笔现款存入受托的证券公司或银行，用于实际支付股东的现金股利，此时，借记“应付股利”账户，贷记“现金”、“银行存款”等账户。

对于现金股利，从董事会宣告发放股利开始，企业对股东就形成了一种负债，由于现金股利的发放与宣告发放股利的时间间隔较短，因此这种负债为流动负债。

需要注意的是，董事会或类似机构通过的利润分配方案中拟分配的现金股利或利润，不作账务处理，但应在附注中披露，只有股东大会或类似机构审议批准的利润分配方案，才能作账务处理。

## 六、其他应付款

其他应付款是指除应付票据、应付账款、预收账款、应付职工薪酬、应付利息、应付股利、应交税费等以外的其他各项应付、暂收的款项。如应付经营租入固定资产的租金、其他单位因使用本企业的资产而支付的保证金等。为了核算这部分内容需设置“其他应付款”账户。

企业发生的其他各种应付、暂收款项，借记“管理费用”等账户，贷记本账户；支付的其他各种应付、暂收款项，借记本账户，贷记“银行存款”等账户。期末余额在贷方，反映企业应付未付的其他应付款项，本账户可按其他应付款的项目和对方单位（或个人）进行明细核算。

**例 9-15** 华为公司于 8 月 1 日出租包装箱给星海公司，并收到其押金 10 000 元，存入银行。12 月 31 日收到星海公司退还的包装箱，并退回押金 10 000 元。应作会计分录如下：

（1）出租包装箱收到押金时

| | | |
|---|---|---|
| 借：银行存款 | 10 000 | |
| 贷：其他应付款——星海公司 | | 10 000 |

（2）收到包装箱退回押金时

| | | |
|---|---|---|
| 借：其他应付款——星海公司 | 10 000 | |
| 贷：银行存款 | | 10 000 |

# 第三节　非流动负债

## 一、非流动负债的性质

非流动负债是指除流动负债以外的、偿还期限在一年或超过一年的、一个营业周期以上的债务。它是企业向债权人筹集的可供长期使用的资金。与流动负债相比，非流动负债具有偿还期限较长、债务金额较大、偿还本息的方式多样化等特点。

根据企业筹集债务方式，非流动负债可分为长期借款、应付债券和长期应付款；根据偿还方式的不同，非流动负债可分为定期偿还的非流动负债和分期偿还的非流动负债。

## 二、长期借款

长期借款是企业向银行等金融机构借入的、偿还期限超过一年的各种借款。企业取得长期借款，必须按照规定的程序进行，一般要经过申请、审批、签订合同和划拨款项四个步骤。在借款的使用期间，应按期支付利息，到期偿还本金。

## （一）设置账户

企业应设置**“长期借款”**账户。
账户性质：负债类。
账户用途：核算长期借款的取得、计息和归还业务。
账户结构：如图 9-11 所示。
明细账：按借款的种类或用途分别设置“本金”、“利息调整”等明细账户。

长期借款

| （借方） | （贷方） |
| --- | --- |
| 归还的本金和利息 | 取得的长期借款本金<br>定期计提的长期借款利息 |
| | 期末余额：尚未归还的本金和利息 |

图 9-11　长期借款账户结构

## （二）账务处理

企业从银行借入长期借款，应与银行签订借款合同，约定借款本金和利息的偿还方式。长期借款的还本付息方式有：到期一次还本付息；分期付息、到期还本；分期偿还本息。

企业借入各种长期借款，借记“银行存款”等账户，贷记“长期借款”账户；归还借款本息时，借记“长期借款”账户，贷记“银行存款”账户，同时，存在利息调整余额的，借记或贷记“在建工程”、“制造费用”、“财务费用”、“研发支出”等账户，贷记或借记“长期借款——利息调整”账户。

长期借款发生的利息费用，应资本化或费用化，在资产负债表日应按摊余成本和实际利率计算，借记“在建工程”、“制造费用”、“财务费用”、“研发支出”等账户，按合同利率计算的应付未付利息，贷记“应付利息”账户，按其差额，贷记“长期借款——利息调整”账户。

利息费用和应付利息的计算公式如下：

利息费用=摊余成本×实际利率

应付利息=本金×合同利率

摊余成本为长期借款的账面价值，即“长期借款”账户的余额。

**例 9-16**　华为公司于 2011 年 7 月 1 日向银行借入 100 万元，期限为 3 年，年利率为 10%，分期付息到期还本。借款用于建造厂房，厂房于 2012 年 6 月 30 日交付使用。假设实际利率与合同利率相差很小。华为公司应作会计分录如下：

（1）2011 年 7 月 1 日，借款时

| | | |
|---|---|---|
| 借：银行存款 | 1 000 000 | |
| 　贷：长期借款 | | 1 000 000 |

（2）2011年12月31日，计算利息时

| | | |
|---|---|---|
| 借：在建工程 | 50 000 | |
| 　贷：应付利息 | | 50 000 |

（3）2012年7月1日，支付利息时

| | | |
|---|---|---|
| 借：应付利息 | 50 000 | |
| 　　在建工程 | 50 000 | |
| 　贷：银行存款 | | 100 000 |

（4）2012年12月31日，计算利息时

| | | |
|---|---|---|
| 借：财务费用 | 50 000 | |
| 　贷：应付利息 | | 50 000 |

（5）2013年7月1日，支付利息时

| | | |
|---|---|---|
| 借：应付利息 | 50 000 | |
| 　　财务费用 | 50 000 | |
| 　贷：银行存款 | | 100 000 |

（6）2013年12月31日，计算利息时

| | | |
|---|---|---|
| 借：财务费用 | 50 000 | |
| 　贷：应付利息 | | 50 000 |

（7）2014年7月1日，还本付息时

| | | |
|---|---|---|
| 借：应付利息 | 50 000 | |
| 　　财务费用 | 50 000 | |
| 　　长期借款 | 1 000 000 | |
| 　贷：银行存款 | | 1 100 000 |

## 三、应付债券

### （一）债券的性质

债券是指发行人为筹集长期资金而发行的，约定于一定日期支付本金及定期支付利息给持有者的一种书面凭证。发行债券是公司筹集长期资金的重要方式之一，通过发行债券，公司将巨额债款分为若干等份，以公开募集的方式向社会举债，能吸收大量长期资金。债券持有人通过持有债券，有权向债券发行人定期索取本息，这就构成了发行债券企业的一项债务——应付债券。

公司债券的票面应载明票面金额、票面利率、偿还期限、利息支付的方式等内容。

## （二）债券发行价格的确定

债券的发行价格是投资者购买时所支付的价格，有溢价、平价和折价 3 种。造成差别的主要原因是：

（1）资金时间价值的存在。债券是在若干年后按照债券面值偿还本金，由于资金具有不同的时间价值，因此同样数量的资金在不同时间具有不同的价值。

（2）债券的票面利率和发行债券时的市场利率不一致。由于债券的发行需要经过很长一段时间的准备过程，即使预先确定的发行利率与市场利率相同，但随着时间的推移，市场利率也会随时发生变化，因此，就会出现二者不一致的情况。

债券发行价格的确定公式如下：

债券发行价格=债券面值的现值+债券利息的现值

债券面值的现值=债券面值×复利现值系数

债券利息的现值=债券利息×年金现值系数

例如，某公司 1 月 1 日发行面值为 50 万元、票面利率为 6%的 3 年期债券，每年计息一次，到期一次还本付息。若发行时的市场利率分别为 4%、6%和 8%，计算债券的发行价格。

（1）当市场利率为 4%时：

债券发行价格=500 000×0.889+500 000×4%×2.775=527 750（元）

（2）当市场利率为 6%时：

债券发行价格=500 000×0.84+500 000×6%×2.673≈500 000（元）

（3）当市场利率为 8%时：

债券发行价格=500 000×0.794+500 000×8%×2.577=474 310（元）

从上例可经看到，债券的发行价格随市场利率的变动而反向变动。当市场利率上升时，债券的价格下跌；当市场利率下降时，债券的价格则上升。当票面利率高于市场利率时，以溢价发行债券，溢价是企业为以后各期多付利息而预先得到的补偿；当票面利率等于市场利率时，以平价发行债券；当票面利率低于市场利率时，以折价发行债券，折价是企业为以后各期少付利息而预先给投资者的补偿。溢价或折价发行均是债券发行企业在债券存续期内对利息费用的调整。

## （三）应付债券的核算

### 1．设置账户

企业应设置**“应付债券”**账户。

账户性质：负债类。

账户用途：核算债券的发行、计息、偿还等业务。

账户结构：如图 9-12 所示。

明细账：设置“面值”、“利息调整”、“应计利息”、“交易费用”明细账户进行明细核算。

应付债券

| （借方） | （贷方） |
|---|---|
| 归还的债券本息<br>债券折价<br>摊销的债券溢价 | 债券本息<br>债券溢价<br>摊销的债券折价 |
| | 期末余额：尚未归还的摊余成本 |

图 9-12　应付债券账户结构

### 2．发行债券的账务处理

（1）平价发行债券

**例 9-17**　华为公司于 2014 年 1 月 1 日发行 3 年期债券 1 000 份，每份面值 1 000 元，票面利率 8%，每年 6 月 30 日和 12 月 31 日各付息一次。发行时的市场利率恰好等于票面利率，发行收入已存入银行。应作会计分录如下：

借：银行存款　　1 000 000

　贷：应付债券——面值　　1 000 000

（2）溢价发行债券

**例 9-18**　承【例 9-17】，华为公司发行债券的票面利率为 10%，其他条件不变，则该公司发行债券的总收入为 1 052 405 元。应作会计分录如下：

借：银行存款　　1 052 405

　贷：应付债券——债券面值　　1 000 000

　　　　　　——利息调整　　52 405

（3）折价发行债券

**例 9-19**　承【例 9-17】，假定发行债券的票面利率为 6 %，其他条件不变，则该公司发行债券的总收入为 947 563 元。应作会计分录如下：

借：银行存款　　947 563

　　应付债券——利息调整　　52 437

　贷：应付债券——面值　　1 000 000

### 3．债券利息的账务处理

发行人应在债券存续期间的每个付息日计算定期支付给债券持有人的利息（即票面利息），以及本期应负担的利息费用。票面利息按面值和票面利率计算，利息费用的计算采用实际利率法。票面利息和利息费用的差额冲减账面的利息调整。

实际利率法是以债券的摊余成本和发行时的实际利率（市场利率）来计算利息费用的方法。实际利率法可以真实地反映企业各期应负担的利息费用。具体计算公式如下：

票面利息=面值×票面利率

当期利息费用=摊余成本（债券该期期初账面价值）×实际利率（市场利率）

溢价发行时：

利息调整（溢价摊销额）=票面利息–当期利息费用

债券该期期初账面价值=面值–利息调整

折价发行时：

利息调整（折价摊销额）=当期利息费用–票面利息

债券该期期初账面价值=面值+利息调整

应付债券发生的利息费用，应予以资本化或费用化，在资产负债表日应按摊余成本和实际利率计算，借记“在建工程”、“制造费用”、“财务费用”、“研发支出”等账户，按票面利率计算的应付未付利息，贷记“应付债券——应计利息”账户，按其差额，借记或贷记 “应付债券——利息调整”账户。

**例 9-20**　假设华为公司债券溢价发行，实际利率为 8%，入账时利息调整（债券溢价）为 7 985 元，期限为 5 年，面值为 100 000 元，票面利率 10%，计算结果如表 9-1 所示。

以表 9-1 中第二年的计算结果为例：

（1）=100 000×10%=10 000（元）

（2）=107 985–1 361=106 624（元）

（3）=106 624×8%=8 530（元）

（4）=10 000–8 530=1 470（元）

**表 9-1　债券溢价摊销表**

单位：元

| 会计期间 | 票面利息（应计利息） | 摊余成本（债券该期期初账面价值） | 当期利息费用 | 利息调整（溢价摊销） |
|---|---|---|---|---|
| | （1） | （2） | （3） | （4） |
| 第一年 | 10 000 | 107 985 | 8 639 | 1 361 |
| 第二年 | 10 000 | 106 624 | 8 530 | 1 470 |
| 第三年 | 10 000 | 105 154 | 8 412 | 1 588 |
| 第四年 | 10 000 | 103 566 | 8 285 | 1 715 |
| 第五年 | 10 000 | 101 851 | 8 149 | 1 851 |
| 合计 | 50 000 | 525 180 | 42 015 | 7 985 |

假设债券折价发行，实际利率为 12%，入账时利息调整（债券折价）为 7 209 元，期限为 5 年，面值为 100 000 元，票面利率为 10%，计算结果如表 9-2 所示。

表 9-2　债券折价摊销表

单位：元

| 会计期间 | 票面利息（应计利息） | 摊余成本（债券该期期初账面价值） | 当期利息费用 | 利息调整（折价摊销） |
|---|---|---|---|---|
| | （1） | （2） | （3） | （4） |
| 第一年 | 10 000 | 92 791 | 11 135 | 1 135 |
| 第二年 | 10 000 | 93 926 | 11 271 | 1 271 |
| 第三年 | 10 000 | 95 197 | 11 424 | 1 424 |
| 第四年 | 10 000 | 96 621 | 11 594 | 1 594 |
| 第五年 | 10 000 | 98 215 | 11 785 | 1 785 |
| 合计 | 50 000 | 476 750 | 57 209 | 7 209 |

以表 9-2 中第二年的计算结果为例：

（1）=100 000×10%=10 000（元）

（2）=92 791+1 135=93 926（元）

（3）=93 926×12%=11 271（元）

（4）=11 271−10 000=1 271（元）

根据上述计算结果，以第二年为例，应作会计分录如下：

（1）溢价发行时

借：财务费用　　8 530

　　应付债券——利息调整　　1 470

　贷：应付利息　　10 000

（2）平价发行时

借：财务费用　　10 000

　贷：应付利息　　10 000

（3）折价发行时

借：财务费用　　11 271

　贷：应付利息　　10 000

　　　应付债券——利息调整　　1 271

（4）每年支付利息时

借：应付利息　　10 000

　贷：银行存款　　10 000

### 4．债券到期偿还的账务处理

应付债券到期偿还时，无论债券是按面值、折价或溢价发行，到期偿还的都是债券面值，因为此时债券的溢价或折价均已摊销完毕，债券的账面价值应等于其面值。若债券为到期一次支付利息，还应支付全部利息。企业应按债券面值借记“应付债券——面值”账户，按支付的利息借记“应付债券——应计利息”账户，按实际支付的款项贷记“银行存款”账户。

例 9-21　承【例 9-20】，假定华为公司发行的债券为分期付息、到期还本债券。则债券到期应作会计分录如下。

| | | |
|---|---|---|
| 借：应付债券——债券面值 | 1 000 000 | |
| 　贷：银行存款 | | 1 000 000 |

## 四、长期应付款

长期应付款是指企业除长期借款和应付债券以外的其他各种长期应付款项，包括应付融资租入固定资产的租赁费、以分期付款方式购入固定资产等发生的应付款项等。

为核算长期应付款项，需设置“长期应付款”账户。“长期应付款”账户用来核算企业除长期借款和应付债券以外的其他各种长期应付款项。长期应付款的发生额记入贷方，按期支付的金额记入借方，期末余额在贷方，反映企业应付未付的长期应付款项。本账户可按长期应付款的种类和债权人进行明细核算。

长期应付款的主要账务处理如下。

### （一）融资租入固定资产

企业融资租入的固定资产，在租赁期开始日，按应计入固定资产成本的金额（租赁开始日租赁资产公允价值与最低租赁付款额现值两者中较低者，加上初始直接费用），借记“在建工程”或“固定资产”账户，按最低租赁付款额，贷记“长期应付款”账户，按发生的初始直接费用，贷记“银行存款”等账户，按其差额，借记“未确认融资费用”账户。按期支付租金时，借记“长期应付款”账户，贷记“银行存款”等账户。

### （二）延期付款购买资产

企业购入有关资产超过正常信用条件延期支付价款，实质上具有融资性质的，应按购买价款的现值，借记“固定资产”、“在建工程”、“无形资产”、“研发支出”等账户，按应支付的金额，贷记“长期应付款”账户，按其差额，借记“未确认融资费用”账户。按期支付价款时，借记“长期应付款”账户，贷记“银行存款”账户。

例 9-22　华为公司于某年 4 月购入一台机器设备，价税款合计 1 680 000 元，协议规定分 2 年支付款项：第一年年末为 880 000 元，第二年年末为 800 000 元。合同规定的折现率为 6%，各年现值如表 9-3 所示。

表 9-3　应付设备价款现值计算表

单位：元

| 年　度 | 应付价款 | 折现率 | 现值系数 | 现　值 |
|---|---|---|---|---|
| 第一年 | 880 000 | 6% | 0.943 | 829 840 |
| 第二年 | 800 000 | 6% | 0.89 | 712 000 |
| 合计 | 1 680 000 | | | 1 541 840 |

（1）第一年 4 月购入机器设备时，依据增值税发票等凭证，作会计分录如下：

借：固定资产　　1 541 840

　　未确认融资费用　　138 160

　贷：长期应付款　　1 680 000

（2）第一年 12 月支付价款时，依据银行支付凭证，作会计分录如下：

借：长期应付款　　880 000

　贷：银行存款　　880 000

借：财务费用　　50 160

　贷：未确认融资费用　　50 160

（3）第二年 12 月支付价款时，依据银行支付凭证，作会计分录如下：

借：长期应付款　　800 000

　贷：银行存款　　800 000

借：财务费用　　880 000

　贷：未确认融资费用　　880 000

## 本章小结

● 负债是指过去的交易或事项形成的现时义务。履行该义务预期会导致经济利益流出企业。负债按其流动性，可以分为流动负债和非流动负债两部分。划分流动负债和非流动负债的标准是偿付时间是否在 1 年（含 1 年）或超过 1 年的一个营业周期内。

● 流动负债包括短期借款、应付账款、应付票据、预收账款、其他应付款、应付职工薪酬、应交税金、预计负债等。

● 短期借款的利息，应按月计入财务费用，但若金额较小，期限较短，也可将所支付的利息全部计入支付月份的财务费用。

● 应付账款入账时间的确定，应以与所购买物资的所有权有关的风险和报酬已转移或劳务已接受为标志，并待发票账单到达时按发票账单上的金额入账。

● 应付票据分带息票据和不带息票据两种。“应付票据”账户用来核算企业开出、承兑的商业汇票，企业预收账款期末余额在借方，表示应收账款；余额在贷方，表示预收账款。

● 企业应当在职工为其提供服务的会计期间，将应付的职工薪酬确认为负债，月终，应当根据职工提供服务的受益对象进行分配，记入有关的成本费用等账户中。

● 企业按国家规定应交的增值税、消费税、营业税、企业所得税等，应通过“应交税费”账户核算。如果或有事项的结果很可能导致经济利益流出企业，同时满足负债确认的条件，企业需要将其确认为负债，记入“预计负债”账户，确认负债的金额时，应体现稳健性原则。

● 非流动负债包括长期借款、应付债券、长期应付款等。与流动负债相比，非流动负债具有债务金额大、偿还期限长、可以分期偿还等特点。长期借款的利息费用，应按照权责发生制原则的要求，按期预提计入所购建资产的成本或当期财务费用，并直接记入“应付利息”账户。应付债券是指发行期超过 1 年的债券，由于市场利率与票面利率不同，债券的发行有折价、溢价和面值发行三种方式，溢折价部分在债券的存续期内于计提利息时应予摊销，作为对利息费用的一种调整，并按借款费用处理的原则处理。长期应付款主要包括应付融资租入固定资产的租赁费等。

## 引导案例分析

1. 恒大公司应作如下账务处理：

（1）2011 年 7 月 1 日，发行债券取得发行收入时

借：银行存款　　30 000 000

　贷：应付债券——面值　　30 000 000

2011 年 7 月 1 日以后，建造厂房时

借：在建工程　　30 000 000

　贷：银行存款　　30 000 000

（2）2011 年 12 月 31 日，债券计息时

借：在建工程　　1 500 000

　贷：应付债券——应计利息　　1 500 000

（3）2012 年 12 月 31 日，债券计息时

借：在建工程　　3 000 000

　贷：应付债券——应计利息　　3 000 000

2012 年 12 月 31 日，结转完工的厂房建造成本时

借：固定资产　　34 500 000

　贷：在建工程　　34 500 000

（4）2013 年 12 月 31 日，债券计息时

借：财务费用　　3 000 000

　贷：应付债券——应计利息　　3 000 000

2．在厂房建造期间借款费用应予资本化。由于发行债券所筹资金用于建造厂房，根据《企业会计准则第17号——借款费用》规定，厂房是符合资本化的资产，所以厂房交付使用前，债券的利息费用应计入固定资产的成本。借款费用是否资本化的结果不仅影响固定资产的成本，而且会在固定资产投入使用后影响固定资产折旧的计算，同时会影响厂房建造期间的财务费用。

## 复习思考题

1. 什么是负债？负债的特征有哪些？
2. 流动负债的特点及其分类。
3. 职工薪酬包括哪些内容？
4. 简要阐述委托加工应税消费品的账务处理。
5. 什么是非流动负债？非流动负债有哪些形式？
6. 什么是长期借款？长期借款核算时应注意哪些问题？
7. 简要阐述债券溢折价摊销的方法。

## 练习题

根据下列经济业务作相关会计分录及有关计算。

1. 2014年1月1日，企业为解决生产资金不足，向银行借入为期3个月的短期借款50 000元，年利率为8%。

2. 某企业本月份发生的与增值税有关的业务如下。

（1）采购一批原材料，支付价款30 000元，增值税税率为17%，货款已用银行存款支付，但材料尚未到达（假设无其他税费）。

（2）销售产品一批，价款50 000元，应交的增值税为8 500元，发票已经开出，货物已发出，货款尚未收到，但收入确认的条件已具备。

（3）以生产的一批商品对外投资，其实际成本20 000元，计税价格是25 000元（不考虑其他税费）。

（4）月末盘点发现毁损一批原材料，其实际采购成本为4 000元，报经批准后已处理完毕。

（要求：分别指出上述每笔业务对企业应交增值税有什么影响及影响的金额。）

3. 某企业发生以下经济业务。

（1）向银行借入短期借款300 000元，用于商品周转。

（2）2013年10月1日，向B公司购入商品200 000元，增值税税额34 000元，出具一张期限为6个月、年利率为8%、面值为234 000元的带息票据。

（3）2013 年 12 月 31 日，将 B 公司应付票据 3 个月的应付利息入账。

（4）2014 年 4 月 1 日，B 公司应付票据到期支付款项共计 243 360 元。

（5）收到 A 单位预订商品的预付款 100 000 元。

（6）将 A 单位预订的商品发出，货款 120 000 元，增值税税额 20 400 元，共计 140 400 元。

（7）收到 A 单位补付的货款 40 400 元。

4. 2014 年 7 月 5 日，甲公司购入乙公司材料一批，总价为 10 000 元，付款条件为 2/10，1/20，*n*/30。乙公司分别于 7 月 10 日和 8 月 7 日支付款项。甲公司和乙公司均为一般纳税人，增值税税率为 17%，假设计算现金折扣时不考虑增值税进项税额。（要求采用总价法对购货编制相应的会计分录。）

5. A 公司于 2014 年 3 月 1 日出具一张面值为 40 000 元的半年期不带息票据向某银行取得年利率为 8%的贴现借款，存入银行，到期如数偿还。

6. A 公司本月职工薪酬总额为 1 220 000 元，其中：生产工人工资 680 000 元，车间管理人员工资 180 000 元，厂部管理人员工资 140 000 元，研发人员工资 70 000 元，销售人员工资 150 000 元。

# 第十章

# 所有者权益

**学习目标**

通过本章的学习，要求理解所有者权益的性质及分类，掌握实收资本的概念及其增减变动的账务处理，理解资本公积的概念、构成，掌握资本（股本）溢价的账务处理，掌握盈余公积及未分配利润的账务处理。

**引导案例**

张伟准备对外投资，找到一家已成立3年的远达公司，该公司产销环保新材料，目前已打开市场，初具效益，前景看好，该公司正准备融资。张伟向远达公司投入货币资金300万元，但却按260万元作为其出资份额。

问题讨论：张伟这样做可以吗？其理由是什么？其余40万元如何处理？归谁所有？

## 第一节　所有者权益的性质和分类

### 一、所有者权益的性质

所有者权益是指企业资产扣除负债后由所有者享有的剩余权益，是企业全部资产减去负债后的余额，包括所有者投入的资本、直接计入所有者权益的利得和损失、留存收益等。公司的所有者权益又称为股东权益。所有者权益是所有者对企业资产的剩余索取权，它是企业资产中扣除债权人权益后应由所有者享有的部分，既可反映所有者投入资本的保值增值情况，又体现了保护债权人权益的理念。

企业的全部资产来源于两条渠道其一是负债，即债权人权益；其二是投资者投资及其增值，即所有者权益。

负债和所有者权益分别是债权人和投资者对企业的资产所拥有的要求权，在资产负债表上都反映在右方，负债和所有者权益的合计总额等于资产总额。但负债和所有者权益之间又存在着明显的区别，见表 10-1。

表 10-1　负债和所有者权益的区别

| | |
|---|---|
| 对象不同 | 负债是企业对债权人承担的偿付责任；<br>所有者权益是企业对投资者承担的经济责任 |
| 性质不同 | 负债是在经营或其他事项中发生的债务，是债权人要求企业清偿的权利；<br>所有者权益是投资者享有的对投入资本及其运用所产生盈余（或亏损）的权利 |
| 偿还期限不同 | 负债必须于一定时期（特定日期或确定的日期）偿还；<br>所有者权益一般只有在企业解散清算时（除按法律程序减资等外），或在破产清算时才可能还给投资者 |
| 享受的权利不同 | 只享有到期收回债权本金及利息的权利；<br>投资者通过股东大会或董事会，对企业的生产经营及赢利分配等政策施加影响 |

## 二、所有者权益的分类

所有者权益的分类如图 10-1 所示。

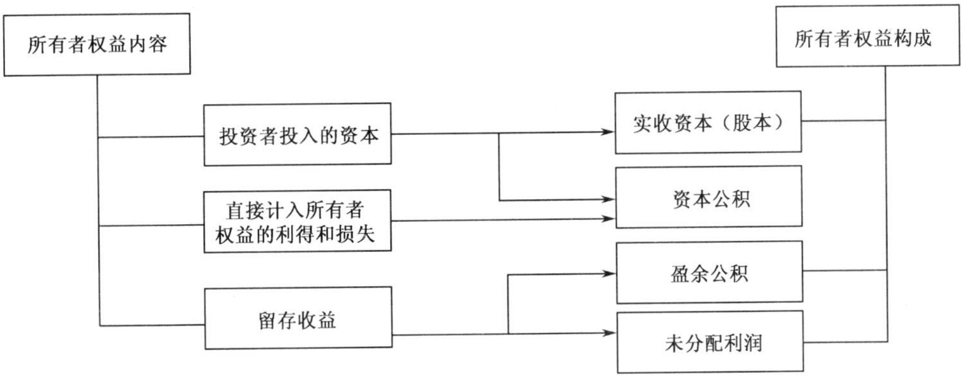


图 10-1　所有者权益分类

直接计入所有者权益的利得和损失，是指不应计入当期损益的、会导致所有者权益发生增减变动的、与所有者投入资本或向所有者分配利润无关的利得和损失。其中，利得是指由企业非日常活动所形成的、会导致所有者权益增加的、与所有者投入资本无关的经济利益的流入；损失是指由企业非日常活动所发生的、会导致所有者权益减少的、与向所有者分配利润无关的经济利益的流出。直接计入所有者权益的利得和损失主要包括可供出售金融资产的公允价值变动额、现金流量套期中套期工具公允价值变动额（有效套期部分）等。

## 三、所有者权益的确认条件

所有者权益体现的是所有者在企业中的剩余权益，因此，所有者权益的确认主要依赖于其他会计要素，尤其是资产和负债的确认；所有者权益金额的确定也主要取决于资产和负债的计量。例如，企业接受投资者投入的资产，在该资产符合企业资产确认条件时，就相应地符合了所有者权益的确认条件；当该资产的价值能够可靠计量时，所有者权益的金额也就可以确定。

# 第二节 实收资本

## 一、实收资本（或股本）概述

按照我国有关法律规定，投资者设立企业必须投入资本。实收资本是投资者投入资本形成法定资本的价值，所有者向企业投入的资本在一般情况下无需偿还，可以长期周转使用。实收资本的构成比例，即投资者的出资比例或股东的股份比例通常是确定所有者在企业所有者权益中所占的份额和参与企业财务经营决策的基础，也是企业进行利润分配或股利分配的依据，同时还是企业清算时确定所有者对净资产的要求权的依据。

按照《中华人民共和国公司法》的规定，有限责任公司的股东可以用货币出资，也可以用实物、知识产权、土地使用权等可以用货币估价并可以依法转让的非货币财产作价出资，但是，法律、行政法规规定不得作为出资的财产除外。对作为出资的非货币财产应当评估作价，核实财产，不得高估或低估作价。法律、行政法规对评估作价有规定的，从其规定。全体股东的货币出资金额不得低于有限责任公司注册资本的 30%。

## 二、实收资本的核算

《中华人民共和国公司登记管理条例》规定，公司增加注册资本的，有限责任公司股东认缴新增资本的出资和股份有限公司的股东认购新股，应当分别依照《公司法》设立有限责任公司交纳出资和设立股份有限公司交纳股款的有关规定执行。公司法定公积金转增为注册资本的，验资证明应当载明留存的该项公积金不少于转增前公司注册资本的 25%。公司减少注册资本的，应当自公告之日起 45 日后申请变更登记，并应当提交公司在报纸上登载公司减少注册资本公告的有关证明和公司债务清偿或债务担保情况的说明。公司减资后的注册资本不得低于法定的最低限额。公司变更实收资本的，应当提交依法设立的验资机构出具的验资证明，并应当按照公司章程载明的出资时间、出资方式交纳出资。公司应当自足额交纳出资或股款之日起 30 日内申请变更登记。

## （一）设置账户

企业应设置**“实收资本”**账户。
账户性质：所有者权益类。
账户用途：核算企业接受投资者投入的实收资本。
账户结构：如图 10-2 所示。
明细账：按投资者设置明细账，进行明细分类核算。

实收资本

| （借方） | （贷方） |
|---|---|
| 按规定程序减少注册资本的数额 | 投资者投入企业的各种资产的价值 |
| | 期末余额：投资者实际投入的资金 |

图 10-2　实收资本账户结构

## （二）实收资本增加的账务处理

企业资本增加的途径及其账务处理方法如图 10-3 所示。

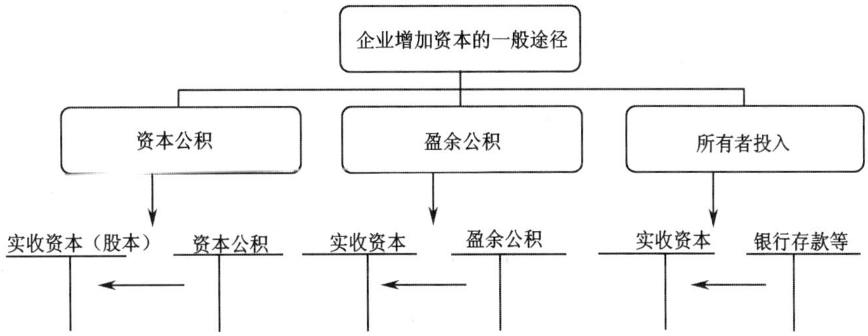


图 10-3　企业资本增加的途径及其账务处理

**例 10-1**　A、B、C 共同出资设立祥丰有限责任公司，公司注册资本为 20 000 000 元，A、B、C 持股比例分别为 20%、30%、50%。2013 年 1 月 5 日，祥丰公司如期收到各投资者一次性交足的款项。祥丰公司应作会计分录如下：

| | | |
|---|---|---|
| 借：银行存款 | 20 000 000 | |
| 　贷：实收资本——A | | 4 000 000 |
| 　　　　　　——B | | 6 000 000 |
| 　　　　　　——C | | 10 000 000 |

**例 10-2** 祥和股份有限公司发行普通股 30 000 000 股，每股面值 1 元，发行价格为 5 元。股款 150 000 000 元已经全部收到，发行过程中发生相关税费 450 000 元。祥和股份有限公司应作会计分录如下：

计入资本公积的金额 =（5–1）×30 000 000-450 000=119 550 000（元）

| | | |
|---|---|---|
| 借：银行存款 | 149 550 000 | |
| 贷：股本 | | 30 000 000 |
| 资本公积——股本溢价 | | 119 550 000 |

**例 10-3** 承【例 10-1】，为了扩大经营规模，经批准，祥丰公司按照原出资比例将资本公积 10 000 000 元转增资本。祥丰公司应作会计分录如下：

| | | |
|---|---|---|
| 借：资本公积 | 10 000 000 | |
| 贷：实收资本——A | | 2 000 000 |
| ——B | | 3 000 000 |
| ——C | | 5 000 000 |

股份有限公司采用发放股票股利实现增资的，在发放股票股利时，按照股东原来持有的股数分配。股东大会批准的利润分配方案中分配的股票股利，应在办理增资手续后，借记“利润分配”账户，贷记“股本”账户。

### （三）实收资本减少的账务处理

企业实收资本减少的原因主要有两种：因资本过剩而减资；因企业发生重大亏损而需要减少实收资本。

有限责任公司和一般企业发还投资的会计处理比较简单，按法定程序报经批准减少注册资本的，借记“实收资本”账户，贷记“库存现金”、“银行存款”等账户。

# 第三节　资 本 公 积

## 一、资本公积概述

资本公积是企业收到投资者的超出其在企业注册资本（或股本）中所占份额的投资，以及直接计入所有者权益的利得和损失等。

资本公积由两部分构成：资本溢价（或股本溢价）；直接计入所有者权益的利得和损失。资本溢价（或股本溢价）是企业收到投资者的超出其在企业注册资本（或股本）中所占份额的投资。形成资本溢价（或股本溢价）的原因有溢价发行股票、投资者超额缴入资本等。直接计入所有者权益的利得和损失是指不应计入当期损益、会导致所有者权益发生增减变动的、与所有者投入资本或向所有者分配利润无关的利得和损失。

## 二、资本公积的核算

### （一）设置账户

企业应设置**“资本公积”**账户。

账户性质：所有者权益类。

账户用途：核算企业的资本公积增减变化及其结存情况。

账户结构：如图 10-4 所示。

明细账：资本公积一般应当设置“资本（或股本）溢价”、“其他资本公积”明细账户核算。

**资本公积**

| （借方） | （贷方） |
|---|---|
| 转增资本等减少的资本公积 | 资本溢价等各种原因形成的资本公积 |
| | 期末余额：企业资本公积的实有数额 |

图 10-4　资本公积账户结构

### （二）资本溢价或股本溢价的账务处理

#### 1. 资本溢价

在企业初始设立时，一般按各自的出资比例分别计入实收资本，但在企业重组并有新的投资者加入时，为了维护原有投资者的权益，新加入的投资者的出资额并不一定全部作为实收资本处理，其中超出确认为资本份额的出资额就是资本溢价。资本溢价既是作为对最初投资者投入努力和风险的补偿也是新投资者享有已形成的留存收益和资本公积的必要代价。

投资者投入的资本中按其投资比例计算的出资额部分，应记入“实收资本”账户，大于出资额的部分应记入“资本公积”账户。

例 10-4　某有限责任公司由甲、乙、丙三位股东各自出资 100 万元设立。设立时的实收资本为 300 万元。经过三年的经营，该公司留存收益为 150 万元。这时又有丁投资者有意参加该公司，并表示愿意出资 180 万元，而仅占该公司股份的 25%。该公司应作会计分录如下：

| | | |
|---|---|---|
| 借：银行存款 | 1 800 000 | |
| 　贷：实收资本——丁 | | 1 000 000 |
| 　　　资本公积 | | 800 000 |

2．股本溢价

股份有限公司发行股票取得的收入，相当于股票面值的部分记入“股本”账户，超出股票面值的溢价收入即股本溢价记入“资本公积”账户。委托证券商代理发行股票而支付的手续费、佣金等，应从溢价发行收入中扣除，企业应按扣除手续费、佣金后的数额记入“资本公积”账户。见【例 10-2】。

### （三）其他资本公积的账务处理

其他资本公积，是指除资本溢价（或股本溢价）项目以外所形成的资本公积，其中主要包括直接计入所有者权益的利得和损失。包括如长期股权投资采用权益法核算时，被投资单位除净损益以外所有者权益的其他变动，企业按持股比例计算应享有的份额而增加或减少的资本公积，以及可供出售金融资产公允价值变动等形成的资本公积。

### （四）资本公积转增资本的账务处理

按照《公司法》的规定，法定公积金（资本公积和盈余公积）转为资本时，所留存的该项公积金不得少于转增前公司注册资本的 25%。经股东大会或类似机构决议，用资本公积转增资本时，应冲减资本公积，同时按照转增前的实收资本（或股本）的结构或比例，将转增的金额记入“实收资本”（或“股本”）账户下各所有者的明细分类账。见【例 10-3】。

# 第四节　留存收益

## 一、盈余公积

### （一）盈余公积概述

盈余公积是指企业按照规定从净利润中提取的各种积累资金。公司制企业的盈余公积分为法定盈余公积和任意盈余公积，两者的区别在于计提的依据不同。前者以国家的法律或行政规章为依据提取；后者则由企业自行决定提取。盈余公积的用途主要是弥补亏损、转增资本和扩大企业生产经营。

盈余公积的用途并不是指其实际占用形态，提取盈余公积也并不是单独将这部分资金从企业资金周转过程中抽出。企业盈余公积的结存数，实际上只表现为企业所有者权益的组成部分，表明企业生产经营资金的一个来源而已。其形成的资金可能表现为一定的货币资金，也可能表现为一定的实物资产，如存货和固定资产等，随同企业的其他来源所形成的资金进行循环周转，用于企业的生产经营。

根据《公司法》等有关法规的规定，企业当年实现的净利润的分配顺序是：

① 提取法定公积金；② 提取任意公积金；③ 向投资者分配利润或股利。

公司制企业的法定公积金按照税后利润的10%的比例提取；非公司制企业也可按照超过10%的比例提取。在计算提取法定盈余公积的基数时，不应包括企业年初未分配利润。公司法定公积金累计额为公司注册资本的50%以上时，可以不再提取法定公积金。

公司从税后利润中提取法定公积金后，经股东会或股东大会决议，还可以从税后利润中提取任意公积金；非公司制企业经类似权力机构批准，也可提取任意盈余公积。

公司弥补亏损和提取公积金后所余税后利润，有限责任公司股东按照实缴的出资比例分取红利，但是，全体股东约定不按照出资比例分取红利的除外；股份有限公司按照股东持有的股份比例分配，但股份有限公司章程规定不按持股比例分配的除外。

### （二）盈余公积的核算

为了反映盈余公积的形成及使用情况，企业应设置“盈余公积”账户。企业应当分别按“法定盈余公积”、“任意盈余公积”进行明细核算。外商投资企业还应分别按“储备基金”、“企业发展基金”进行明细核算。

企业提取盈余公积时，借记“利润分配——提取法定盈余公积”、“利润分配——提取任意盈余公积”账户，贷记“盈余公积——法定盈余公积”、“盈余公积——任意盈余公积”账户。

外商投资企业按规定提取的储备基金、企业发展基金、职工奖励及福利基金，借记“利润分配——提取储备基金”、“利润分配——提取企业发展基金”、“利润分配——提取职工奖励及福利基金”账户，贷记“盈余公积——储备基金”、“盈余公积——企业发展基金”、“应付职工薪酬”账户。

企业用盈余公积弥补亏损或转增资本时，借记“盈余公积”账户，贷记“利润分配——盈余公积补亏”、“实收资本”或“股本”账户。经股东大会决议，用盈余公积派送新股，按派送新股计算的金额，借记“盈余公积”账户，按股票面值和派送新股总数计算的股票面值总额，贷记“股本”账户。

## 二、未分配利润

未分配利润是企业留待以后年度进行分配的结存利润，也是企业所有者权益的组成部分。相对于所有者权益的其他部分，企业对于未分配利润的使用分配有较大的自主权。从数量上来讲，未分配利润是期初未分配利润，加上本期实现的净利润，减去提取的各种盈余公积和分出利润后的余额。

在账务处理上，未分配利润是通过“利润分配”账户进行核算的，“利润分配”账户应当分别“提取法定盈余公积”、“提取任意盈余公积”、“应付现金股利或利润”、“转作股本的股利”、“盈余公积补亏”和“未分配利润”等进行明细核算。

### （一）分配股利或利润的账务处理

经股东大会或类似机构决议，分配给股东或投资者的现金股利或利润，借记“利润分配——应付现金股利或利润”账户，贷记“应付股利”账户。经股东大会或类似机构决议分配给股东的股票股利，应在办理增资手续后，借记“利润分配——转作股本的股利”账户，贷记“股本”账户。

### （二）期末结转的账务处理

企业期末结转利润时，应将各损益类科目的余额转入“本年利润”科目，结平各损益类科目。结转后“本年利润”的贷方余额为当期实现的净利润，借方余额为当期发生的净亏损。年度终了，应将本年收入和支出相抵后结出的本年实现的净利润或净亏损，转入“利润分配——未分配利润”账户。同时，将“利润分配”账户所属的其他明细科目的余额，转入“未分配利润”明细账户。结转后，“未分配利润”明细账户的贷方余额，就是未分配利润的金额；如出现借方余额，则表示未弥补亏损的金额。“利润分配”账户所属的其他明细科目应无余额。

### （三）弥补亏损的账务处理

企业在生产经营过程中既有可能发生赢利，也有可能出现亏损。企业在当年发生亏损的情况下，与实现利润的账务处理相同，应当将本年发生的亏损自“本年利润”账户转入“利润分配——未分配利润”账户，借记“利润分配——未分配利润”账户，贷记“本年利润”账户，结转后“利润分配”账户的借方余额，即为未弥补亏损的数额。然后通过“利润分配”账户核算有关亏损的弥补情况。

由于未弥补亏损形成的时间长短不同等原因，以前年度未弥补亏损有的可以以当年实现的税前利润弥补，有的则须用税后利润弥补。以当年实现的利润弥补以前年度结转的未弥补亏损，不需要进行专门的账务处理。企业应将当年实现的利润自“本年利润”账户转入“利润分配——未分配利润”账户的贷方，其贷方发生额与“利润分配——未分配利润”的借方余额自然抵补。无论是以税前利润还是以税后利润弥补亏损，其账务处理方法均相同，但是，两者在计算交纳所得税时的处理是不同的。在以税前利润弥补亏损的情况下，其弥补的数额可以抵减当期企业应纳税所得额，而以税后利润弥补的数额，则不能作为纳税所得扣除处理。

**例 10-5** A 股份有限公司的股本为 100 000 000 元，每股面值 1 元。2012 年年初未分配利润为贷方 80 000 000 元，2012 年实现净利润 50 000 000 元。

假定公司经批准的 2012 年度利润分配方案为：按照 2012 年实现净利润的 10%提取法定盈余公积，5%提取任意盈余公积，同时向股东按每股 0.2 元派发现金股利，按每 10 股送3股的比例派发股票股利。2013年3月15日，公司以银行存款支付了全部现金股利，新增股本也已经办理完股权登记和相关增资手续。A公司的账务处理如下。

（1）2012年度终了时，企业结转本年实现的净利润时，应作会计分录如下：

借：本年利润　　50 000 000

　贷：利润分配——未分配利润　　50 000 000

（2）提取法定盈余公积和任意盈余公积时，应作会计分录如下：

借：利润分配——提取法定盈余公积　　5 000 000

　　　　　　——提取任意盈余公积　　2 500 000

　贷：盈余公积——法定盈余公积　　5 000 000

　　　　　　　——任意盈余公积　　2 500 000

（3）结转“利润分配”的明细账户时，应作会计分录如下：

借：利润分配——未分配利润　　7 500 000

　贷：利润分配——提取法定盈余公积　　5 000 000

　　　　　　　——提取任意盈余公积　　2 500 000

另外，A公司2012年年底“利润分配——未分配利润”账户的余额为：

$$80\ 000\ 000+50\ 000\ 000-7\ 500\ 000=122\ 500\ 000（元）$$

即贷方余额122 500 000元，反映企业的累计未分配利润为122 500 000元。

（4）批准发放现金股利时，应作会计分录如下：

$$100\ 000\ 000\times0.2 = 20\ 000\ 000（元）$$

借：利润分配——应付现金股利　　20 000 000

　贷：应付股利　　20 000 000

2013年3月15日，实际发放现金股利时，应作会计分录如下：

借：应付股利　　20 000 000

　贷：银行存款　　20 000 000

（5）2013年3月15日，发放股票股利时，应作会计分录如下：

$$100\ 000\ 000\ \times1\times30\%=30\ 000\ 000（元）$$

借：利润分配——转作股本的股利　　30 000 000

　贷：股本　　30 000 000

## 本章小结

● 所有者权益是指企业资产扣除负债后由所有者享有的剩余权益，是企业全部资产减去负债后的余额，包括所有者投入的资本、直接计入所有者权益的利得和损失、留存收益等。

● 所有者投入的资本是指所有者所有投入企业的资本部分，它既包括构成企业注册资本或股本部分的金额，也包括投入资本超过注册资本或股本部分的金额，即资本溢价或股本溢价，这部分投入资本在我国企业会计准则体系中被计入了资本公积，并在资产负债表中的资本公积项目下反映。

● 直接计入所有者权益的利得和损失，是指不应计入当期损益、会导致所有者权益发生增减变动的、与所有者投入资本或向所有者分配利润无关的利得或损失。

● 留存收益是企业历年实现的净利润留存于企业的部分，主要包括累计计提的盈余公积和未分配利润。

## 引导案例分析

张伟作为投资者投入300万元，却按260万元作为其出资额，这样做是可以的。原因是企业经过3年经营，形成一定留存收益和资本公积，这样做是新投资者享有已形成的留存收益和资本公积所应付出的必要代价；另外，企业在筹建期间，原投资者要付出一定的努力，还要冒筹建失败的风险，因此这样做也是作为对最初投资者投入的努力的回报和对风险的补偿。其余的40万元没有作为投资者的出资额，而是作为资本公积，由全体所有者共享。

## 复习思考题

1. 什么是所有者权益，其与负债的区别是什么？
2. 企业实收资本增加的途径一般有哪些，如何进行账务处理？
3. 企业实收资本减少的原因有哪些，股份有限公司回购股票如何进行账务处理？
4. 什么是资本（股本）溢价，如何进行账务处理？
5. 留存收益包括哪些内容，应如何进行账务处理？

## 练习题

### 习题一

根据下列资料作相关会计分录。

1. A、B、C共同出资设立大众有限责任公司，公司注册资本为30 000 000元，A、B、C持股比例分别为30%、30%、40%。2013年3月8日，大众公司如期收到各投资者一次性交足的款项。

2. 祥和股份有限公司发行普通股50 000 000股，每股面值1元，发行价格为4元。股款200 000 000元已经全部收到，发行过程中发生相关税费500 000元。

3. 华东公司收到甲公司投入的专利技术一项，协商价格300万元，折算普通股260万股，每股面值1元。

4.华东公司经批准将资本公积500万元转增资本。

### 习题二

已知达通股份有限公司的股本为200 000 000元，每股面值1元。2013年年初未分配利润为贷方100 000 000元，2013年实现净利润30 000 000元。

假定公司经批准的2013年度利润分配方案为：按照2013年实现净利润的10%提取法定盈余公积，5%提取任意盈余公积，同时向股东按每股0.1元派发现金股利，按每10股送3股的比例派发股票股利。2014年3月18日，公司以银行存款支付了全部现金股利，新增股本也已经办理完股权登记和相关增资手续。

要求：

1. 编制公司结转本年利润至利润分配的会计分录。
2. 编制提取盈余公积的会计分录。
3. 编制年末结转“利润分配”明细的会计分录。
4. 编制分配现金股利和支付现金股利的会计分录。
5. 编制发放股本股利的会计分录。

# 第十一章

# 成本、费用

**学习目标**

通过本章的学习，要求理解和掌握费用的概念及分类，了解生产成本的核算，掌握期间费用的构成及其核算。

**引导案例**

李阳是个非常刻苦的学生，这学期学习了会计学。学完成本费用内容后，他知道了费用有一部分计入成本，有一部分不计入成本；费用有广义、狭义之分等。同桌郝雪在做完习题后，请李阳检查，李阳发现其中有一个会计分录，郝雪作错了，就是企业用银行存款支付车间办公费 1 000 元这笔业务，郝雪作的分录是：

借：管理费用　　1 000
　贷：银行存款　　1 000

李阳告诉郝雪这笔业务的正确分录应该是：

借：制造费用　　1 000
　贷：银行存款　　1 000

也就是车间办公费应该计入成本，而不应该作为期间费用处理。

**问题讨论**：为什么有的费用计入成本，有的费用不计入成本？区分的标准是什么？这样区分核算有什么意义？

# 第一节　费用的确认及分类

## 一、费用的确认

费用是指企业在日常活动中发生的、会导致所有者权益减少的、与向所有者分配利润无关的经济利益的总流出。

费用有广义和狭义之分。广义的费用泛指企业各种日常活动发生的所有耗费；狭义的费用仅指与本期营业收入相配比的那部分耗费。费用应按照权责发生制和配比原则确认，凡应属于本期发生的费用，不论其款项是否支付，均确认为本期费用；反之，不属于本期发生的费用，即使其款项已在本期支付，也不确认为本期费用。

在确认费用时，首先应当分清生产费用与非生产费用。生产费用是指与企业日常生产经营活动有关的费用，如生产产品所发生的原材料费用、人工费用等；非生产费用是指不应由生产费用负担的费用，如用于购建固定资产所发生的费用等。其次，应当分清生产费用与产品成本。生产费用与一定的时期相联系，而与生产的产品无关；产品成本与一定品种和数量的产品相联系，而不论发生在哪一期。最后，应当分清生产费用与期间费用。生产费用应当计入产品成本，而期间费用直接计入当期损益。

在确认费用时，对于确认为期间费用的，必须进一步划分为管理费用、销售费用和财务费用。对于确认为生产费用的，必须根据该费用发生的实际情况分别不同的费用性质将其确认为不同产品生产所负担的费用；对于几种产品共同发生的费用，必须按受益原则，采用一定方法和程序将其分别计入相关产品的生产成本。

## 二、费用的分类

对费用进行分类，可以帮助我们更好地核算与监督费用的发生与转销。费用一般可按经济内容和经济用途两种标准划分。

### （一）按经济内容分类

费用按其经济内容的不同分类，可分为如图 11-1 所示的几种类型。

其中，其他费用是指除各项要素费用之外的费用，如直接作为期间费用支付的税金、保险费、办公费、租赁费、差旅费等。

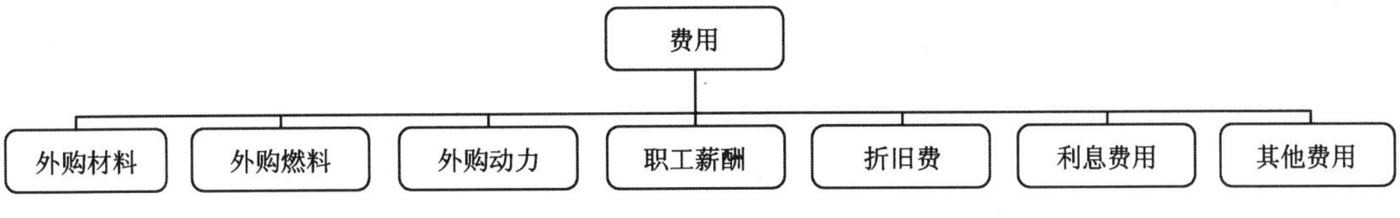


图 11-1　费用按经济内容分类

## （二）按经济用途分类

费用按其经济用途的不同分类，可分为成本费用和期间费用两大类，如图 11-2 所示。

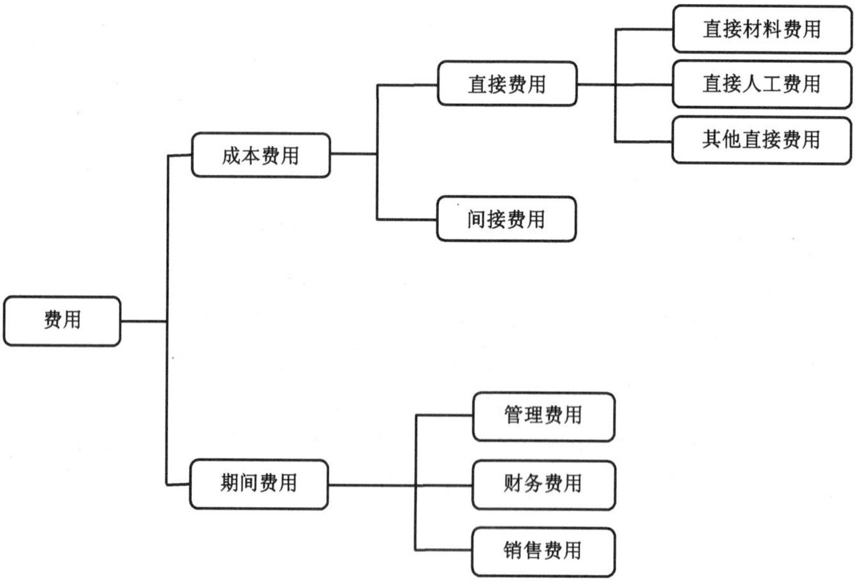


图 11-2　费用按经济用途分类

### 1. 成本费用

成本费用是指构成产品实体、计入产品成本的费用，又称生产成本，是产品生产企业（制造业）中发生的主要费用，按照其计入产品成本的方式又可分为直接费用和间接费用。

（1）直接材料费用，是指在生产产品和提供劳务过程中所消耗的，直接用于产品生产，构成产品实体的原材料、主要材料、外购半成品及有助于产品形成的辅助材料和其他材料。

（2）直接人工费用，是指在生产产品和提供劳务过程中，直接参加产品生产的工人工资、福利，以及企业为工人交纳的养老保险费等。

直接费用应按成本计算对象进行归集，直接计入产品的生产成本。

（3）间接费用，是指与生产产品相关，但不能直接计入产品成本，而应分配计入产品生产成本的各项费用。主要是指各生产单位（如产品制造车间）为组织和管理生产而发生的各项间接费用，包括管理人员工资及福利费、折旧费、修理费、办公费、水电费、机物料消耗、劳动保护费，以及其他制造费用。

间接费用应当按照一定程序和方法进行分配，计入相关产品的生产成本总额。

### 2. 期间费用

期间费用是与成本相对称的费用，是指为组织和管理生产经营活动而发生的期间性费用。期间费用不计入对象的（产品、商品）成本，而应计入当期损益。

# 第二节　生 产 成 本

## 一、生产成本的概念

生产成本，是指一定期间生产产品所发生的直接费用和间接费用的总和。生产成本与费用是既有联系又有区别的概念。成本是对象化的费用，生产成本是相对于一定的产品而言所发生的费用，它是按照产品品种等成本计算对象对当期发生的费用进行归集所形成的。在费用的经济用途分类中，企业一定期间发生的直接费用和间接费用总和构成一定期间的产品的生产成本。费用的发生过程同时也是产品成本的形成过程。企业产品成本项目的内容如图 11-3 所示。

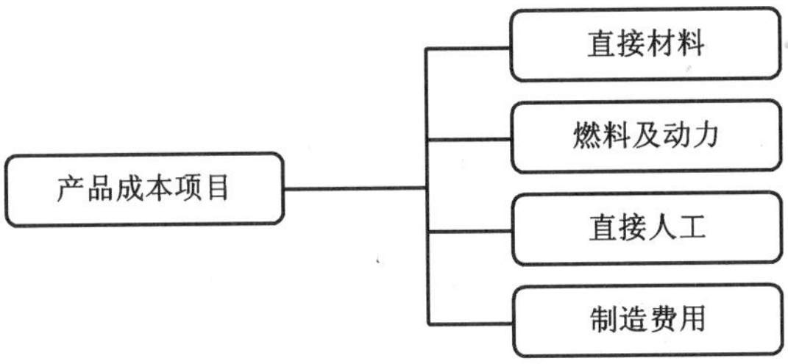


图 11-3　产品成本项目

## 二、生产成本核算的账户设置

企业为了核算各种产品所发生的各项生产费用，应设置**“生产成本”**账户和**“制造费用”**账户进行核算。

### （一）“生产成本”账户

账户性质：成本类。

账户用途：用来核算企业进行工业性生产所发生的各项生产费用，包括生产各种产成品、自制半成品、提供劳务、自制材料、自制工具，以及自制设备等所发生的各项费用。

账户结构：如图 11-4 所示。

明细账：“生产成本”账户应按不同的成本计算对象（包括产品的品种、产品的批次和产品生产的步骤等）设置明细分类账户，并按直接材料、直接人工和制造费用等成本项目设置专栏，进行明细核算，以便于分别归集各成本计算对象所发生的各项生产费用和计算各成本计算对象的总成本、单位成本和期末在产品成本。企业可以根据本身生产特点和管理要求，将“生产成本”账户分为“基本生产成本”和“辅助生产成本”两个明细账户。“基本生产成本”明细账户核算企业为完成主要生产目的而进行的产品生产所发生的费用，计算基本生产的产品成本。“辅助生产成本”明细账户核算企业为基本生产服务而进行的产品生产和劳务供应所发生的费用，计算辅助生产成本和劳务成本。

生产成本

| （借方） | （贷方） |
|---|---|
| 本期发生的生产费用：<br>直接材料<br>直接人工<br>制造费用 | 期末结转生产完工入库产品及<br>自制材料等的实际成本 |
| 期末余额：在产品实际成本 | |

图 11-4　生产成本账户结构

### （二）“制造费用”账户

账户性质：成本类。

账户用途：用来核算企业为生产产品或提供劳务而发生的各项间接费用，包括生产车间管理人员的职工薪酬、折旧费、修理费、办公费、水电费、机物料消耗、劳动保护费、租赁费、保险费、季节性或修理期间的停工损失等。

账户结构：如图 11-5 所示，期末结转后本账户一般无余额。

明细账：通常按不同的车间、部门设置明细账，并按费用的经济用途和费用的经济性质设置专栏。

制造费用

| （借方） | （贷方） |
|---|---|
| 本期发生的制造费用 | 期末结转分配的制造费用 |

图 11-5　制造费用账户结构

## 三、生产成本的归集和分配

### （一）材料费用的归集和分配

产品生产中消耗的各种材料物资的货币表现就是材料费。在一般情况下，它包括产品生产中消耗的原料、主要材料、辅助材料和外购半成品等。材料费用的归集和分配，是由财会部门在月份终了时，将当月发生应计入成本的全部领料单、限额领料单、退料单等各种原始凭证，按产品和用途进行归集，编制“发出材料汇总表”，对于直接用于制造产品的材料费用，能够直接计入的，直接计入该产品成本计算单中“直接材料”项下。只有在几种产品合用一种材料时，才采用适当方法，分配计入该产品成本计算单“直接材料”项下。在实际工作中，常用的分配方法是按各种产品的材料定额耗用量的比例，或按各种产品的重量比例分配。通过归集和分配之后，根据分配的结果，编制出“发出材料汇总表”，据此登记有关明细账和产品成本计算单。“发出材料汇总表”的格式见表 11-1。

**例 11-1**　某企业 2013 年 12 月发生材料费用如表 11-1 所示。

**表 11-1　发出材料汇总表**

2013 年 12 月　　　　单位：元

| 会计科目 | 领用单位及用途 | 原材料 | 低值易耗品 | 合计 |
|---|---|---|---|---|
| 生产成本 | 一车间：甲产品 | 20 000 | | 20 000 |
| | 乙产品 | 15 000 | | 15 000 |
| | 二车间：甲产品 | 10 000 | | 10 000 |
| | 乙产品 | 12 000 | | 12 000 |
| | 小计 | 57 000 | | 57 000 |
| 制造费用 | 一车间 | 1 000 | 7 500 | 8 500 |
| | 二车间 | 1 500 | 3 000 | 4 500 |
| | 小计 | 2 500 | 10 500 | 13 000 |
| 生产成本 | 机修 | 2 500 | 300 | 2 800 |
| 管理费用 | 厂部 | 200 | 450 | 650 |
| 合计 | | 62 200 | 11 250 | 73 450 |

根据表 11-1 的有关数字作会计分录如下：

借：生产成本——基本生产成本——甲产品　　30 000
　　　　　　——基本生产成本——乙产品　　27 000
　　生产成本——辅助生产成本　　2 500
　　制造费用　　2 500
　　管理费用　　200
　贷：原材料　　62 200
借：制造费用　　10 500
　　生产成本——辅助生产成本　　300
　　管理费用　　450
　贷：周转材料　　11 250

## （二）职工薪酬费用的归集和分配

企业的薪酬费用应按其发生的地点和用途进行分配。企业薪酬费用的归集和分配，是根据工资结算凭证和工时统计记录，通过编制“工资结算汇总表”和“薪酬费用分配表”进行的。“薪酬费用分配表”的格式如表 11-2 所示。

对于生产车间直接从事产品生产工人的薪酬，能直接计入各种产品成本的，应根据“薪酬结算汇总表”直接记入“基本生产成本明细账”和“产品成本计算单”，并借记“生产成本”账户中的“直接人工”项目。对于车间管理人员的薪酬和企业管理部门的薪酬，应分别记入有关的费用明细账，并分别记入“制造费用”账户和“管理费用”账户。固定资产建造等工程人员的薪酬，应记入“在建工程”账户中；专设销售机构人员的薪酬记入“销售费用”账户；研发人员薪酬记入“无形资产”账户

**例 11-2** 某企业 2013 年 12 月“工资结算汇总表”如表 11-2 所示。

表 11-2 工资结算汇总表

2013 年 12 月 单位：元

| 车间、部门 | 应付工资 | 职工福利费 | 养老保险费 | 医疗保险费 | 失业保险费 | 住房公积金 | 工会经费 | 职工教育经费 | 合计 |
|---|---|---|---|---|---|---|---|---|---|
| 车间生产人员 | 1 000 000 | 15 000 | 120 000 | 100 000 | 20 000 | 105 000 | 20 000 | 15 000 | 1 395 000 |
| 车间管理人员 | 300 000 | 4 500 | 36 000 | 30 000 | 6 000 | 31 500 | 6 000 | 4 500 | 418 500 |
| 行政管理人员 | 450 000 | 6 750 | 54 000 | 45 000 | 9 000 | 47 250 | 9 000 | 6 750 | 627 750 |
| 销售机构人员 | 100 000 | 1 500 | 12 000 | 10 000 | 2 000 | 10 500 | 2 000 | 1 500 | 139 500 |
| 工程人员 | 200 000 | 3 000 | 24 000 | 20 000 | 4 000 | 21 000 | 4 000 | 3 000 | 279 000 |
| 开发人员 | 500 000 | 7 500 | 60 000 | 50 000 | 10 000 | 52 500 | 10 000 | 7 500 | 697 500 |
| 合 计 | 2 550 000 | 38 250 | 306 000 | 255 000 | 51 000 | 267 750 | 51 000 | 38 250 | 3 557 250 |

根据表 11-2 分配薪酬费用时，应作会计分录如下：

借：生产成本 1 395 000
　　制造费用 418 500
　　管理费用 627 750
　　销售费用 139 500
　　在建工程 279 000
　　研发支出 697 500
　　贷：应付职工薪酬——工资 2 550 000
　　　　——福利 38 250
　　　　——社会保险费 612 000
　　　　——住房公积金 267 750
　　　　——工会经费 51 000
　　　　——职工教育经费 38 250

## （三）制造费用的归集和分配

制造费用是由于管理和组织生产而发生的间接费用，不是生产产品的直接费用，所以，这些费用在发生时，不能直接计入产品成本，需要通过“制造费用”账户进行归集，然后分配计入各种产品成本。在实际工作中，企业应设置“制造费用”明细账，按费用项目归

集这些费用。由于制造费用属于间接费用，因此，要采用适当的方法在产品之间进行分配。在生产一种产品的情况下，制造费用可以直接计入该种产品成本；在生产多种产品的情况下，就需要在不同产品之间进行分配，常用的分配方法有生产工时比例法、生产工人工资比例法和预算分配率法。

下面举例说明制造费用的发生和分配的核算过程。

**例 11-3**　某企业本月发生各种制造费用如下，分别作相应的会计分录：

（1）计提本月车间使用的固定资产折旧，共计 40 000 元。

借：制造费用　　40 000

　贷：累计折旧　　40 000

（2）以银行存款 5 000 元支付车间水费。

借：制造费用　　5 000

　贷：银行存款　　5 000

（3）以银行存款支付本月车间电费 4 000 元。

借：制造费用　　4 000

　贷：银行存款　　4 000

（4）以现金 100 元购买车间办公用纸。

借：制造费用　　100

　贷：库存现金　　100

（5）支付本月车间设备修理支出 7 500 元。

借：制造费用　　7 500

　贷：银行存款　　7 500

（6）甲车间领用活扳子，价值 2 000 元（该厂低值易耗品采用一次摊销法）。

借：制造费用　　2 000

　贷：周转材料　　2 000

（7）以银行存款支付甲车间本月设备租金 3 000 元。

借：制造费用　　3 000

　贷：银行存款　　3 000

（8）分配本期制造费用，总计 61 600 元，其中甲产品负担 32 400 元，乙产品负担 29 200 元。

借：生产成本——基本生产成本——甲产品　　32 400

　　　　　——基本生产成本——乙产品　　29 200

　贷：制造费用　　61 600

## （四）辅助生产费用的归集和分配

辅助生产主要是为基本生产服务的，它所生产的产品和劳务，大部分都被基本生产车间和管理部门所消耗，一般很少对外销售，辅助生产按其提供产品或劳务的种类不同，可以分为以下两类：

（1）只生产一种产品或劳务的辅助生产，如供电、供水、蒸汽、运输等；

（2）生产多种产品或劳务的辅助生产，如工具、模型、机修等。

辅助生产的类型不同，其费用分配、转出的程序也不一样。生产多种产品的辅助生产车间，如工具、模型等车间，其所发生的费用，应在产品完工入库后，从辅助生产账户和明细账中转出，记入“原材料”或“低值易耗品”账户，有关车间或部门领用时，再从“原材料”或“低值易耗品”账户转入“生产成本”或“管理费用”等账户。只生产单一品种的辅助生产车间，如供电、蒸汽、供水等车间，其所发生的费用，应在月末汇总后，按各受益车间或部门耗用劳务的数量，选择适当的分配方法进行分配后，从“生产成本”账户的“辅助生产成本”账户和明细账中转出，记入有关账户。分配单一产品或劳务费用常用的方法有直接分配法、一次交互分配法、计划成本分配法、代数分配法和顺序分配法等。下面仅就直接分配法加以具体说明。

直接分配法是指把各辅助生产车间的实际成本，在基本生产车间和管理部门之间按其受益数量进行分配，对于各辅助生产车间相互提供的产品或劳务则不进行分配。

**例 11-4** 某企业有供电、供水两个辅助生产车间，本月供电车间直接发生的费用为30 800元，供水车间直接发生的费用为21 000元，劳务供应通知单中各车间和管理部门耗用劳务的数量如表11-3所示。编制的“辅助生产费用分配表”如表11-4所示。

**表 11-3　劳务供应通知单**

| 受益单位 | 用电数（kW·h） | 用水数（t） |
|---|---|---|
| 供电车间 | — | 700 |
| 供水车间 | 14 000 | — |
| 第一生产车间 | 72 800 | 1 344 |
| 第二生产车间 | 56 000 | 1 036 |
| 管理部门 | 11 200 | 420 |
| 合计 | 154 000 | 3 500 |

**表 11-4　辅助生产费用分配表**

| 项　目 | 分配费用（元） | 分配数量（kW·h、t） | 分配率（%） | 分 配 额 | | | |
|---|---|---|---|---|---|---|---|
| | | | | 生产成本 | | 管理费用 | |
| | | | | 数　量（kW·h、t） | 金　额（元） | 数　量（kW·h、t） | 金　额（元） |
| 供电车间 | 30 800 | 140 000 | 0.22 | 128 800 | 28 336 | 11 200 | 2 464 |
| 供水车间 | 21 000 | 2 800 | 7.50 | 2 380 | 17 850 | 420 | 3 150 |

根据表11-4的分配结果，应作会计分录如下：

借：生产成本——基本生产成本　　28 336

　　管理费用　　2 464

　贷：生产成本——辅助生产成本——供电　　30 800

借：生产成本——基本生产成本　　17 850
　　管理费用　　3 150
　贷：生产成本——辅助生产成本——供水　　21 000

## 四、在产品成本的计算和完工产品成本的结转

工业企业生产过程中发生的各项生产费用，经过在各种产品之间的归集和分配，都已集中登记在“生产成本”明细账和“产品成本计算单”中。在“产品成本计算单”中，减去交库废料价值后，就是该产品本月发生的费用。当月初、月末都没有在产品时，本月发生的费用就等于本月完工产品的成本；如果月初、月末都有在产品，本月发生的生产费用加上月初在产品成本之后的合计数额，还要在完工产品和在产品之间进行分配，计算完工产品成本。完工产品成本一般按下列公式计算：

完工产品成本=月初在产品成本+本月发生费用−月末在产品成本

从上述公式可以看出，完工产品成本是在月初在产品成本加本月发生费用的合计数额基础上，减去月末在产品成本后计算出来的。因此，计算月末在产品成本是计算完工产品成本的条件。在实际工作中，正确地计算在产品成本是正确计算完工产品成本的关键。

### （一）在产品成本的计算

工业企业的在产品是指生产过程中尚未完工的产品。从整个企业来讲，在产品包括正在加工中的产品和加工已经告一段落的自制半成品，这是广义在产品。从某一加工阶段来讲，在产品是指正在加工中的产品，这是狭义在产品。企业应根据生产特点、月末在产品数量的多少、各项费用比重的大小，以及定额管理基础的好坏等具体条件，采用适当的方法计算在产品成本。

如果在产品数量很少，计算与不计算在产品成本对于完工产品成本的影响很小，为了简化计算工作，可以不计算在产品成本。这就是说，某种产品每月发生的生产费用，全部作为当月完工产品的成本。如果在产品数量较少，或者在产品数量虽然较多，但各月之间变化不大，因而月初、月末在产品成本的差额对于完工产品成本的影响不大，就可以将在产品成本按年初数固定不变，把每月发生的生产费用全部作为当月完工产品的成本。但在年终时，必须根据实际盘点的在产品数量，重新计算一次在产品成本，以免在产品成本与实际出入过大，影响成本计算的正确性。在产品数量较多，而且各月之间变化也较大的企业，要根据实际结存的产品数量，计算在产品成本。一般来说，在产品成本计算的方法通常有以下几种：按所耗用的原材料费用计算、按定额成本计算、按约当产量计算、按定额比例分配计算。

### （二）完工产品成本的结转

在计算出当期完工产品成本后，对验收入库的产成品，应结转成本。结转本期完工产品成本时，借记“库存商品”账户，贷记“生产成本”账户。通过在产品成本的计算，生

产费用在完工产品和月末在产品之间进行分配之后，就可以确定完工产品的成本，根据计算的完工产品成本，从有关“产品成本计算单”中转出，编制“完工产品成本汇总计算表”（如表11-5所示），计算出完工产品总成本和单位成本。结转时，借记“库存商品”账户，贷记“生产成本”账户。

**例 11-5** 某企业2013年12月的“完工产品成本汇总计算表”如表11-5所示。

借：库存商品　　102 700

　贷：生产成本　　102 700

**表 11-5 完工产品成本汇总计算表**

2013年12月　　单位：元

| 成本项目 | 产品名称：A产品 规格：×××× 产量：100件 | | 产品名称：B产品 规格：×××× 产量：250个 | | 合　计 |
|---|---|---|---|---|---|
| | 总 成 本 | 单位成本 | 总 成 本 | 单位成本 | |
| 直接材料 | 33 000 | 330 | 15 000 | 60 | 48 000 |
| 燃料动力 | 6 100 | 61 | 3 500 | 14 | 9 600 |
| 直接工资 | 10 500 | 105 | 8 000 | 32 | 18 500 |
| 制造费用 | 15 600 | 156 | 11 000 | 44 | 26 600 |
| 合　计 | 65 200 | 652 | 37 500 | 150 | 102 700 |

当产成品按实际成本计价时，月末根据表11-5中完工产品成本的数字，应作会计分录如下：

生产成本核算的基本程序如图11-6所示。

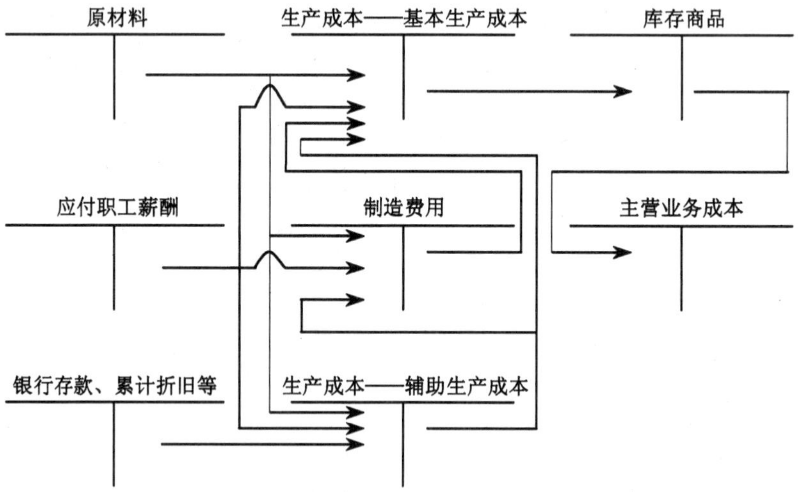


图11-6 生产成本核算程序

# 第三节　期间费用

期间费用是指企业当期发生的，但不能直接归属于某个特定产品成本的费用。由于难以判定其所归属的产品，因而不能列入产品制造成本，而在发生的当期直接计入当期损益。期间费用主要包括销售费用、管理费用、财务费用。

## 一、销售费用

### （一）销售费用的内容

销售费用是指企业在销售商品过程中发生的各项费用，以及为销售本企业商品而专设的销售机构（含销售网点、售后服务网点等）的经营费用。商品流通企业在购买商品过程中发生的进货费用也包括在销售费用之中。销售费用项目包括：

① 产品自销费用，如本企业负担的包装费、运输费等；② 产品促销费用，如展览费、广告费、经营租赁费等；③ 销售部门的费用，如专设销售机构的职工薪酬及业务费；④ 委托代销费用，如委托代销手续费；⑤ 商品流通企业的进货费用，如进货运杂费等。

### （二）销售费用的核算

#### 1. 设置账户

企业应设置**“销售费用”**账户。

账户性质：损益类。

账户用途：用来核算企业销售费用。

账户结构：如图 11-8 所示，期末结转后本账户一般无余额。

明细账：按费用项目设置明细账进行明细核算。

销售费用

| （借方） | （贷方） |
| --- | --- |
| 本期发生的销售费用 | 期末结转“本年利润”的销售费用 |

图 11-8　销售费用账户结构

#### 2. 账务处理

例 11-6　东海公司 8 月份发生的销售费用包括：以银行存款支付广告费 5 000 元；以现金支付应由公司负担的销售 A 产品的运输费 800 元；本月分配给专设销售机构的职工工资 4 000 元。月末将全部销售费用予以结转。

根据上述资料，应作会计分录如下：

（1）支付广告费时

借：销售费用——广告费　　5 000

　贷：银行存款　　5 000

（2）支付运输费时

借：销售费用——运输费　　800

　贷：库存现金　　800

（3）分配职工工资时

借：销售费用——工资　　4 000

　贷：应付职工薪酬——工资　　4 000

（4）月末结转销售费用时

借：本年利润　　9 800

　贷：销售费用　　9 800

## 二、管理费用

### （一）管理费用的内容

（1）企业管理部门发生的直接管理费用，如公司经费等。公司经费包括总部管理人员工资、福利费、差旅费、办公费、折旧费、修理费、物料消耗、低值易耗品摊销及其他公司经费。

（2）用于企业直接管理之外的费用，主要包括董事会费、咨询费、聘请中介机构费、诉讼费、相关税金、矿产资源补偿费。

（3）提供生产技术条件的费用，主要包括研究费用、无形资产摊销、长期待摊费用摊销。

（4）业务招待费。业务招待费是指企业为业务经营的合理需要而支付的交际应酬费用，企业发生的与生产经营活动有关的业务招待费支出，按照发生额的60%扣除，但最高不得超过当年销售（营业）收入的5‰。

（5）其他费用，是指不包括在以上各项之内又应列入管理费用的费用。

### （二）管理费用的核算

#### 1．设置账户

企业应设置**“管理费用”**账户。

账户性质：损益类。

账户用途：用来核算企业管理费用。

账户结构：如图11-9所示，期末结转后本账户一般无余额。

明细账：按费用项目设置明细账进行明细核算。

管理费用

| （借方） | （贷方） |
| --- | --- |
| 本期发生的管理费用 | 期末结转"本年利润"的管理费用 |

图 11-9　管理费用账户结构

2. 账务处理

例 11-7　东海公司 8 月份发生以下管理费用：以银行存款支付业务招待费 7 200 元；计提管理部门使用的固定资产折旧费 8 000 元；分配管理人员工资 12 000 元；计算应交土地使用税 3 500 元；摊销无形资产 2 000 元。月末结转管理费用。

根据上述资料，应作会计分录如下：

（1）支付业务招待费时

借：管理费用——业务招待费　　7 200

　贷：银行存款　　7 200

（2）计提折旧费时

借：管理费用——折旧费　　8 000

　贷：累计折旧　　8 000

（3）分配工资时

借：管理费用——工资　　12 000

　贷：应付职工薪酬——工资　　12 000

（4）计算应交土地使用税时

借：管理费用——土地使用税　　3 500

　贷：应交税费——应交土地使用税　　3 500

（5）摊销无形资产时

借：管理费用——无形资产摊销　　2 000

　贷：累计摊销　　2 000

（6）结转管理费用时

借：本年利润　　34 380

　贷：管理费用　　34 380

## 三、财务费用

### （一）财务费用的内容

财务费用是指企业为筹集生产经营所需资金而发生的各项费用。具体包括的项目有：利息净支出（减利息收入后的支出）、汇兑净损失（减汇兑收益后的损失）、金融机构手续费、企业发生的现金折扣或收到的现金折扣，以及筹集生产经营资金发生的其他费用等。

### （二）财务费用的核算

#### 1．设置账户

企业应设置**“财务费用”**账户。
账户性质：损益类。
账户用途：用来核算企业财务费用。
账户结构：如图 11-10 所示，期末结转后本账户一般无余额。
明细账：按费用项目设置明细账进行明细核算。

财务费用

| （借方） | （贷方） |
|---|---|
| 本期发生的财务费用 | 本期取得的利息收入、汇总收益等<br>期末结转“本年利润”的财务费用 |

图 11-10　财务费用账户结构

#### 2．账务处理

**例 11-8**　东海公司 8 月份发生如下账务费用：接到银行通知，已划拨本月银行借款利息 5 000 元；银行转来存款利息 2 000 元。月末结转财务费用。根据上述资料，作会计分录如下：

| | | |
|---|---|---|
| 借：财务费用 | 5 000 | |
| 　贷：银行存款 | | 5 000 |
| 借：银行存款 | 2 000 | |
| 　贷：财务费用 | | 2 000 |
| 借：本年利润 | 3 000 | |
| 　贷：财务费用 | | 3 000 |

## 本章小结

● 费用是指企业在日常活动中发生的、会导致所有者权益减少的、与向所有者分配利润无关的经济利益的总流出。

● 费用按其经济用途的不同分类，可分为成本费用和期间费用两大类。

● 生产成本，是指一定期间生产产品所发生的直接费用和间接费用的总和。

● 期间费用是指企业当期发生的，但不能直接归属于某个特定产品成本的费用。由于难以判定其所归属的产品，因而不能列入产品制造成本，而在发生的当期直接计入当期损益。期间费用主要包括销售费用、管理费用、财务费用。

## 引导案例分析

车间办公费是和产品生产相关的间接费用，应该先记入“制造费用”账户，期末按一定标准分配计入产品成本中，而不应作为期间费用记入“管理费用”账户中。本案例首先应明确生产成本和期间费用的概念，费用是否计入成本要视其发生与产品的生产有无关系。费用是否计入成本对利润的计算是有影响的，如不进成本计入期间费用，在计算利润时该费用全额抵减；如计入成本，在计算利润时抵减多少，应视售出产品而定。

## 复习思考题

1. 费用的概念及其分类。
2. 什么是生产成本？成本项目包括哪些内容？
3. 生产成本的核算应设置哪些账户？
4. 什么是期间费用？期间费用包括哪些内容？

## 练习题

### 习题一

1. 目的：练习材料费用的核算。
2. 资料：汇丰公司2013年8月消耗的材料如表11-6所示。

表 11-6 发出材料汇总表

2013年8月31日 单位：元

| 会计账户 | 领用单位及用途 | 原材料 | 低值易耗品 | 合计 |
|---|---|---|---|---|
| 生产成本 | 一车间：甲产品 | 100 000 | | 100 000 |
| | 乙产品 | 80 000 | | 80 000 |
| | 二车间：甲产品 | 50 000 | | 50 000 |
| | 乙产品 | 20 000 | | 20 000 |
| | 小计 | 250 000 | | 250 000 |
| 制造费用 | 一车间 | 3 000 | 9 500 | 12 500 |
| | 二车间 | 2 000 | 5 000 | 7 000 |
| | 小计 | 5 000 | 14 500 | 19 500 |
| 生产成本 | 机修 | 5 000 | 800 | 5 800 |
| 管理费用 | 厂部 | 1 000 | 600 | 1 600 |
| 合计 | | 261 000 | 15 900 | 276 900 |

3. 要求：根据上述资料编制有关材料费用的会计分录。

### 习题二

1. 目的：练习工资费用的核算。

2. 资料：2013 年 8 月，汇丰公司当月应发工资 100 万元，其中生产部门直接生产人员工资 50 万元；生产部门管理人员工资 10 万元；公司管理部门人员工资 15 万元；公司专设产品销售机构人员工资 5 万元；建造厂房工程人员工资 14 万元；内部开发管理系统人员工资 6 万元。

3. 要求：根据上述资料编制工资费用的会计分录。

### 习题三

1. 目的：练习成本费用的核算。

2. 资料：汇丰公司 2013 年 8 月发生如下经济业务。

（1）以银行存款 50 000 元支付水电费。其中车间水电费 40 000 元，行政管理部门水电费 10 000 元。

（2）以现金 2 000 元支付办公用品费，其中行政管理部门 1 400 元，车间 600 元。

（3）以银行存款支付甲车间本月设备租金 8 000 元。

（4）以银行存款支付本月产品展览费 1 000 元。

（5）公司员工张悦出差归来报销差旅费 3 600 元，出差前预借款 4 000 元，交回现金 400 元。

（6）计提本期短期借款利息 1 000 元。

（7）计提本月固定资产折旧，共计 200 000 元，其中车间固定资产折旧 150 000 元，厂部固定资产折旧 50 000 元。

（8）分配本期制造费用，总计 198 600 元，其中甲产品负担 132 400 元，乙产品负担 66 200 元。

（9）本月生产的甲产品完工 2 000 件，实际成本 580 000 元；乙产品完工 1 000 件，实际成本 360 000 元。

（10）期末将本期发生的管理费用、销售费用、财务费用结转本年利润。

3. 要求：根据上述资料编制相关会计分录。

# 第十二章

# 收入和利润

**学习目标**

通过本章的学习，要求理解和掌握收入的概念和分类，重点掌握销售商品收入的核算，掌握利润及其构成内容，了解所得税费用，掌握利润及利润分配的核算。

**引导案例**

华阳公司下属有A、B两个子公司。A、B两公司的所得税税率分别为25%和15%。A公司为B公司生产零部件，每年为B公司生产的零部件成本500万元左右，市场价格900万元。B公司购入零部件后组装，组装成本100万元，组装后可按1 300万元价格出售。后经华阳公司协调，将A公司提供给B公司的零部件的价格调整为600万元。

**问题讨论：**试分析华阳公司这样处理的原因，这样做是否符合国家的有关法规？

## 第一节　收　　入

### 一、收入的定义及其分类

#### （一）收入的定义

收入是指企业在日常活动中形成的、会导致所有者权益增加的、与所有者投入资本无关的经济利益的总流入。收入具有以下几方面的特征：

（1）收入是企业在日常活动中形成的。

（2）收入是与所有者投入资本无关的经济利益的总流入。

（3）收入会导致所有者权益的增加。

日常活动是指企业为完成其经营目标所从事的经常性活动及与之相关的活动。例如，工业企业制造并销售产品、商业企业销售商品、保险公司签发保单、咨询公司提供咨询服务、软件企业为客户开发软件、安装公司提供安装服务、商业银行对外贷款、租赁公司出租资产等，均属于企业的日常活动。明确界定日常活动是为了将收入与利得相区分开，因为企业非日常活动所形成的经济利益的流入不能确认为收入，而应当计入利得。

收入应当导致经济利益的流入，从而导致资产的增加。例如，企业销售商品，应当收到现金或在未来有权收到现金，才表明该交易符合收入的定义。但是在实务中，经济利益的流入有时是所有者投入资本的增加所导致的，所有者投入资本不应当确认为收入，应当将其直接确认为所有者权益。

与收入相关的经济利益流入应当导致所有者权益的增加，不会导致所有者权益增加的经济利益的流入不符合收入的定义，不应确认为收入。例如，企业向银行借入款项，尽管也导致了企业经济利益的流入，但该流入并不导致所有者权益的增加，反而使企业承担了一项现时义务。企业对于因借入款项所导致的经济利益的增加，不应将其确认为收入，应当确认为负债。

## （二）收入的确认条件

企业收入的来源渠道多种多样，不同收入来源的特征有所不同，其确认条件也往往存在差别，如销售商品、提供劳务、让渡资产使用权等。一般而言，收入只有在经济利益很可能流入企业从而导致企业资产增加或负债减少、且经济利益的流入额能够可靠计量时，才能予以确认。即收入的确认至少应当符合以下条件：一是与收入相关的经济利益应当很可能流入企业；二是经济利益流入企业的结果会导致资产的增加或负债的减少；三是经济利益的流入额能够可靠计量。

## （三）收入的分类

收入的分类如图 12-1 所示。

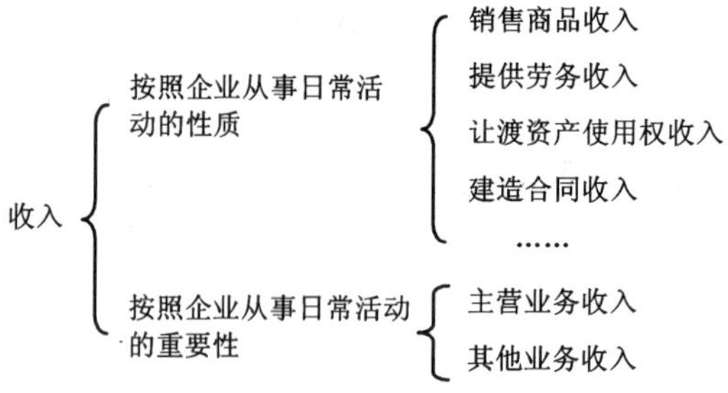


图 12-1　收入分类图

销售商品收入是指企业通过销售商品实现的收入，如工业企业制造并销售产品、商业企业销售商品等实现的收入。提供劳务收入是指企业通过提供劳务实现的收入，如咨询公司提供咨询服务、软件开发企业为客户开发软件、安装公司提供安装服务等实现的收入。让渡资产使用权收入是指企业通过让渡资产使用权实现的收入，如商业银行对外贷款、租赁公司出租资产等实现的收入。建造合同收入是指企业承担建造合同所形成的收入。

主营业务收入是指企业为完成其经营目标所从事的经常性活动实现的收入，如工业企业制造并销售产品、商业企业销售商品、保险公司签发保单、咨询公司提供咨询服务、软件开发企业为客户开发软件、安装公司提供安装服务、商业银行对外贷款、租赁公司出租资产等实现的收入。根据其性质不同，分别通过“主营业务收入”、“利息收入”、“保费收入”等账户进行核算。其他业务收入是指与企业为完成其经营目标所从事的经常性活动相关的活动实现的收入，如工业企业对外出售不需用的原材料、对外转让无形资产使用权等。这些活动形成的经济利益的总流入也构成收入，属于企业的其他业务收入，根据其性质的不同，分别通过“其他业务收入”账户进行核算。

下面主要介绍销售商品收入的确认和核算。

## 二、销售商品收入

### （一）销售商品收入的确认

商品包括企业为销售而生产的产品和为转售而购进的商品，如工业企业生产的产品、商业企业购进的商品等。企业销售的其他存货，如原材料、包装物等，也视同企业的商品。

确认收入需同时满足以下条件。

#### 1. 企业已将商品所有权上的主要风险和报酬转移给购货方

这里是指与商品所有权有关的主要风险和报酬已经同时转移给了购货方。其中，与商品所有权有关的风险，是指商品可能发生减值或毁损等形成的损失；与商品所有权有关的报酬，是指商品价值增值或通过使用商品等形成的经济利益。

#### 2. 企业既没有保留通常与所有权相联系的继续管理权，也没有对已售出的商品实施有效控制

通常情况下，企业售出商品后不再保留与商品所有权相联系的继续管理权，也不再对售出商品实施有效控制，商品所有权上的主要风险和报酬已经转移给购货方，通常应在发出商品时确认收入。

例如，乙公司属于软件开发公司，乙公司销售某成套软件给客户后，接受客户委托对该成套软件进行日常管理，这是与成套软件销售无关的另一项提供劳务的交易。乙公司虽然仍对该成套软件进行管理，但这种管理与成套软件所有权无关，因为成套软件的所有权属于客户。

### 3．收入的金额能够可靠地计量

收入的金额能够可靠地计量，是指收入的金额能够合理地估计。收入的金额不能够合理估计就无法确认收入。企业在销售商品时，商品销售价格通常已经确定。但是，由于销售商品过程中某些不确定因素的影响，也有可能存在商品销售价格发生变动的情况。在这种情况下，新的商品销售价格未确定前通常不应确认销售商品收入。

### 4．相关的经济利益很可能流入企业

相关的经济利益很可能流入企业，是指销售商品价款收回的可能性大于不能收回的可能性，即销售商品价款收回的可能性超过50%。

### 5．相关的已发生或将发生的成本能够可靠地计量

通常情况下，销售商品相关的已发生或将发生的成本能够合理地估计，如库存商品的成本、商品运输费用等。如果库存商品是本企业生产的，其生产成本能够可靠计量；如果是外购的，购买成本能够可靠计量。有时，销售商品相关的已发生或将发生的成本不能够合理地估计，此时企业不应确认收入，已收到的价款应确认为负债。

## （二）销售商品收入的核算

### 1．设置账户

（1）**“主营业务收入”**账户

账户性质：损益类。

账户用途：用来核算企业取得的主营业务收入。

账户结构：如图12-2所示，期末结转后本账户一般无余额。

明细账：按产品类别设置明细账进行明细核算。

主营业务收入

| （借方） | （贷方） |
| --- | --- |
| 本期发生销售退回<br>期末结转“本年利润”的收入 | 本期实现的主营业务收入 |

图12-2　主营业务收入账户结构

（2）**“主营业务成本”**账户

账户性质：损益类。

账户用途：用来核算企业的主营业务成本。

账户结构：如图12-3所示，期末结转后本账户一般无余额。

明细账：按产品类别设置明细账进行明细核算。

主营业务成本

| （借方） | （贷方） |
|---|---|
| 本期售出产品成本 | 本期退回的产品成本<br>期末结转“本年利润”的成本 |

图 12-3 主营业务成本账户结构

### 2. 账务处理

（1）通常情况下销售商品收入的核算

确认销售商品收入时，企业应按已收或应收的合同或协议价款，加上应收取的增值税额，借记“银行存款”、“应收账款”、“应收票据”等账户，按确定的收入金额，贷记“主营业务收入”、“其他业务收入”等账户，按应收取的增值税额，贷记“应交税费——应交增值税（销项税额）”账户；同时在资产负债表日，按应交纳的消费税、资源税、城市维护建设税、教育费附加等税费金额，借记“营业税金及附加”账户，贷记“应交税费——应交消费税（应交资源税、应交城市维护建设税等）”账户。

如果售出商品不符合收入确认条件，则不应确认收入，已经发出的商品，应当通过“发出商品”科目进行核算。

**例 12-1** 甲公司于 2013 年 8 月 10 日销售一批商品给乙公司，售价 100 000 元，增值税税额 17 000 元，实际成本 60 000 元。款项已收回。应作会计分录如下：

借：银行存款　　117 000
　贷：主营业务收入　　100 000
　　　应交税费——应交增值税（销项税额）　　17 000
借：主营业务成本　　60 000
　贷：库存商品　　60 000

（2）销售商品涉及现金折扣、商业折扣、销售折让的核算

企业销售商品有时会遇到现金折扣、商业折扣、销售折让等情况，应当分别不同情况进行处理。

① 现金折扣，是指债权人为鼓励债务人在规定的期限内付款而向债务人提供的债务扣除。企业销售商品涉及现金折扣的，应当按照扣除现金折扣前的金额确定销售商品收入金额。现金折扣在实际发生时计入财务费用。② 商业折扣，是指企业为促进商品销售而在商品标价上给予的价格扣除。企业销售商品涉及商业折扣的，应当按照扣除商业折扣后的金额确定销售商品收入金额。③ 销售折让，是指企业因售出商品的质量不合格等原因而在售价上给予的减让。对于销售折让，企业应分别不同情况进行处理：已确认收入的售出商品发生销售折让的，通常应当在发生时冲减当期销售商品收入；已确认收入的销售折让属于资产负债表日后事项的，应当按照有关资产负债表日后事项的相关规定进行处理。

**例 12-2** 甲公司于2013年7月1日向乙公司销售一批商品，开出的增值税专用发票上注明的销售价款为20 000元，增值税税额为3 400元。为及早收回货款，甲公司和乙公司约定的现金折扣条件为：2/10，1/20，*n*/30。假定计算现金折扣时不考虑增值税。甲公司应作会计分录如下。

（1）7月1日销售实现时，按销售总价确认收入

借：应收账款　　23 400
　贷：主营业务收入　　20 000
　　　应交税费——应交增值税（销项税额）　　3 400

（2）如果乙公司在7月9日付清货款，则按销售总价20 000元的2%享受现金折扣400元（20 000×2%），实际付款23 000元（23 400−400）

借：银行存款　　23 000
　　财务费用　　400
　贷：应收账款　　23 400

（3）如果乙公司在7月18日付清货款，则按销售总价20 000元的1%享受现金折扣200元（20 000×1%），实际付款23 200元（23 400−200）

借：银行存款　　23 200
　　财务费用　　200
　贷：应收账款　　23 400

（4）如果乙公司在7月底才付清货款，则按全额付款

借：银行存款　　23 400
　贷：应收账款　　23 400

**例 12-3** 甲公司向乙公司销售一批商品，开出的增值税专用发票上注明的销售价款为800 000元，增值税税额为136 000元。乙公司在验收过程中发现商品质量不合格，要求在价格上给予5%的折让。假定甲公司已确认销售收入，款项尚未收到，发生的销售折让允许扣减当期增值税税额。甲公司应作会计分录如下。

（1）销售实现时

借：应收账款　　936 000
　贷：主营业务收入　　800 000
　　　应交税费——应交增值税（销项税额）　　136 000

（2）发生销售折让时

借：主营业务收入　　40 000
　　应交税费——应交增值税（销项税额）　　6 800
　贷：应收账款　　46 800

（3）实际收到款项时

借：银行存款　　889 200
　贷：应收账款　　889 200

（3）销售退回的核算

销售退回，是指企业售出的商品由于质量、品种不符合要求等原因而发生的退货。对于销售退回，企业应分别不同情况进行账务处理：

① 对于未确认收入的售出商品发生销售退回的，企业应按已记入“发出商品”账户的商品成本金额，借记“库存商品”账户，贷记“发出商品”账户。采用计划成本或售价核算的，应按计划成本或售价记入“库存商品”账户，同时计算产品成本差异或商品进销差价。② 对于已确认收入的售出商品发生退回的，企业应在发生时冲减当期销售商品收入，同时冲减当期销售商品成本。如该项销售退回已发生现金折扣，应同时调整相关财务费用的金额；如该项销售退回允许扣减增值税税额，应同时调整“应交税费——应交增值税（销项税额）”账户的相应金额。③ 已确认收入的售出商品发生的销售退回属于资产负债表日后事项的，应当按照有关资产负债表日后事项的相关规定进行账务处理。

**例 12-4**　甲公司于 2013 年 12 月 18 日向乙公司销售一批商品，开出增值税专用发票上注明销售价款为 50 000 元，增值税税额为 8 500 元。该批商品成本为 26 000 元。为及早收回货款，甲公司和乙公司约定现金折扣条件为：2/10，1/20，*n*/30。乙公司于 2013 年 12 月 27 日支付货款。2014 年 4 月 5 日，该批商品因质量问题被乙公司退回，甲公司当日支付有关款项。假定计算现金折扣时不考虑增值税，销售退回不属于资产负债表日后事项。甲公司应作会计分录如下。

（1）2013 年 12 月 18 日销售实现，按销售总价确认收入时

| | | |
|---|---|---|
| 借：应收账款 | 58 500 | |
| 　贷：主营业务收入 | | 50 000 |
| 　　　应交税费——应交增值税（销项税额） | | 8 500 |
| 借：主营业务成本 | 26 000 | |
| 　贷：库存商品 | | 26 000 |

（2）2013 年 12 月 27 日收到货款时，按销售总价 50 000 元的 2%享受现金折扣 1 000 元（50 000×2%），实际收款 57 500 元（58 500–1 000）

| | | |
|---|---|---|
| 借：银行存款 | 57 500 | |
| 　　财务费用 | 1 000 | |
| 　贷：应收账款 | | 58 500 |

（3）2014 年 4 月 5 日发生销售退回时

| | | |
|---|---|---|
| 借：主营业务收入 | 50 000 | |
| 　　应交税费——应交增值税（销项税额） | 8 500 | |
| 　贷：银行存款 | | 57 500 |
| 　　　财务费用 | | 1 000 |
| 借：库存商品 | 26 000 | |
| 　贷：主营业务成本 | | 26 000 |

## 三、提供劳务收入及让渡资产使用权收入

除销售商品收入外，企业还会形成提供劳务收入及让渡资产使用权收入等。

提供劳务收入是指企业提供各种劳务（如运输、咨询、产品安装等）所形成的收入。对于一次就能完成的劳务或在同一会计期间内开始并完全的劳务，应在提供劳务交易完成时确认收入，确认的金额通常为从接受劳务方已收或应收的合同或协议价款；如劳务的开始和完成分属不同的会计期间，且企业在资产负债表日提供劳务交易的结果能够可靠估计，应当采用完工百分比法确认提供劳务收入。

让渡资产使用权收入主要包括：利息收入，主要是指金融企业对外货款形成的利息收入，以及同业之间发生往来形成的利息收入等；使用费收入，主要是指企业转让无形资产（如商标权、专利权、专营权、软件、版权）等资产的使用权形成的使用费收入。

企业对外出租资产收取的租金、进行债权投资收取的利息、进行股权投资取得的现金股利，也构成让渡资产使用权收入。

提供劳务收入及让渡资产使用权收入要按相应的方法进行确认和计量，并进行账务处理。

以使用费收入为例，使用费收入应当按照有关合同或协议约定的收费时间和方法计算确定。例如，甲软件公司向乙公司转让某软件的使用权，一次性收费 40 000 元，不提供后续服务，款项已经收回，假定不考虑其他因素，甲公司的账务处理如下：

借：银行存款　　40 000

　贷：主营业务收入　　40 000

# 第二节　利　　润

## 一、利润的构成

企业作为独立的经济实体，应当以自己的经营收入抵补其成本费用，并且实现赢利。企业赢利的大小在很大程度上反映企业生产经营的经济效益，表明企业在每一会计期间的最终经营成果。

利润是指企业在一定会计期间的经营成果。利润包括收入减去费用后的净额、直接计入当期的利得和损失等。

直接计入当期的利得和损失，是指应当计入当期损益、会导致所有者权益发生增减变动的、与所有者投入资本或向所有者分配利润无关的利得或损失。

利润相关计算公式如下所述。

### 1. 营业利润

营业利润=营业收入 − 营业成本 − 营业税金及附加 − 销售费用 − 管理费用 − 财务费用 −资产减值损失 + 公允价值变动收益（− 公允价值变动损失）+ 投资收益（− 投资损失）

式中，营业收入是指企业经营业务所确定的收入总额，包括主营业务收入和其他业务收入；营业成本是指企业经营业务所发生的实际成本总额，包括主营业务成本和其他业务成本；资产减值损失是指企业计提各项资产减值准备所形成的损失；公允价值变动收益（或损失）是指企业交易性金融资产等公允价值变动形成的应计入当期损益的利得（或损失）；投资收益（或损失）是指企业以各种方式对外投资所取得的收益（或发生的损失）。

#### 2. 利润总额

利润总额 = 营业利润 + 营业外收入 − 营业外支出

式中，营业外收入（或支出）是指企业发生的与日常活动无直接关系的各项利得（或损失）。

#### 3. 净利润

净利润 = 利润总额 − 所得税费用

式中，所得税费用是指企业确认的应从当期利润总额中扣除的所得税费用。

## 二、营业外收支的核算

营业外收支是指企业发生的与日常活动无直接关系的各项收支。营业外收支虽然与企业生产经营活动没有太大的关系，但从企业主体来考虑，同样会带来收入或形成支出，也是增加或减少利润的因素，对企业的利润总额及净利润产生较大的影响。

### （一）营业外收入

营业外收入是指企业发生的与日常活动无直接关系的各项利得。营业外收入并不是由企业经营资金耗费所产生的，不需要企业付出代价，实际上是一种纯收入，不可能也不需要与有关费用进行配比。因此，在会计核算上，应当严格区分营业外收入与营业收入。营业外收入主要包括非流动资产处置利得、非货币性资产交换利得、债务重组利得、政府补助、盘盈利得、捐赠利得等。

（1）非流动资产处置利得包括固定资产处置利得和无形资产出售利得。固定资产处置利得，指企业出售固定资产所取得价款或报废固定资产的材料价值和变价收入等，扣除固定资产的账面价值、清理费用、处置相关税费后的净收益；无形资产出售利得，指企业出售无形资产所取得价款扣除出售无形资产的账面价值、出售相关税费的净收益。

（2）非货币性资产交换利得，指在非货币性资产交换中换出资产为固定资产、无形资产的，换入资产公允价值大于换出资产账面价值的差额，扣除相关费用后计入营业外收入的金额。

（3）债务重组利得，指重组债务的账面价值超过清偿债务的现金、非现金资产的公允价值、所转股份的公允价值、或者重组后债务账面价值之间的差额。

（4）政府补助，指企业从政府无偿取得货币性资产或非货币性资产形成的利得。

（5）盘盈利得，指企业对于清查盘点中盘盈的现金等，报经批准后计入营业外收入的金额。

（6）捐赠利得，指企业接受捐赠产生的利得。

企业应当通过“营业外收入”账户，核算营业外收入的取得和结转情况。该账户可按营业外收入项目进行明细核算。期末，应将该账户余额转入“本年利润”账户，结转后该账户无余额。

### （二）营业外支出

营业外支出是指企业发生的与日常活动无直接关系的各项损失。营业外支出主要包括非流动资产处置损失、非货币性资产交换损失、债务重组损失、公益性捐赠支出、非常损失、盘亏损失等。

（1）非流动资产处置损失包括固定资产处置损失和无形资产出售损失。固定资产处置损失，指企业出售固定资产所取得价款或报废固定资产的材料价值和变价收入等，不足抵补处置固定资产的账面价值、清理费用、处置相关税费后的净损失；无形资产出售损失，指企业出售无形资产所取得价款，不足抵补出售无形资产的账面价值、出售相关税费的净损失。

（2）非货币性资产交换损失，指在非货币性资产交换中换出资产为固定资产、无形资产的，换入资产公允价值小于换出资产账面价值的差额，扣除相关费用后计入营业外支出的金额。

（3）债务重组损失，指重组债权的账面余额与受让资产的公允价值、所转股份的公允价值或重组后债权的账面价值之间的差额。

（4）公益性捐赠支出，指企业对外进行公益性捐赠发生的支出。

（5）非常损失，指企业对于因客观因素（如自然灾害等）造成的损失，在扣除保险公司赔偿后计入营业外支出的净损失。

（6）盘亏损失，指企业对于清查盘点中盘亏的现金等，报经批准后计入营业外支出的金额。

企业应通过“营业外支出”账户，核算营业外支出的发生及结转情况。该账户可按营业外支出项目进行明细核算。期末，应将该账户余额转入“本年利润”账户，结转后该账户无余额。

需要注意的是，营业外收入和营业外支出应当分别核算。在具体核算时，不得以营业外支出直接冲减营业外收入，也不得以营业外收入冲减营业外支出，即企业在会计核算时，应当区别营业外收入和营业外支出进行核算。

## 三、所得税费用

所得税法和企业会计准则是基于不同目的、遵循不同原则分别制定的，二者在资产与负债的计量标准、收入与费用的确认原则等诸多方面存在着一定的分歧，导致企业一定期间按税法规定计算的当期所得税往往不等于按企业会计准则的要求确认的所得税费用。

（1）当期所得税，是指根据所得税法的要求，按一定期间的应纳税所得额和适用税率计算的当期应交所得税，用公式表示如下：

当期所得税=当期应纳税所得额×适用税率

其中，应纳税所得额，是指以一定期间税法规定的应税收入减去税法允许扣除项目后的余额。

（2）所得税费用，是指根据企业会计准则的要求确认的应从当期利润总额中扣除的所得税费用，包括当期所得税和递延所得税费用（或收益），用公式表示如下：

所得税费用=当期所得税 + 递延所得税费用（– 递延所得税收益）

其中，

递延所得税费用（或收益）= 递延所得税负债 – 递延所得税资产

递延所得税负债 = 应纳税暂时性差异×适用税率

递延所得税资产 = 可抵扣暂时性差异×适用税率

由上述公式可知，所得税费用的确认包括当期所得税的确认和递延所得税费用（或收益）的确认。当期所得税可以根据企业所得税申报表计算确定的当期应交所得税予以确认，递延所得税费用（或收益）则要根据当期确认的递延所得税负债和递延所得税资产的差额予以确认。递延所得税负债和递延所得税资产，取决于当期存在的应纳税暂时性差异和可抵扣暂时性差异的金额。

## 四、本年利润的核算

### （一）设置账户

企业应设置“**本年利润**”账户。

账户性质：所有者权益类。

账户用途：用来核算企业当期实现的净利润（或发生的净亏损）。

账户结构：如图 12-4 所示，年末结转后本账户应无余额。

本年利润

| （借方） | （贷方） |
|---|---|
| 由各费用支出账户转入数 | 由各收入账户转入数 |
| 年末结转“利润分配”的净亏损 | 年末结转“利润分配”的净利润 |

图 12-4　本年利润账户结构

### （二）账务处理

企业期（月）末结转利润时，应将各损益类账户的金额转入本账户，结平各损益类账户。结转后本账户的贷方余额为当期累计实现的净利润；借方余额为当期累计发生的净亏损。年度终了，应将本年收支相抵后的净损益结转入“利润分配”账户。结转后本账户应无余额。各类经济业务的相应会计分录如下。

（1）结转各项收入

借：主营业务收入
　　其他业务收入
　　投资收益
　　营业外收入
　　贷：本年利润

（2）结转各项费用支出

借：本年利润
　　贷：主营业务成本
　　　　其他业务成本
　　　　营业税金及附加
　　　　销售费用
　　　　管理费用
　　　　财务费用
　　　　资产减值损失
　　　　公允价值变动损益
　　　　营业外支出
　　　　所得税费用

（3）年末，结转本年实现的净利润（如为净亏损作相反的会计分录）

借：本年利润
　　贷：利润分配——未分配利润

本年利润核算程序如图 12-5 所示。

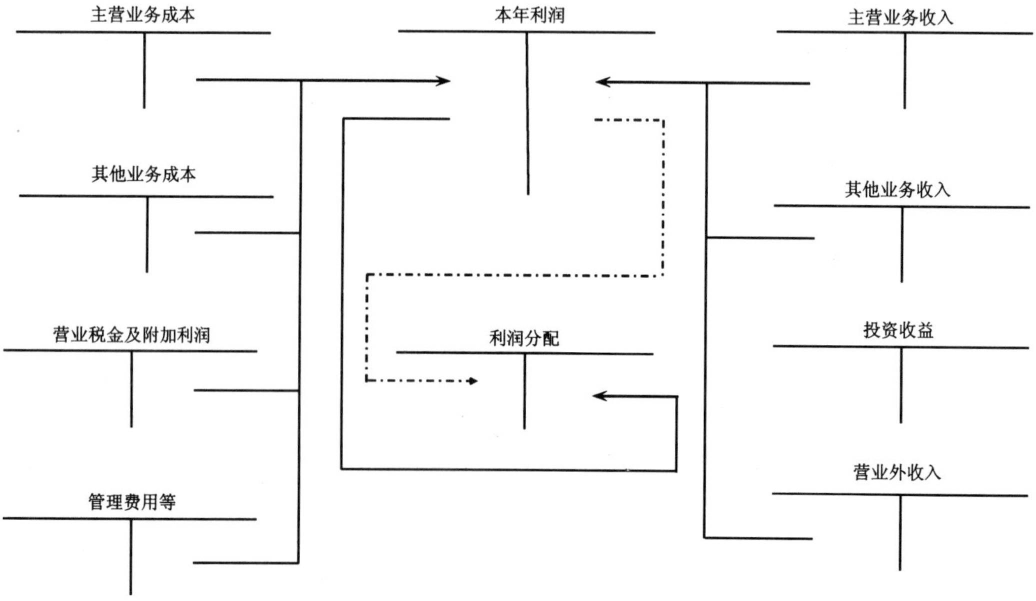


图 12-5　本年利润核算程序

## 五、利润分配的核算

企业实现的利润总额，扣除所得税费用以后，就是企业的净利润。企业实现的净利润，应按规定的程序和办法进行分配。主要的分配内容有：提取盈余公积、向投资者分配股利等。

为了核算分配的过程、去向和结果，企业应设置“利润分配”账户。该账户属于所有者权益账户，也是“本年利润”的调整账户。账户的借方平时登记已分配的利润数额，贷方登记年终从“本年利润”账户转来的全年实现的净利润额。该账户的年末贷方余额为企业的未分配利润，年末若为借方余额则为企业的未弥补亏损。企业提取盈余公积、计算应付股利时，借记“本年利润”账户，贷记“利润分配”账户；如果当年为亏损，则编制相反的会计分录。

**例 12-5**　甲企业本年实现净利润为 5 000 000 元，按国家规定比例 10%提取法定盈余公积；分配给投资者的股利为 800 000 元。甲企业应作会计分录如下。

（1）提取法定盈余公积时

借：利润分配——提取法定盈余公积　　500 000

　　贷：盈余公积——法定盈余公积　　500 000

（2）分配给投资者利润时

借：利润分配——应付股利　　800 000

　　贷：应付股利　　800 000

（3）年末结转全年实现的净利润

借：本年利润　　5 000 000

　　贷：利润分配　　未分配利润　　5 000 000

（4）年末结转“利润分配”明细

借：利润分配——未分配利润　　1 300 000

　　贷：利润分配——提取法定盈余公积　　500 000

　　　　利润分配——应付股利　　800 000

记入“利润分配”账户贷方的本年实现利润 5 000 000 元，与“利润分配”借方分配的数额 1 300 000 元的差额 800 000 元，即为“利润分配”的贷方余额，表示年末未分配的利润数额。

## 本章小结

● 收入是指企业在日常活动中形成的、会导致所有者权益增加的、与所有者投入资本无关的经济利益的总流入。其中，日常活动是指企业为完成其经营目标所从事的经常性活动及与之相关的其他活动。

● 按照企业从事日常活动的性质，可将收入分为销售商品收入、提供劳务收入、让渡资产使用权收入、建造合同收入等。其中，销售商品收入是指企业通过销售商品实现的收入。提供劳务收入是指企业通过提供劳务实现的收入，如咨询公司提供咨询服务、安装公司提供安装服务等实现的收入。让渡资产使用权收入是指企业通过让渡资产使用权实现的收入，建造合同收入是指企业承担建造合同所形成的收入。按照企业从事日常活动在企业的重要性，可将收入分为主营业务收入、其他业务收入等。其中，主营业务收入是指企业为完成其经营目标从事的经常性活动实现的收入。根据其性质不同，分别通过“主营业务收入”、“利息收入”、“保费收入”等账户进行核算。其他业务收入是指与企业为完成其经营目标所从事的经常性活动相关的活动实现的收入。例如，工业企业对外出售不需用的原材料、对外转让无形资产使用权等。这些活动形成的经济利益的总流入也构成收入，属于企业的其他业务收入，根据其性质的不同，分别通过“其他业务收入”账户进行核算。

● 利润是企业在一定会计期间的经营成果。利润包括收入减去费用后的净额、直接计入当期的利得和损失等。

## 引导案例分析

本案例是总公司内部两子公司交易价格的调整，通过调低A公司产品的售价，减少A公司的收入和利润，从而降低了B公司的材料成本，使税率高的A公司的部分利润转移到了税率低的B公司，进而从总体上少交所得税。这样做是不允许的，违背了关联方公平交易的原则。

## 复习思考题

1. 什么是收入？其有何特征？如何进行分类？
2. 销售商品收入如何确认？如何进行账务处理？
3. 什么是利润？利润由哪些内容构成？
4. 营业外收入和营业外支出包括哪些主要内容？
5. 如何计算递延所得税资产和递延所得税负债？

## 练习题

### 习题一

1. 目的：练习销售商品的核算。

2. 资料：甲公司于2013年9月15日销售一批商品给乙公司，售价200 000元，增值税税额34 000元，实际成本110 000元。款项尚未收回。

3. 要求：编制确认收入及结转成本的会计分录。

### 习题二

1. 目的：练习现金折扣的核算。

2. 资料：甲公司于 2013 年 10 月 1 日向乙公司销售一批商品，开出的增值税专用发票上注明的销售价款为 30 000 元，增值税税额为 5 100 元。为及早收回货款，甲公司和乙公司约定的现金折扣条件为：3/10，1/20，*n*/30。假定计算现金折扣时不考虑增值税。

3. 要求：

（1）编制 10 月 1 日销售实现时的会计分录。

（2）编制乙公司 10 月 10 日付款时的会计分录。

（3）编制乙公司 10 月 30 日付款时的会计分录。

### 习题三

1. 目的：练习销售折让的核算。

2. 资料：甲公司向乙公司销售一批商品，开出的增值税专用发票上注明的销售价款为 200 000 元，增值税税额为 34 000 元。乙公司在验收过程中发现商品质量不合格，要求在价格上给予 6%的折让。假定甲公司已确认销售收入，款项已收到，发生的销售折让允许扣减当期增值税。

3. 要求：编制销售实现及发生销售折让的相关会计分录。

### 习题四

1. 目的：练习销售退回的核算。

2. 资料：甲公司于 2013 年 11 月 15 日向乙公司销售一批商品，开出增值税专用发票上注明销售价款为 20 000 元，增值税额为 3 400 元。该批的商品成本为 14 000 元。为及早收回货款，甲公司和乙公司约定现金折扣条件为：2/10，1/20，*n*/30。乙公司在 2013 年 11 月 25 日支付货款。2014 年 3 月 6 日，该批商品因质量问题被乙公司退回，甲公司当日支付有关款项。假定计算现金折扣时不考虑增值税，销售退回不属于资产负债表日后事项。

3. 要求：编制销售实现，收回货款及销售退回的会计分录。

### 习题五

1. 目的：练习营业外收支的核算

2. 资料：甲公司 2013 年 6 月 7 日收到客户支付的违约金 5 000 元，存入银行。6 月 15 日甲公司向灾区捐赠款项 300 000 元。

3. 要求：编制公司收到违约金和向外捐赠的会计分录。

习题六

已知甲公司损益类账户的本期发生额如下：

| | |
|---|---|
| 主营业务收入 | 1 000 000 |
| 其他业务收入 | 90 000 |
| 投资收益 | 300 000 |
| 营业外收入 | 100 000 |
| 主营业务成本 | 500 000 |
| 其他业务成本 | 60 000 |
| 营业税金及附加 | 50 000 |
| 销售费用 | 80 000 |
| 管理费用 | 120 000 |
| 财务费用 | 50 000 |
| 资产减值损失 | 10 000 |
| 所得税费用 | 130 000 |

要求：编制甲公司期末结转本年利润的会计分录。

# 第十三章

# 财务会计报告

**学习目标**

通过本章的学习，要求了解财务报表的概念、构成和目标，熟悉资产负债表、利润表、现金流量表和所有者权益变动表的概念、作用和内容，掌握资产负债表和利润表的编制方法。

**引导案例**

张伟持有某一上市公司股份，很关注该公司的相关信息。最近，他看了该公司的年报后有些困惑，于是他找到了一个朋友进行诉说。他说“公司年末资产负债表上列示的资产总价值为 2 亿元，可是公司发行在外股份为 1 亿股，当日每股市价为 4 元，总价值应为 4 亿元，相差 2 亿元，这不是有问题吗？”

**问题讨论：**如何分析、利用财务信息？对张伟所提出的问题应如何解释说明？

## 第一节 财务会计报告概述

财务会计报告是指企业对外提供的反映企业某一特定日期的财务状况和某一会计期间的经营成果、现金流量等会计信息的文件。

财务会计报告的目标是向财务会计报告使用者提供与企业财务状况、经营成果和现金流量等有关的会计信息，反映企业管理层受托责任的履行情况，有助于财务会计报告使用者做出经济决策。财务会计报告使用者包括投资者、债权人、政府及其有关部门和社会公众等。

## 一、财务会计报告的组成

财务会计报告包括财务报表及其附注和其他应当在财务会计报告中披露的相关信息和资料。

财务报表是综合反映企业一定时期财务状况和经营成果的文件，是财务会计报告的主要组成部分，是企业向外传递会计信息的主要途径。财务报表包括资产负债表、利润表、现金流量表和所有者权益变动表。

财务报表附注是指对在财务报表中列示的项目所做的进一步说明，以及对未能在这些报表中列报的项目所做的解释说明。

## 二、财务报表的分类

财务报表可按不同标准进行分类，如图 13-1 所示。

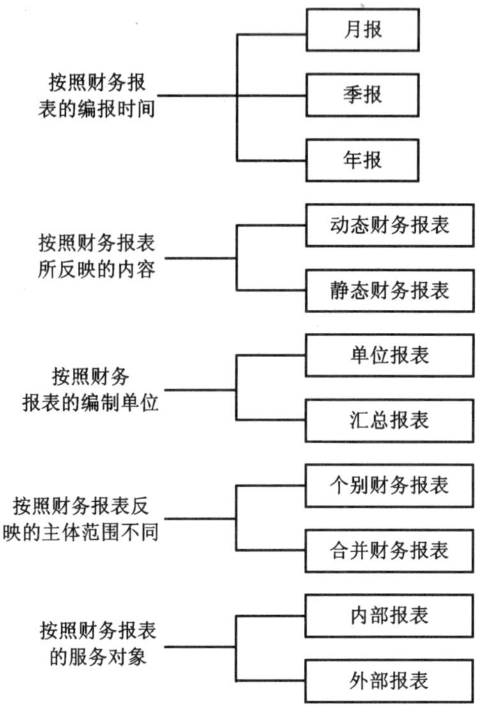


图 13-1　财务报表的分类

月报要求简明扼要、及时反映，如资产负债表、利润表等；年报要求揭示完整、反映全面，如所有者权益变动表等；季报在会计信息的详细程度方面，介于月报和年报之间。

动态财务报表是反映一定时期耗费和资金收回的报表，如利润表、现金流量表；静态报表是综合地反映企业在某一时点资产负债和权益总额的财务报表，如资产负债表。

单位报表是指企业在自身会计核算的基础上，对账簿记录进行加工而编制的财务报表，以反映企业本身的财务状况和经营成果；汇总报表是指由企业主管部门或上级机关根据所属单位报送的财务报表，连同本单位财务报表汇总编制的综合性财务报表。

个别财务报表各项目数字所反映的内容，仅仅包括单个企业的财务数据；合并财务报表是由母公司编制的，一般包括所有控股子公司财务报表的数据，通过编制和提供合并财务报表，可以向财务报表使用者提供公司集团总体的财务状况和经营成果。

内部报表是指为适应企业内部经营管理需要而编制的、不对外公开的财务报表，如成本报表；外部报表是指企业向外提供的、供外部信息使用者使用的财务报表，如资产负债表等。

## 三、财务报表的编制要求

财务报表是传递会计信息的主要形式，为了保证财务报表所提供的信息能够及时、准确、完整地反映企业的财务状况和经营成果，满足信息使用者的需要，企业在编制财务报表时要求做到：真实正确、内容完整、手续齐备、报送及时。

# 第二节　资产负债表

## 一、资产负债表的概念和作用

资产负债表是反映企业在报告期末全部资产、负债和所有者权益情况的报表。它是揭示企业在一定时点上财务状况的静态报表。资产负债表的作用主要表现在以下方面。

### 1. 反映企业的经济资源及其分布情况，以及企业的资本结构

使用者通过资产负债表可以清楚地了解企业在某一特定时日所拥有的资产总量及其结构。企业的经济资源来自债权人及股东。债权人对企业的资产享有优先受偿的权利，股东享有剩余权益。因此，负债与股东权益相对比重的大小，会影响到债权人及股东的相对风险，负债比重越大，债权人所冒的风险越大。

资本结构是指在企业的资金来源中负债和所有者权益的比值。资产负债表把企业的资金来源划分为负债和所有者权益两大类，充分反映了企业的资本结构情况。

### 2. 可据以评价和预测企业的短期偿债能力和长期偿债能力

企业的偿债能力是指企业以其资产偿付债务的能力，分为短期偿债能力和长期偿债能力。短期偿债能力主要体现在企业资产和负债的流动性上。流动性指资产转换成现金的速度或负债离到期清偿日的时间，也指企业资产接近现金的速度，或负债需要动用现金的期限。

企业的长期偿债能力主要指企业以全部资产清偿全部负债的能力。一般认为资产越多，负债越少，其长期偿债能力越强；但是，若资不抵债，则企业缺乏长期偿债能力。资不抵债往往由企业长期亏损、蚀耗资产引起，还可能因为举债过多所致。所以，企业的长期偿债能力一方面取决于它的获利能力，另一方面取决于它的资本结构。

### 3．有助于评价、预测企业的财务弹性

财务弹性指企业应付各种挑战、适应各种变化的能力，包括进攻性适应能力和防御性适应能力。财务弹性来自：资产的流动性或变现能力；由经营产生的资金流入能力；向投资者和债权人筹集资金的能力；在不影响正常经营的前提下变卖现有资产取得现金的能力。

### 4．提供财务分析的基本资料

可以利用资产负债表中的部分资料计算各种财务比率，如现金比率、速动比率、流动比率、资产负债率等，分析评价企业的偿债能力等。

## 二、资产负债表的结构和内容

资产负债表包括的内容有：企业各项资产的总额及构成，包括流动资产和非流动资产；负债总额及构成，包括流动负债和非流动负债；所有者权益总额及构成，包括投资者投入的资本、资本公积及留存收益。

### 1．资产负债表的项目排列方式

（1）资产项目是按流动性的大小先后排列的，即流动性强的资产排在前面，流动性差的资产排在后面。

（2）负债项目是按偿还期的短长先后排列的，即偿还期短的排在前面，偿还期长的排在后面。

（3）所有者权益项目是按变动性的难易先后排列的，即不易变动的排在前面，容易变动的排在后面。

### 2．资产负债表的格式

目前在国际上流行的主要有报告式（如表13-1所示）和账户式（如表13-3所示）两种。按照我国现行会计准则的规定，企业的资产负债表一般采用账户式。

表13-1　资产负债表（报告式）

编制单位：　　　　年　月　日　　　　单位：元

| 项　目 | 金　额 | 项　目 | 金　额 |
|---|---|---|---|
| 资产： | | 负债： | |
| 流动资产 | | 负债合计 | |
| 非流动资产 | | 资产−负债 | |
| 资产合计 | 略 | 所有者权益： | 略 |
| 负债： | | 股本 | |
| 流动负债 | | 留存收益 | |
| 非流动负债 | | 所有者权益合计 | |

## 三、资产负债表的编制方法

### （一）资产负债表的填列方法

1．资产负债表的“期初余额”栏各项目数字应根据上年年末资产负债表“期末余额”栏内所列数字填列（见表 13-3）

2．资产负债表的“期末余额”栏各项目主要是根据资产、负债和所有者权益类账户期末余额记录编制的

填列方法有以下几种：

（1）根据总分类账户的期末余额直接填列。如交易性金融资产、应收票据、固定资产、累计折旧、应付票据、实收资本等项目。

（2）根据若干总分类账户的期末余额的合计数填列。如货币资金项目应根据“库存现金”、“银行存款”、“其他货币资金”账户的期末余额相加后填列。

（3）根据若干总分类账户的期末余额抵消后填列。如应收账款项目应根据“应收账款”账户与“坏账准备”账户的期末余额之差填列。固定资产项目还应按“固定资产”账户的期末余额减去提取的相应的“累计折旧”和“固定资产减值准备”后的净额填列。

（4）根据若干明细分类账户的期末余额分析计算填列。如应收账款项目应根据“应收账款”和“预付账款”所属明细账户的期末借方余额汇总填列；应付账款项目应根据“应付账款”和“预付账款”所属明细账户的期末贷方余额汇总填列；至于“应收账款”账户所属明细账户如有贷方余额，则应包括在“预收账款”项目内。

（5）根据有关总分类账和明细分类账的期末余额分析计算填列。如持有至到期投资项目根据“持有至到期投资”总分类账户的期末余额减去一年内到期的投资和“持有至到期投资减值准备”明细账的期末余额后的差额填列。

3．各项目具体填列方法

（1）“货币资金”项目，反映企业期末持有的现金、银行存款和其他货币资金等的总和。本项目应根据“库存现金”、“银行存款”、“其他货币资金”账户的期末余额相加后填列。

（2）“交易性金融资产”、“应收票据”、“预付账款”、“应收股利”、“应收利息”、“其他流动资产”、“可供出售金融资产”、“工程物资”、“固定资产清理”、“开发支出”、“商誉”、“递延所得税资产”、“其他非流动资产”等项目，反映企业持有的相应资产的期末价值，一般应根据各个账户的期末借方余额直接填列。

其中，“预付账款”账户所属有关明细账期末有贷方余额的，应在本表“应付账款”项目内填列。

（3）“应收账款”、“其他应收款”、“长期应收款”、“存货”、“消耗性生物资产”、“持有至到期投资”、“投资性房地产”、“长期股权投资”、“固定资产”、“在建工程”、“生产性生物资产”、“油气资产”、“无形资产”等资产项目，反映企业期末持有的相应资产的实际价值，应当以扣减提取的相应资产减值准备后的净额填列。

其中，“固定资产”、“无形资产”、“生产性生物资产”、“油气资产”项目，还应按减去相应的“累计折旧”、“累计摊销”、“生产性生物资产累计折旧”、“累计折耗”账户期末余额后的金额填列。

材料采用计划成本核算及库存商品采用计划成本或售价核算的，“存货”项目还应按加上或减去“材料成本差异”、“商品进销差价”账户期末余额后的金额填列。

如果“应收账款”账户中所属明细账期末有贷方余额，应在本表“预收账款”项目内填列。

“代理业务资产”减去“代理业务负债”后的余额在“存货”项目中反映。建造承包商的“工程施工”期末余额大于“工程结算”期末余额的差额，应在“存货”项目中反映。

“长期应收款”项目，应按减去相应的“未实现融资收益”期末余额后的金额填列。

企业期末持有的公益性生物资产，应在“其他非流动资产”项目中反映。

（4）“短期借款”、“交易性金融负债”、“应付票据”、“应付账款”、“预收账款”、“应付职工薪酬”、“应交税费”、“应付利息”、“应付股利”、“其他应付款”、“预计负债”、“其他流动负债”、“长期借款”、“应付债券”、“专项应付款”、“递延所得税负债”、“其他非流动负债”等项目，一般应反映企业期末尚未偿还的短期借款、应付未付给职工的各种薪酬、应交未交税费等，一般应根据各个账户的期末贷方余额直接填列。

其中，“应付职工薪酬”、“应交税费”等期末转为债权的，应以“-”号填列。

如果“应付账款”账户所属有关明细账期末有借方余额，应在本表“预付账款”项目内填列；如果“预收账款”账户所属有关明细科目有借方余额，应在本表“应收账款”项目内填列。

建造承包商的“工程施工”期末余额小于“工程结算”期末余额的差额，应在“应付账款”项目中反映。

“递延收益”应在“其他流动负债”项目中反映。

（5）“实收资本”、“资本公积”、“盈余公积”、“库存股”等项目，一般应反映企业期末持有的接受投资者投入企业的实收资本、从净利润中提取的盈余公积余额、企业收购的尚未转让或注销的本公司股份金额等，一般应根据各个账户的期末贷方余额直接填列。

其中，期末累计未分配利润为负数的，以“-”号填列。

（6）企业与同一客户在购销商品结算中形成的债权债务关系，应当单独列示，不应当相互抵消，即应收账款不能与预收账款相互抵消、预付账款不能与应付账款相互抵消、应付账款不能与应收账款相互抵消、预收账款不能与预付账款相互抵消。

长期应收款中将于一年内（含一年）到期的部分，在“一年内到期的非流动资产”项目中反映；长期负债中将于一年内到期的部分，在“一年内到期的非流动负债”项目中反映。

## （二）资产负债表编制实例

**例 13-1**　ABC 公司 2013 年 12 月 31 日有关账户的期末余额如表 13-2 所示。

**表 13-2　账户余额表**

单位：元

| 账户名称 | 借方余额 | 贷方余额 | 账户名称 | 借方余额 | 贷方余额 |
|---|---|---|---|---|---|
| 库存现金 | 8 000 | | 短期借款 | | 1 000 000 |
| 银行存款 | 112 000 | | 应付票据 | | 638 000 |
| 交易性金融资产应 | 790 000 | | 应付账款——D | | 710 000 |
| 收账款——A | 1 100 000 | | ——E | 150 000 | |
| ——B | 800 000 | | ——F | | 100 000 |
| ——C | | 240 000 | 其他应付款 | | 90 000 |
| 预付账款 | 20 000 | | 应付职工薪酬 | | 160 000 |
| 其他应收款 | 130 000 | | 应交税费 | | 170 000 |
| 原材料 | 850 000 | | 应付利润 | | 120 000 |
| 低值易耗品 | 35 000 | | 长期借款 | | 2 080 000 |
| 包装物 | 15 000 | | 应付债券 | | 3190 000 |
| 生产成本 | 1 050 000 | | 实收资本 | | 4 000 000 |
| 库存商品 | 220 000 | | 资本公积 | | 164 000 |
| 长期股权投资 | 760 000 | | 盈余公积 | | 1 150 000 |
| 固定资产 | 9 080 000 | | 利润分配 | | 728 000 |
| 累计折旧 | | 760 000 | | | |
| 长期待摊费用 | 180 000 | | | | |

根据上述资料，编制 ABC 公司 2013 年 12 月 31 日的资产负债表，如表 13-3 所示。

**表 13-3　资产负债表（账户式）**　　**会企 01 表**

编制单位：ABC 公司　　2013 年 12 月 31 日　　单位：元

| 资　　产 | 行次 | 年初数 | 期末数 | 负债及所有者权益 | 行次 | 年初数 | 期末数 |
|---|---|---|---|---|---|---|---|
| 流动资产： | | | | 流动负债： | | | |
| 货币资金 | | | 120 000 | 短期借款 | | | 1 000 000 |
| 交易性金融资产 | | | 790 000 | 应付票据 | | | 638 000 |
| 应收票据 | 略 | 略 | | 应付账款 | 略 | 略 | 810 000 |
| 应收账款 | | | 1 900 000 | 预收账款 | | | 240 000 |
| 预付账款 | | | 170 000 | 其他应付款 | | | 90 000 |
| 其他应收款 | | | 130 000 | 应付职工薪酬 | | | 160 000 |
| 存货 | | | 2 170 000 | 应交税费 | | | 170 000 |

续表

| 资　产 | 行次 | 年初数 | 期末数 | 负债及所有者权益 | 行次 | 年初数 | 期末数 |
|---|---|---|---|---|---|---|---|
| 其他流动资产 | | | | 应付利润 | | | 120 000 |
| 流动资产合计 | | | 5 280 000 | 其他流动负债 | | | |
| 非流动资产： | | | | 流动负债合计 | | | 3 228 000 |
| 可供出售金融资产 | | | | 非流动负债： | | | |
| 持有至到期投资 | | | | 长期借款 | | | 2 080 000 |
| 投资性房地产 | | | | 应付债券 | | | 3 190 000 |
| 长期股权投资 | | | 760 000 | 长期应付款 | | | |
| 固定资产 | 略 | 略 | 8 320 000 | 非流动负债合计 | 略 | 略 | 5 270 000 |
| 在建工程 | | | | 负债合计 | | | 8 498 000 |
| 固定资产清理 | | | | 所有者权益： | | | |
| 无形资产 | | | | 实收资本 | | | 4 000 000 |
| 长期待摊费用 | | | 180 000 | 资本公积 | | | 164 000 |
| 其他非流动资产 | | | | 盈余公积 | | | 1 150 000 |
| 非流动资产合计 | | | 9 260 000 | 未分配利润 | | | 728 000 |
| | | | | 所有者权益合计 | | | 6 042 000 |
| 资产总计 | | | 14 540 000 | 负债及所有者权益总计 | | | 14 540 000 |

# 第三节　利　润　表

## 一、利润表的概念和作用

利润表，又称收益表、损益表，是反映企业一定期间（如年度、季度、月份）经营成果的会计报表。利润表具有如下作用：

（1）为投资者及信贷者进行投资及贷款决策提供依据。

（2）为企业内部管理层的经营决策提供依据。

（3）为企业内部业绩考核提供重要的依据。

（4）预测企业未来的现金流量。

## 二、利润表的内容和结构

目前，国际上比较普遍的利润表的格式主要有单步式和多步式两种。单步式利润表是指以收入总额减去一切费用总额而计算出的净利润，其一般格式如表 13-4 所示。多步式利润表是指按净利润形成的主要环节，将营业利润、利润总额和净利润等分步进行计算，从而得出最终成果，其一般格式如表 13-6 所示。我国采用多步式利润表格式。

表 13-4 利润表（单步式）

2013 年 5 月　　单位：元

| 项　目 | 本 月 数 | 本年累计数 |
|---|---|---|
| 一、收入 | | |
| 营业收入 | | |
| 营业外收入 | | |
| 公允价值变动收益 | | |
| 投资收益 | | |
| 二、费用 | | |
| 营业成本 | | |
| 营业税金及附加 | | |
| 销售费用 | | |
| 管理费用 | 略 | 略 |
| 财务费用 | | |
| 资产减值损失 | | |
| 营业外支出 | | |
| 所得税费用 | | |
| 三、净利润 | | |

## 三、利润表的编制方法

### （一）利润表的编制要求及方法

#### 1. 编制要求

编制月报时，利润表中“本期金额”栏反映各项目的本月实际发生数，“本期累计金额”栏反映各项目自年初起至报告期末止的累计实际发生数。编制年报时，“上年金额”栏内各项数字，应根据上年度利润表“本年金额”栏内所列数字填列。如果上年度利润表与本年度利润表的项目名称和内容不相一致，应对上年度利润表项目的名称和数字按本年度的规定进行调整，填入本表“上年金额”栏内。

#### 2. 利润表中“本期金额”栏内各项目的填列方法

（1）“营业收入”项目，反映企业经营业务所取得的收入总额。本项目应根据“主营业务收入”账户和“其他业务收入”账户的发生额合计填列。

（2）“营业成本”项目，反映企业经营业务发生的实际成本。本项目应根据“主营业务成本”账户和“其他业务成本”账户的发生额合计填列。

（3）“营业税金及附加”项目，反映企业经营业务应负担的营业税、消费税、城市维护建设税、资源税、土地增值税和教育费附加等。本项目应根据“营业税金及附加”账户的发生额分析填列。

（4）“销售费用”项目，反映企业在销售商品和商品流通企业在购入商品等过程中发生的费用。本项目应根据“销售费用”账户的发生额分析填列。

（5）“管理费用”项目，反映企业发生的管理费用。本项目应根据“管理费用”账户的发生额分析填列。

（6）“财务费用”项目，反映企业发生的财务费用。本项目应根据“财务费用”账户的发生额分析填列。

（7）“资产减值损失”项目，反映企业因资产减值而发生的损失。本项目应根据“资产减值损失”账户的发生额分析填列。

（8）“公允价值变动净收益”项目，反映企业资产因公允价值变动而发生的损益。本项目应根据“公允价值变动损益”账户的发生额分析填列。

（9）“投资净收益”项目，反映企业以各种方式对外投资所取得的收益。本项目应根据“投资收益”账户的发生额分析填列；如为投资损失，以“–”号填列。

（10）“营业外收入”项目，反映企业发生的与其经营活动无直接关系的各项收入。本项目应根据“营业外收入”账户的发生额分析填列。

（11）“营业外支出”项目，反映企业发生的与其经营活动无直接关系的各项支出。本项目应根据“营业外支出”账户的发生额分析填列。

（12）“所得税费用”项目，反映企业按规定从本期损益中减去的所得税。本项目应根据“所得税费用”账户的发生额分析填列。

（13）“净利润”项目，反映企业实现的净利润；如为净亏损，以“–”号填列。

（14）“基本每股收益”和“稀释每股收益”项目，反映企业根据每股收益准则计算的两种每股收益指标的金额。

## （二）利润表编制实例

**例 13-2** 承【例 13-1】ABC 公司 2013 年 5 月 31 日损益类账户的本期发生额如表 13-5 所示。

**表 13-5 损益类账户发生额表**

2013 年 5 月 31 日　　　　单位：元

| 账户名称 | 5 月份发生额 | 全年累计发生额 |
|---|---|---|
| 主营业务收入 | 1 112 000 | 5 000 000 |
| 主营业务成本 | 590 000 | 2 600 000 |
| 营业税金及附加 | 48 000 | 200 000 |
| 其他业务收入 | 92 000 | 78 000 |
| 其他业务成本 | 72 000 | 63 500 |
| 销售费用 | 90 000 | 350 000 |

续表

| 账户名称 | 5 月份发生额 | 全年累计发生额 |
|---|---|---|
| 管理费用 | 75 000 | 300 000 |
| 财务费用 | 35 000 | 200 000 |
| 投资收益 | 80 000 | 120 000 |
| 营业外收入 | 5 000 | 20 000 |
| 营业外支出 | 34 000 | 40 000 |
| 所得税费用 | 116 250 | 4 501 525 |

根据上述资料，编制 ABC 公司 2013 年 5 月份利润表，如表 13-6 所示。

表 13-6　利润表（多步式）

会企 02 表

编制单位：ABC 公司　　　　2013 年 5 月　　　　单位：元

| 项　　目 | 行　　次 | 本期金额 | 本期累计金额 |
|---|---|---|---|
| 一、营业收入 | | 1 204 000 | 6 282 000 |
| 减：营业成本 | | 662 000 | 3 325 500 |
| 营业税金及附加 | | 48 000 | 200 000 |
| 销售费用 | | 90 000 | 350 000 |
| 管理费用 | | 75 000 | 300 000 |
| 财务费用 | | 35 000 | 200 000 |
| 资产减值损失 | | | |
| 加：公允价值变动净收益 | | | |
| 投资净收益 | 略 | 80 000 | 120 000 |
| 二、营业利润 | | 494 000 | 2 026 500 |
| 加：营业外收入 | | 5 000 | 20 000 |
| 减：营业外支出 | | 34 000 | 40 000 |
| 三、利润总额 | | 465 000 | 2 006 500 |
| 减：所得税费用 | | 116 250 | 501 525 |
| 四、净利润 | | 348 750 | 1 504 975 |
| 五、每股收益 | | | |
| （一）基本每股收益 | | | |
| （二）稀释每股收益 | | | |

# 第四节　所有者权益变动表

## 一、所有者权益变动表的内容和作用

所有者权益（或股东权益）变动表是全面反映企业一定时期所有者权益（或股东权益）增减变动情况的报表。

所有者权益变动表的内容包括：

（1）资本业务导致所有者权益总额变动项目。

（2）所有者权益项目内部的变动。

（3）综合收益导致的所有者权益的变动（包括直接计入所有者权益的利得和损失及净利润）。

通过该表，可以了解企业某一会计年度所有者权益（或股东权益）的各项目——实收资本（或股本）、资本公积、盈余公积和未分配利润等的增加、减少及余额的情况，分析其变动原因及预测未来的变动趋势。

## 二、所有者权益变动表的编制

所有者权益变动表的格式如表13-7所示，表中各项目应当根据当期净利润、直接计入所有者权益的利得和损失、所有者投入资本和向所有者分配利润、提取盈余公积等情况分析填列。

在本表中，直接计入当期损益的利得和损失应包含在净利润中，直接计入所有者权益的利得和损失应单列项目反映，例如，可供出售金融资产公允价值变动净额、现金流量套期工具公允价值变动净额等。

表13-7　所有者权益变动表　　会企04表

编制单位：ABC公司　　2013年度　　单位：元

| 项　目 | 本年金额 | | | | | | 上年金额 | | | | | |
|---|---|---|---|---|---|---|---|---|---|---|---|---|
| | 实收资本（或股本） | 资本公积 | 盈余公积 | 未分配利润 | 减：库存股 | 所有者权益合计 | 实收资本（或股本） | 资本公积 | 盈余公积 | 未分配利润 | 减：库存股 | 所有者权益合计 |
| 一、上年年末余额 | | | | | | | | | | | | |
| 加：会计政策变更 | | | | | | | | | | | | |
| 前期差错更正 | | | | | | | | | | | | |
| 二、本年年初余额 | | | | | | | | | | | | |
| 三、本年增减变动金额（减少以“–”号填列） | | | | | | | | | | | | |
| （一）净利润 | | | | | | | | | | | | |
| （二）直接计入所有者权益的利得和损失 | | | | | | | | | | | | |
| 1．可供出售金融资产公允价值变动净额 | | | | | | | | | | | | |
| 2．权益法下被投资单位其他所有者权益变动的影响 | | | | | | | | | | | | |

续表

| 项　目 | 本年金额 | | | | | | 上年金额 | | | | | |
|---|---|---|---|---|---|---|---|---|---|---|---|---|
| | 实收资本（或股本） | 资本公积 | 盈余公积 | 未分配利润 | 减：库存股 | 所有者权益合计 | 实收资本（或股本） | 资本公积 | 盈余公积 | 未分配利润 | 减：库存股 | 所有者权益合计 |
| 3. 与计入所有者权益项目相关的所得税影响 | | | | | | | | | | | | |
| 4. 其他 | | | | | | | | | | | | |
| 上述（一）和（二）小计 | | | | | | | | | | | | |
| （三）所有者投入和减少资本 | | | | | | | | | | | | |
| 1. 所有者投入资本 | | | | | | | | | | | | |
| 2. 股份支付计入所有者权益的金额 | | | | | | | | | | | | |
| 3. 其他 | | | | | | | | | | | | |
| （四）利润分配 | | | | | | | | | | | | |
| 1. 提取盈余公积 | | | | | | | | | | | | |
| 2. 对所有者（或股东）的分配 | | | | | | | | | | | | |
| （五）所有者权益内部结转 | | | | | | | | | | | | |
| 1. 资本公积转增资本（或股本） | | | | | | | | | | | | |
| 2. 盈余公积转增资本（或股本） | | | | | | | | | | | | |
| 3. 盈余公积弥补亏损 | | | | | | | | | | | | |
| 4. 其他 | | | | | | | | | | | | |
| 四、本年年末余额 | | | | | | | | | | | | |

# 第五节　现金流量表

## 一、现金流量表的概念和作用

现金流量表是反映企业在一定会计期间内有关现金和现金等价物的流入和流出的报表。该表完全以现金的收支为基础，是对资产负债表和利润表的重要补充。现金流量表有如下作用：

（1）说明企业偿还债务及支付企业所有者的投资报酬能力。
（2）说明了企业现金收支产生差异的原因。
（3）能够评估企业未来获取现金的能力。
（4）评估现金与非现金投资和理财事项对财务状况的影响。

## 二、现金流量表的编制基础

### （一）“现金”的含义

现金流量表是以现金为基础编制的，这里所指的现金是广义的现金概念，其具体内容包括库存现金、银行存款、其他货币资金和现金等价物。

库存现金是指企业持有的可随时用于支付的货币。

银行存款是指企业存在金融企业中随时可以用于支付的存款。如果存在金融企业的款项不能随时用于支付，如不能随时支取的定期存款，则不能作为现金流量表中的现金，但提前通知金融企业便可支取的定期存款，也应包括在现金流量表中的现金范围内。

其他货币资金是指企业存在金融企业有特定用途的资金，如外埠存款、银行汇票存款、银行本票存款、信用证保证金存款、信用卡存款等。

现金等价物是指企业持有的期限短、流动性强、易于转换为已知金额的现金、价值变动风险很小的投资。现金等价物虽然不是严格意义上的现金，但其支付能力与现金的差别不大，可视为现金。认定现金等价物时，期限短通常是指从购买日起 3 个月内到期。

### （二）现金流量及其分类

现金流量，是指现金和现金等价物的流入和流出。

现金流量主要包括以下内容。

#### 1. 经营活动产生的现金流量

经营活动是指企业发生的投资活动和筹资活动以外的所有交易和事项，包括销售商品或提供劳务、经营性租赁、购买货物、接受劳务、制造产品、广告宣传、推销产品、交纳税款等。

#### 2. 投资活动产生的现金流量

投资活动是指企业长期资产的购建和不包括在现金等价物范围内的投资及其处置活动。

#### 3. 筹资活动产生的现金流量

筹资活动是指导致企业资本及债务规模和构成发生变化的活动，包括吸收投资、发行股票、分配利润等。

对于企业日常活动之外不经常发生的特殊项目，如自然灾害损失、保险赔款、捐赠等，应当归并到现金流量表的相关类别中，并单独反映。

## 三、现金流量表的基本结构

现金流量表属于中期报告，由报表主表（见表 13-8）和附注中的补充资料（见表 13-9）两部分组成。

表 13-8　现金流量表　　会企 03 表

编制单位：ABC 公司　　2013 年 5 月　　单位：元

| 项　　目 | 本期金额 | 上期金额 |
|---|---|---|
| 一、经营活动产生的现金流量 | | |
| 销售商品、提供劳务收到的现金 | | |
| 收到的税费返还 | | |
| 收到的其他与经营活动有关的现金 | | |
| 经营活动现金流入小计 | | |
| 购买商品、接受劳务支付的现金 | | |
| 支付给职工以及为职工支付的现金 | | |
| 支付的各项税费 | | |
| 支付的其他与经营活动有关的现金 | | |
| 经营活动现金流出小计 | | |
| 经营活动产生的现金流量净额 | | |
| 二、投资活动产生的现金流量 | | |
| 收回投资所收到的现金 | | |
| 取得投资收益所收到的现金 | | |
| 处置固定资产、无形资产和其他长期资产收回的现金净额 | | |
| 处置子公司及其他营业单位收到的现金净额 | 略 | 略 |
| 收到其他与投资活动有关的现金 | | |
| 投资活动现金流入小计 | | |
| 购建固定资产、无形资产和其他长期资产支付的现金 | | |
| 投资支付的现金 | | |
| 取得子公司及其他营业单位支付的现金净额 | | |
| 支付的其他与投资活动有关的现金 | | |
| 投资活动现金流出小计 | | |
| 投资活动产生的现金流量净额 | | |
| 三、筹资活动产生的现金流量 | | |
| 吸收投资收到的现金 | | |
| 取得借款收到的现金 | | |
| 收到的其他与筹资活动有关的现金 | | |
| 筹资活动现金流入小计 | | |
| 偿还债务支付的现金 | | |
| 分配股利、利润或偿付利息支付的现金 | | |

续表

| 项　　目 | 本期金额 | 上期金额 |
|---|---|---|
| 支付的其他与筹资活动有关的现金 | 略 | 略 |
| 筹资活动现金流出小计 | | |
| 筹资活动产生的现金流量净额 | | |
| 四、汇率变动对现金的影响额 | | |
| 五、现金及现金等价物净增加额 | | |
| 加：期初现金及现金等价物余额 | | |
| 六、期末现金及现金等价物余额 | | |

表 13-9　现金流量表附注

| 补充资料 | 本期金额 | 上期金额 |
|---|---|---|
| 1. 将净利润调节为经营活动现金流量： | | |
| 净利润 | | |
| 加：资产减值准备 | | |
| 固定资产折旧、油气资产折耗、生产性生物资产折旧 | | |
| 无形资产摊销 | | |
| 长期待摊费用摊销 | | |
| 处置固定资产、无形资产和其他长期资产的损失（收益以“–”号填列） | | |
| 固定资产报废损失（收益以“–”填列） | | |
| 公允价值变动损失（收益以“–”号填列） | | |
| 财务费用（收益以“–”号填列） | | |
| 投资损失（收益以“–”号填列） | | |
| 递延所得税资产减少（增加以“–”号填列） | | |
| 递延所得税负债增加（减少以“–”号填列） | | |
| 存货的减少（增加以“–”号填列） | | |
| 经营性应收项目的减少（增加以“–”号填列） | | |
| 经营性应付项目的增加（减少以“–”号填列） | | |
| 其他 | | |
| 经营活动产生的现金流量净额 | | |
| 2. 不涉及现金收支的重大投资和筹资活动： | | |
| 债务转为资本 | | |
| 一年内到期的可转换公司债券 | | |
| 融资租入固定资产 | | |
| 3. 现金及现金等价物净变动情况： | | |
| 现金的期末余额 | | |
| 减：现金的期初余额 | | |
| 加：现金等价物的期末余额 | | |
| 减：现金等价物的期初余额 | | |
| 现金及现金等价物净增加额 | | |

## 四、现金流量表的编制方法

### （一）经营活动产生的现金流量的编制方法

经营活动产生的现金流量是一项重要的指标，它可以说明企业在不动用从外部筹得资金的情况下，通过经营活动产生的现金流量是否足以偿还负债、支付股利和对外投资。经营活动产生的现金流量可以采用直接法和间接法两种方法反映。

（1）直接法是通过现金流入和现金流出的主要类别来反映企业经营活动产生的现金流量。在我国，直接法下经营活动产生的现金流量，其现金流入可分为销售商品、提供劳务收到的现金，收到的税费返还，收到的其他与经营活动有关的现金等类别；现金流出可分为购买商品、接受劳务支付的现金，支付给职工以及为职工支付的现金，支付的各项税费，支付的其他与经营活动有关的现金等类别。

（2）间接法是以本期净利润为起算点，调整不涉及现金的收入、费用、营业外收支等有关项目的增减变动，据此计算出经营活动产生的现金流量。

采用直接法提供的信息有助于评价企业未来现金流量。国际会计准则鼓励企业采用直接法编制现金流量表。在我国，现金流量表也以直接法编制，但在现金流量表的附注补充资料中还按照间接法反映经营活动现金流量的情况。

直接法与间接法的编制方法如下所述。

#### 1. 直接法

采用直接法报告企业经营活动产生的现金流量时，各个现金流入与流出项目的数据可以从会计记录中直接获得，也可以在利润表上营业收入、营业成本等数据的基础上，通过调整获得。

（1）“销售商品、提供劳务收到的现金”项目，反映企业销售商品、提供劳务实际收到的现金（含销售收入和应向购买者收取的增值税额），包括本期销售商品、提供劳务收到的现金，以及前期销售和前期提供劳务本期收到的现金和本期预收的账款，扣除本期销售本期退回的商品和前期销售本期退回的商品支付的现金。企业销售材料和代购供销业务收到的现金，也在本项目反映。

确定本项目的金额通常以利润表上的“营业收入”为基础进行调整。其计算公式如下：

销售商品、提供劳务收到的现金=营业收入
+应交税费——应交增值税（销项税额）
+应收账款（期初余额–期末余额）
+应收票据（期初余额–期末余额）
+预收账款（期末余额–期初余额）
–以非现金资产抵偿债务而减少的应收账款和应收票据
–当期核销的坏账
+当期收回前期核销的坏账
–当期票据贴现所支付的利息

（2）“收到的税费返还”项目，反映企业收到返还的各种税费，如收到的增值税、消费税、营业税、所得税、教育费附加返还等。

确定该项目的余额，需要分析“应交税费”账户下属各明细账户的贷方发生额。

（3）“收到的其他与经营活动有关的现金”项目，反映企业除了上述各项目外，收到的其他与经营活动有关的现金流入，如罚款收入、流动资产损失中由个人赔偿的现金收入等。其他现金流入如价值较大，应单列项目反映。

该项目所包括内容比较复杂，要通过分析“现金”、“银行存款”账户的借方发生额确定，由于没有固定的账户对应关系，分析起来有一定难度。不过企业涉及此类现金流入的经济业务一般较少。

（4）“购买商品、接受劳务支付的现金”项目，反映企业因购买商品、接受劳务实际支付的现金，包括本期购入商品、接受劳务支付的现金（包括支付的增值税进项税额），以及本期支付前期购入商品、接受劳务的未付款项和本期预付款项。本期发生的购货退回收到的现金应从本项目扣除。

确定本项目的金额通常以利润表上的“营业成本”为基础进行调整。其计算公式如下：

购买商品、接受劳务支付的现金 = 营业成本<br>+应交税费——应交增值税（进项税额）<br>+存货（期末余额–期初余额）<br>+应付账款（期初余额–期末余额）<br>+应付票据（期初余额–期末余额）<br>+预付账款（期末余额–期初余额）<br>–以非现金资产清偿债务减少的应付账款和应付票据

（5）“支付给职工以及为职工支付的现金”项目，反映企业实际支付给职工以及为职工支付的现金，包括本期实际支付给职工的工资、奖金、各种津贴和补贴等，以及为职工支付的其他费用。不包括支付的离退休人员的各项费用和支付给在建工程人员的工资等。企业支付给离退休人员的各项费用，在“支付的其他与经营活动有关的现金”项目反映；支付给在建工程人员的工资，在投资活动产生的现金流量部分的“购建固定资产、无形资产和其他长期资产所支付的现金”项目反映。

企业为职工支付的养老、失业等社会保险基金、补充养老保险、住房公积金、支付给职工的住房困难补助、企业为职工交纳的商业保险金，以及企业支付给职工或为职工支付的其他福利费用等，应按职工的工作性质和服务对象，分别在本项目和“购建固定资产、无形资产和其他长期资产所支付的现金”项目反映。

（6）“支付的各项税费”项目，反映企业当期实际上缴税务部门的各种税金，以及支付的教育费附加、矿产资源补偿费、印花税、房产税、土地增值税、车船使用税、预缴的营业税等。不包括计入固定资产价值、实际支付的耕地占用税等。

本项目的金额可通过分析“应交税费”账户下属的各明细账户的借方发生额计算得到。

（7）“支付的其他与经营活动有关的现金”项目，反映企业除上述各项目外支付的其他与经营活动有关的现金流出，如罚款支出、支付的差旅费、业务招待费现金支出、支付

的保险费等，其他现金流出如价值较大，应列单独项目反映。

确定本项目的金额，可以在科目表上的“销售费用”与“管理费用”两个项目的基础上进行分析调整，扣除折旧费用、无形资产摊销等无相应现金流出的项目。

### 2. 间接法

间接法是以利润表上的净利润为出发点，调整确定经营活动产生的现金流量。在利润表中反映的净利润是按权责发生制确定的，其中有些收入、费用项目并没有实际发生经营活动的现金流入和流出，通过对这些项目的调整，即可将净利润调节为经营活动产生的现金流量。具体需要调整的项目可分为四大类：一是实际没有支付现金的费用；二是实际没有收到现金的收益；三是不属于经营活动的损益；四是经营性应收应付项目的增减变动。将净利润调节为经营活动的现金流量需要调整的项目如下：

（1）“计提的资产减值准备”项目，反映企业本期计提的各项资产的减值准备。本项目可根据“资产减值损失”账户的记录填列。

（2）“固定资产折旧”项目，反映企业本期计提的折旧。本项目可根据“累计折旧”账户的贷方发生额分析填列。

（3）“无形资产摊销”和“长期待摊费用摊销”项目，分别反映企业本期摊入成本费用的无形资产的价值及长期待摊费用。这两个项目可根据“累计摊销”、“长期待摊费用”账户的贷方发生额分析填列。

（4）“处置固定资产、无形资产和其他长期资产的损失（减：收益）”项目，反映企业本期由于处置固定资产、无形资产和其他长期资产而发生的净损失。本项目可根据“营业外收入”、“营业外支出”、“其他业务收入”、“其他业务成本”账户所属有关明细账户的记录分析填列；如为净收益，以“−”号填列。

（5）“固定资产报废损失”项目，反映企业本期固定资产盘亏（减：盘盈）后的净损失。本项目可根据“营业外支出”、“营业外收入”账户所属有关明细账户中固定资产盘亏损失减去固定资产盘盈收益后的差额填列。

（6）“公允价值变动损失”项目，反映企业本期公允价值变动净损失。本项目可根据利润表上的“公允价值变动收益”项目的数字填列；如为净收益，以“−”号填列。

（7）“财务费用”项目，反映企业本期发生的应属于筹资活动或投资活动的财务费用。本项目可根据“财务费用”科目的本期借方发生额分析填列；如为收益，以“−”号填列。

（8）“投资损失（减：收益）”项目，反映企业本期投资所发生的损失减去收益后的净损失。本项目可根据利润表上“投资收益”项目的数字填列；如为投资收益，以“−”号填列。

（9）“递延所得税资产减少”和“递延所得税负债增加”项目，分别反映企业本期递延所得税资产减少和递延所得税负债增加。可分别根据资产负债表“递延所得税资产”、“递延所得税负债”项目的期初、期末余额的差额填列。“递延所得税资产”的期末数大于期初数的差额，以及“递延所得税负债”的期末数小于期初数的差额，以“−”号填列。

（10）“存货的减少（减：增加）”项目，反映企业本期存货的减少（减：增加）。本项目可根据资产负债表上“存货”项目的期初、期末余额的差额填列，期末数大于期初数的差额，以“–”号填列。

（11）“经营性应收项目的减少（减：增加）”项目，反映企业本期经营性应收项目（包括应收账款、应收票据和其他应收款中与经营活动有关的部分及应收的增值税销项税额等）的减少（减：增加）。

（12）“经营性应付项目的增加（减：减少）”项目，反映企业本期经营性应付项目（包括应付账款、应付票据、应交税费、其他应付款中与经营活动有关的部分及应付的增值税进项税额等）的增加（减：减少）。

### （二）投资活动产生的现金流量的编制方法

现金流量表中的投资活动包括不属于现金等价物的短期投资和长期投资的购买与处置、固定资产的购建与处置、无形资产的购置与处置等。投资活动产生的现金流量应首先区分现金流入与现金流出，在此基础上再细分为若干项目。

#### 1. 投资活动产生的现金流入

投资活动产生的现金流入可分为以下项目：

（1）“收回投资所收到的现金”项目，反映企业出售、转让或到期收回除现金等价物以外的交易性金融资产、长期股权投资而收到的现金，以及收回持有至到期投资本金而收到的现金。不包括持有至到期投资收回的利息，以及收回的非现金资产。

（2）“取得投资收益所收到的现金”项目，反映企业因各种投资而分得的现金股利、利润、利息等。

（3）“处置固定资产、无形资产和其他长期资产所收到的现金净额”项目，反映企业处置固定资产、无形资产和其他长期资产所取得的现金，扣除为处置这些资产而支付的有关费用后的净额。由于自然灾害所造成的固定资产等长期资产损失而收到的保险赔偿收入，也在本项目反映。

（4）“收到的其他与投资活动有关的现金”项目，反映企业除了上述各项以外，收到的其他与投资活动有关的现金流入。其他现金流入如价值较大的，应单列项目反映。

#### 2. 投资活动产生的现金流出

投资活动产生的现金流出可分为以下项目：

（1）“购建固定资产、无形资产和其他长期资产所支付的现金”项目，反映企业购买、建造固定资产，取得无形资产和其他长期资产所支付的现金，不包括为购建固定资产而发生的借款利息资本化的部分，以及融资租入固定资产支付的租赁费。支付的借款利息和融资租入固定资产支付的租赁费，应在筹资活动产生的现金流量部分单独反映。本项目可根据“固定资产”、“在建工程”、“无形资产”、“现金”、“银行存款”等账户的记录分析填列。

（2）“投资所支付的现金”项目，反映企业对外进行权益性投资和债权性投资所支付的现金，包括企业取得的除现金等价物以外的交易性金融资产、长期股权投资、持有至到期投资所支付的现金，以及支付的佣金、手续费等附加费用。本项目可根据“长期股权投资”、“持有至到期投资”、“交易性金融资产”、“库存现金”、“银行存款”等账户的记录分析填列。

企业购买股票和债券时，实际支付的价款中包含的已宣告但尚未领取的现金股利或已到付息期但尚未领取的债券利息，应在投资活动产生的现金流量部分的“支付的其他与投资活动有关的现金”项目反映；收回购买股票和债券时支付的已宣告但尚未领取的现金股利或已到付息期但尚未领取的债券的利息，在投资活动产生的现金流量部分的“收到的其他与投资活动有关的现金”项目反映。

（3）“支付的其他与投资活动有关的现金”项目，反映企业除了上述各项以外，支付的其他与投资活动有关的现金流出。其他现金流出如价值较大的，应单列项目反映。本项目可根据有关账户的记录分析填列。

### （三）筹资活动产生的现金流量的编制方法

现金流量表需要单独反映筹资活动产生的现金流量。筹资活动产生的现金流量应首先区分现金流入与现金流出，在此基础上再细分为若干项目。

#### 1. 筹资活动产生的现金流入

筹资活动产生的现金流入可分为以下项目：

（1）“吸收投资所收到的现金”项目，反映企业收到的投资者投入的现金，包括企业以发行股票、债券等方式筹集资金时实际收到的款项净额（发行收入减去支付的佣金等发行费用后的净额）。以发行股票、债券等方式筹集资金而由企业直接支付的审计、咨询等费用，在“支付的其他与筹资活动有关的现金”项目反映，不从本项目内扣除。本项目可根据“实收资本”（或“股本”）、“库存现金”、“银行存款”等账户的记录分析填列。

（2）“借款所收到的现金”项目，反映企业举借各种短期、长期借款所收到的现金。本项目可根据“短期借款”、“长期借款”、“库存现金”、“银行存款”等账户的记录分析填列。

（3）“收到的其他与筹资活动有关的现金”项目，反映企业除上述各项目外，所形成的其他与筹资活动有关的现金流入，如接受现金捐赠等。其他现金流入如价值较大的，应单列项目反映。本项目可根据有关账户的记录分析填列。

#### 2. 筹资活动产生的现金流出

筹资活动产生的现金流出可分为以下项目：

（1）“偿还债务所支付的现金”项目，反映企业以现金偿还债务的本金，包括偿还金融企业的借款本金、偿还债券本金等所导致的现金流出。企业偿还的借款利息、债券利息，在“分配股利、利润或偿付利息所支付的现金”项目反映，不包括在本项目内。本项目可根据“短期借款”、“长期借款”、“应付债券”、“库存现金”、“银行存款”等账户的记录分析填列。

（2）“分配股利、利润和偿付利息所支付的现金”项目，反映企业实际支付的现金股利、利润，以及支付的借款利息和债券利息等。本项目可根据“应付股利”、“财务费用”、“长期借款”、“应付债券”、“库存现金”、“银行存款”等账户的记录分析填列。

（3）“支付的其他与筹资活动有关的现金”项目，反映企业除了上述各项外，所形成的其他与筹资活动有关的现金流出，如捐赠现金支出等。其他现金流出如价值较大的，应单列项目反映。本项目可根据有关账户的记录分析填列。

### （四）“汇率变动对现金及现金等价物的影响”项目

“汇率变动对现金及现金等价物的影响”项目反映以下两项金额之间的差额：

（1）企业外币现金流量以及境外子公司的现金流量按采用的现金流量发生日的即期汇率或按照系统合理的方法确定的与现金流量发生日的即期汇率近似的汇率折算的记账本位币金额。

（2）“现金及现金等价物净增加额”中外币现金净增加额按期末汇率折算的金额。在会计实务中本项目一般是根据下列方法填列的：将现金流量表附注中“现金及现金等价物净增加额”项目金额与现金流量表中“经营活动产生的现金流量净额”、“投资活动产生的现金流量净额”、“筹资活动产生的现金流量净额”三项之和的差额计算出“汇率变动对现金及现金等价物的影响”。

### （五）现金流量表的平衡关系

（1）现金流量表中用直接法填列的“经营活动产生的现金流量净额”等于附注中用间接法调整得出的“经营活动产生的现金流量净额”。

（2）现金流量表中“经营活动产生的现金流量净额”、“投资活动产生的现金流量净额”、“筹资活动产生的现金流量净额”及“汇率变动对现金及现金等价物的影响”之和等于现金流量表附注中通过“库存现金”、“银行存款”、“其他货币资金”账户的期末期初余额的差额与现金等价物的差额得出的“现金及现金等价物净增加额”。

# 第六节　财务报表附注

## 一、财务报表附注及其作用

附注是对在资产负债表、利润表、现金流量表和所有者权益变动表等报表中列示项目的文字描述或明细资料，以及对未能在这些报表中列示项目的说明等。

附注应当披露财务报表的编制基础，相关信息应当与资产负债表、利润表、现金流量表和所有者权益变动表等报表中列示的项目相互参照。

在财务报告中用适当的方式通过附注来说明企业所采用的会计方法及其变更，有助于提高财务报表的可比性，增进报表内信息的可理解性，突出财务报表信息的重要性。

企业财务报表的使用者为数颇多，他们的知识结构迥异，其信息需求及侧重点各不相同，仅仅依靠几张财务报表不能满足所有报表使用者的需要。对表中数据进行解释，将一个抽象的数据分解成若干具体项目，并说明产生各项目的会计方法，有助于他们理解财务报表中的信息。

另外，财务报表中所含有的数量信息比较全面，内容繁多，报表使用者可能抓不住重点，对其中的重要信息了解可能不够全面详细。通过附注将财务报表中的重要数据进一步予以分解、说明，有助于报表用户了解哪些是重要的信息，应当引起注意，并在决策中有所考虑。

## 二、财务报表附注的基本内容

企业应当按照规定披露附注信息。《企业会计准则第 30 号——财务报表列报》应用指南中规定，主要包括内容如图 13-2 所示。

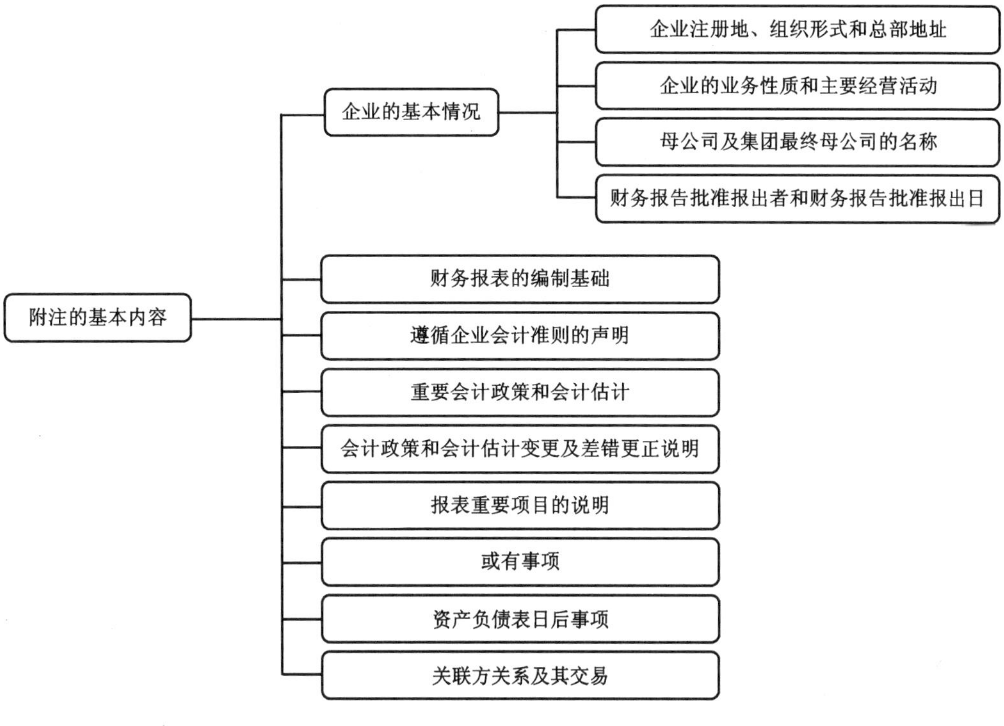


图 13-2　附注的基本内容

# 第七节　公司的信息披露

公司的信息披露是证券市场信息公开制度的核心内容，也是现代公司财务理论、公司治理理论讨论的核心问题之一。信息披露作为市场“公开”原则的行为基础，已成为现代资本市场发展的基本信念和动力源泉。

公司的信息披露，是指上市公司以公开、公平、公正为指导原则，按照有关法规要求将影响股东、债权人或潜在投资者等对公司目前和将来在做出理性判断的上市公司报表编制信息，以及影响其决策行为的公司经济信息公布于众。

## 一、公司信息披露的原则

财务报告要满足用户的需要，信息披露必然要遵循一定的规则，符合特殊的标准。这些规则、标准可统称为原则，主要包括公开性原则、有效性原则、及时性原则、充分性原则。

（1）公开性。只有信息公开，才能保证证券市场的每一个参与者在平等条件下获得同样的信息，才能保证市场在公平交易中正常运行。

（2）有效性。有效性是指在信息披露制度的制约下，当事人所公开的会计信息能够正确反映客观事实真相（如历史的会计信息）或事物的发展趋势（如预测的会计信息），并且经受得起他人按照会计准则的检验。证券市场的有效性归根结底取决于市场参与者获得信息的有效性。有效性不仅保证了公开信息的质量，而且也杜绝了信息披露中的虚假、误导，以及掩饰陈述等不良现象，体现了证券市场公正性的一面。

（3）及时性。由于投资者尤其是广大股东与公司内部管理人员在获得公司会计信息的时间上存在差异,为克服这种可能由于时间影响产生的弊端，信息披露制度要求当事者对于既成事实的会计信息，以及对证券市场可能产生重大影响的会计信息，应当在其产生以后的适当时机，毫不迟延地依法披露。

（4）充分性。充分披露在整个信息披露制度中是一条不可缺少的规则。只有充分披露，投资者才能在获得足够信息的前提下，做出良好的、理性的判断。

## 二、公司信息披露的内容

按照《公开发行股票公司信息披露实施细则》的规定，股份有限公司公开发行股票，将其股票在证券交易所交易，必须公开披露相关信息。具体内容如图 13-3 所示。

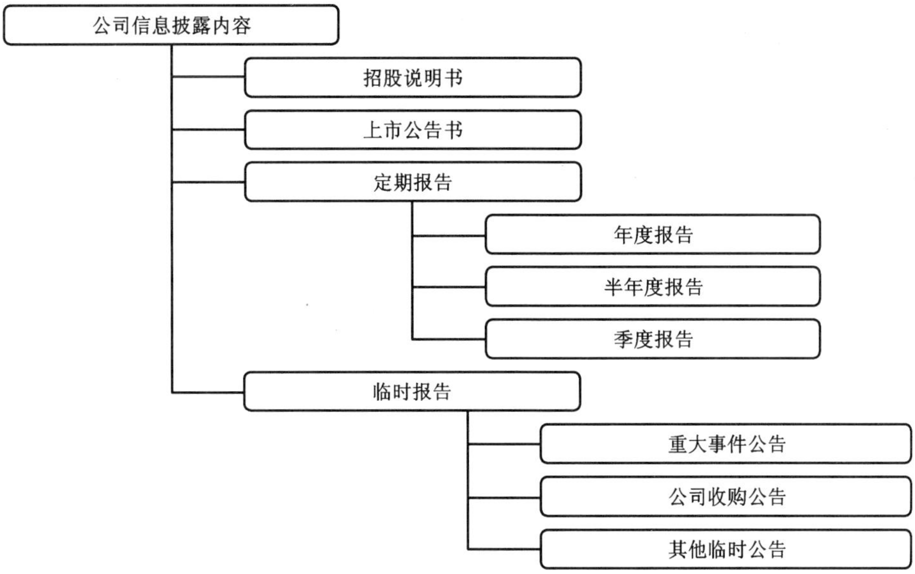


图 13-3　公司信息披露的内容

（1）招股说明书是上市公司在其股票进入一级市场（证券发行的场所）之前，按照有关法规披露信息的书面文件。为保护认股人的权益，防止发起人或公司欺诈，发起人或公司在申请公开发行股票时，必须编制招股说明书。在招股说明书中，发行人应将一切对投资者进行投资判断有重大影响的信息予以充分披露，以利于投资者更好地做出投资决定。

招股说明书的主要内容包括：发行人的基本情况、本次发行概况、风险因素、财务会计信息、募集资金的运用、股利分配政策、公司发展规划、其他重要事项等。

（2）上市公告书是上市公司申请其股票在证券交易所挂牌交易进入二级市场（已发行证券进行转让、买卖和流通的市场）前，按照有关法规披露信息的书面文件。当上市公司获准在证券交易所交易时，上市公司应编制上市公告书，向社会公开披露有关信息。

（3）按照《公开发行股票公司信息披露实施细则》的规定，上市公司应当在每个会计年度中不少于两次向公众提供公司的定期报告，定期报告包括年度报告、半年度报告和季度报告。

（4）公司股票上市后，可能会发生对股价产生较大影响的而投资者尚未得知的重大事件或公司收购事件，上市公司应当及时将有关重大事件或公司收购事件的情况以临时报告的形式向国务院证券监督管理机构和证券交易所报告，同时在证券监督管理机构指定的报纸或刊物上予以披露。只有及时披露，才能满足信息披露的及时性要求。临时报告披露的内容包括重大事件（如公司的经营政策或经营项目发生重大变化等）披露、公司收购公告和其他临时公告（包括利润分配公告、公司合并或分立公告，以及公司破产、解散和清算公告等）。

## 三、年度报告信息披露的其他内容

公司年度报告信息披露的其他内容如图 13-4 所示。

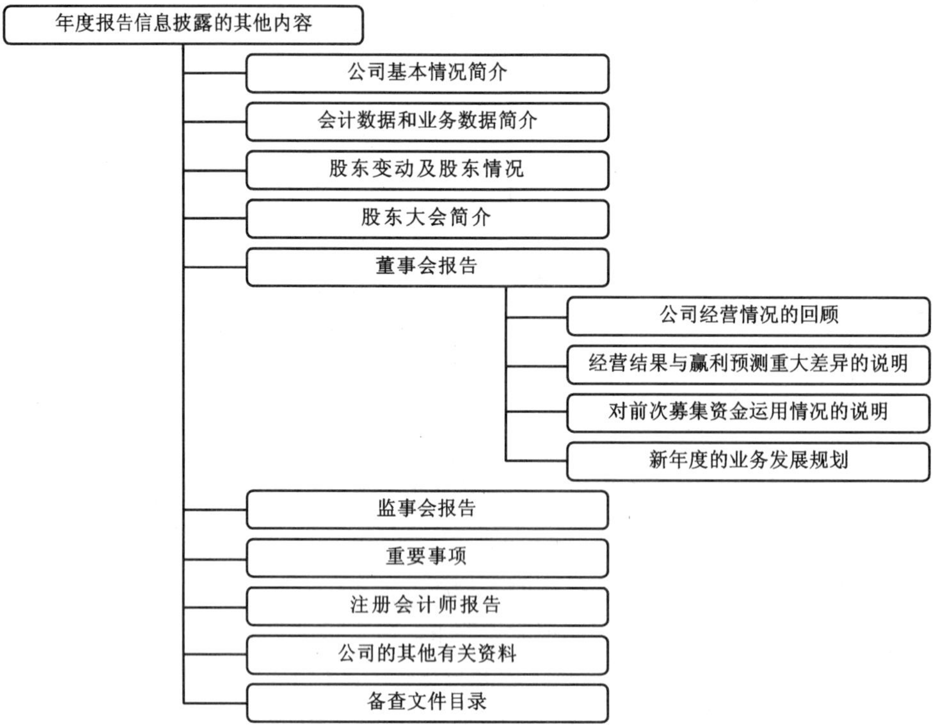


图 13-4　年度报告信息披露的其他内容

股东变动情况包括：股东变动情况表；报告期末为止前 3 年的历次股票发行情况；报告期内因送股、转增资本、配股、增发新股、吸收、合并、可转换公司债券转股、减资、内部职工股或公司职工股上市或其他原因引起的公司股份总数及结构的变动；现在的内部职工股的发行日期、发行价格、发行数量等。

股东情况包括：报告期末股东总数、持有本公司 5%以上（含 5%）股份的股东情况；若持股 5%以上（含 5%）的股东少于 10 人，则应列出至少前 10 名股东的持股情况；对持股 10%（含 10%）以上的法人股东应介绍股东单位的法定代表人、经营范围；报告期内控股股东的变更情况等。

报告期内召开的年度股东大会和临时股东大会的有关情况包括：股东大会的通知、召集、召开情况；股东大会通过或否决的决议，决议刊登的信息披露及披露日期；选举、更换公司董事、监事情况。

备查文件目录包括：载有法定代表人、主管会计工作负责人（如设置总会计师，须为总会计师）、会计机构负责人（会计主管人员）签名并盖章的财务报表；载有会计师事务所盖章、注册会计师签名并盖章的审计报告原件；报告期内在中国证监会指定报纸上公开披露的所有公司文件的正文及公告的原稿；在其他证券市场公布的年度报告。

# 第八节　国际财务报告

## 一、国际财务报告的类型和内容

国际财务报告是指为满足两个以上国家信息使用者的需求而编制的公司财务报告。国际财务报告的提供者主要是跨国公司，需求者主要是目前的和潜在的投资者、债权人、政府部门、税务局及国际财务报告分析专家等。国际财务报告是与国际融资、国际投资的发展和扩大紧密相连的。跨国公司在不同国家进行直接投资、在国外证券交易所上市、从国际金融市场筹集资金等各项活动，需要在项目申报书、募资说明书等文件中向国外有关各方提供本公司的财务报告，以完成投资、筹资、融资和国际经营活动的各项任务；同时，为保持其证券的正常流通和满足投资者和贷款者的信息需求，跨国公司还要向有关各方提供年度财务报告。

国际财务报告的类型主要有两种：一是跨国公司编制的合并财务报告；二是为特定需求者提供的专门财务报告。跨国公司可以通过编制合并财务报告满足不同国家的使用者对这种合并信息的需求，这种财务报告往往采用某一个国家的会计原则或准则编报，要求报告的使用者要了解编报财务报告所遵循的国家的会计原则或准则。当按某国会计原则或准则编报的财务报告不能满足特定需求者的需求时，就需要有关的公司提供专门的财务报告，如提供采用报告使用者所在国的会计原则或准则调整后的财务报告。

## 二、国际财务报告编报中面临的主要问题

### （一）合并信息与分部报告

国际财务报告的编制者往往是大型企业集团，尤其是跨国公司，它们必须提供合并财务报告。合并报表中所面临的问题直接影响着国际财务报告的编制。例如，合并范围问题，如果一个公司只合并国内的子公司，显然不能满足国际财务信息使用者的需要；再如，合并方法的选择，各国选择不同的合并方法直接影响着合并报表所披露信息的可比性。

合并报表是从总体上反映一个集团的财务状况和经营成果总括情况的，因此，它不能揭示集团内部各成员之间的差异，合并信息有助于人们概览企业集团或跨国公司的全貌，但是却不能使人了解集团的地域分布和行业发展等细节。这一不足需要通过分部报告加以弥补。按行业和地域提供的企业集团或跨国公司的分部财务信息，可以使合并报表得到补充和完善，使国际财务报告趋于合理。

### （二）执行何种会计准则

当跨国公司母公司和各子公司分别在不同的国家从事生产经营活动，这时便面临着选用母公司所在国会计准则还是子公司所在国会计准则进行会计处理和提供财务报告的问题，整个跨国公司可能涉及多个国家的会计准则和报告要求，这决定了跨国公司要对不同会计准则进行调整，或者按不同的报告规则编制多套财务报告。

### （三）报告语言与报告货币

语言的选择和货币的选择是国际财务报告编制中明显区别于国内财务报告的一个方面。国际财务报告的使用者分属不同的国家、使用着不同的语言、熟悉不同的货币，为满足使用者的需要，就要考虑使用何种语言和货币编制财务报告。

### （四）披露的深度

财务报告披露内容的多少与深浅受两个方面的因素制约：一是考虑决策有用性的目标；二是考虑使用者的接受水平。为了能够使使用者做出正确的决策，必须向他们提供全面、准确、详细的各种会计信息，这将使公司财务报告内容增多、披露趋向于复杂；而考虑使用者的接受水平，要使广大的使用者能理解，必须提高财务信息的透明性和可比性，这将使公司财务报告内容减少，披露趋于简化。

### （五）使用者的理解

哪些使用者群体有权得到信息和得到什么信息，影响着公司财务报告的内容和公司信息披露的范围。而对各种使用者群体信息的具体接受者的分析，决定着公司信息披露的深度。

### （六）审计

国际财务报告的审计涉及两个方面的问题：一是合并报表的审计问题，即由一个国际会计公司对跨国公司进行审计，还是由多个会计师事务所对其进行审计，在后一种情况下存在着各事务所之间如何进行协调的问题；二是各国审计准则存在差异，国际财务报告的审计中应执行何种审计准则，各国审计准则应如何进行协调。

## 三、国际财务报告的传统调整方法

从发展过程来看，国际财务报告的传统调整方法一般有以下几种。

（1）表下注释。一些国家允许外国公司运用其本国的会计准则编制财务报告，但同时必须在报表附注部分提供适合国外使用者需要的补充信息。

（2）翻译和折算。向国外使用者提供翻译为某种语言和折算为某种货币的财务报告。

（3）重新表述。重新表述比以上方法更为彻底，它是指跨国公司按照报告使用者所在国的会计准则对报表的主要项目重新进行表述。因此财务报告的国外使用者就能看到与他所熟悉的会计惯例相符合的收益额和其他财务数据。重新表述一般只局限于一些重要的指标，如收益额、普通股每股收益额等。

（4）提供两套财务报表。在正常财务报告的基础上再提供一套适合特定需求者需要的财务报告，或者向使用者提供按某国会计准则或国际会计准则重新编制的财务报告。

## 本章小结

● 财务会计报告是指企业对外提供的反映企业某一特定日期的财务状况和某一会计期间的经营成果、现金流量等会计信息的文件。

● 财务会计报告包括财务报表及其附注和其他应当在财务会计报告中披露的相关信息和资料。

● 财务报表是综合反映一定时期财务状况和经营成果的文件，是财务会计报告的主要组成部分，是企业向外传递会计信息的主要途径。

● 财务报表包括资产负债表、利润表、现金流量表及所有者权益变动表等。

● 资产负债表是反映企业在某一特定日期的财务状况的财务报表。

● 利润表是反映企业在一定会计期间的经营成果的财务报表。利润表的结构在我国为多步式，根据损益类账户的记录分析填列利润表。

● 现金流量表是反映企业在一定会计期间的现金和现金等价物流入和流出的财务报表。

● 所有者权益（或股东权益）变动表是反映企业一定时期所有者权益（或股东权益）增减变动情况的报表。通过该表，可以了解企业某一会计年度所有者权益（或股东权益）的各项目——实收资本（或股本）、资本公积、盈余公积和未分配利润等的增加、减少及余额的情况，分析其变动原因及预测未来的变动趋势。

● 财务报表附注是财务报告不可分割的组成部分。提供财务报表附注可以提高报表内信息的可比性、可理解性，突出更为重要的信息。

● 信息披露应当充分，以向信息使用者提供所有重要的信息。上市公司的信息披露内容主要有招股说明书、上市公告、年度报告、中期报告、临时报告等。其中，年度报告是非常重要的信息披露方式，而财务报告又是年度报告中最主要的部分。

## 引导案例分析

本案例中资产负债表上列示的资产价值2亿元，为资产的账面价值，而按照发行在外的股份及当时股价计算的4亿元是公司股票的市场价值，也就是股东权益的市场价值，二者是不同的。一方面对象不同，一个是资产，一个是股东权益；另一方面计价方式不同，一个是账面价值，一个是市场价值。另外，资产和股东权益的关系是资产等于负债和股东权益之和。

## 复习思考题

1. 什么是财务报告？其组成内容是什么？目标是什么？
2. 什么是资产负债表？其作用如何？
3. 什么是利润表？其作用如何？
4. 什么是所有者权益变动表？包括哪些组成内容？
5. 什么是现金流量表？其作用如何？
6. 什么是现金和现金等价物？
7. 现金流量分为哪几类？经营活动产生的现金流量如何列报？
8. 信息披露的原则是什么？
9. 信息披露主要包括哪些内容？
10. 为什么在主要财务报表之外，还需要提供报表附注？
11. 为什么在年度报告中要披露会计数据和业务数据摘要？

## 练习题

### 习题一

ABC 公司 2013 年 12 月 31 日的有关账户余额如表 13-10 所示。

表 13-10　ABC 公司账户余额表

| 账　户 | 借方余额 | 账　户 | 贷方余额 |
|---|---|---|---|
| 库存现金 | 15 000 | 短期借款 | 35 000 |
| 银行存款 | 101 000 | 应付票据 | 260 000 |
| 其他货币资金 | 60 000 | 应付职工薪酬 | 98 040 |
| 交易性金融资产 | 100 000 | 应付利息 | 90 000 |
| 应收票据 | 60 000 | 应付账款 | 190 000 |
| 应收账款 | 110 000 | 其他应付款 | 100 00 |
| 预付账款 | 25 000 | 应付股利 | 170 000 |
| 其他应收款 | 19 000 | 应交税费 | 485 000 |
| 原材料 | 250 000 | 长期借款 | 1 035 000 |
| 包装物及低值易耗品 | 31 000 | 坏账准备 | 5 500 |
| 库存商品 | 467 000 | 累计折旧 | 200 400 |
| 委托代销商品 | 170 000 | 累计摊销 | 20 000 |
| 长期股权投资 | 910 000 | 实收资本 | 770 000 |
| 固定资产 | 1 002 000 | 资本公积 | 120 000 |
| 在建工程 | 200 000 | 盈余公积 | 45 000 |
| 无形资产 | 85 000 | 利润分配 | |
| 长期待摊费用 | 15 000 | ——未分配利润 | 86 060 |
| 借方余额合计 | 3 620 000 | 贷方余额合计 | 3 620 000 |

其中，长期借款均为 1 年以后才到期。

要求：根据以上资料编制 ABC 公司 2013 年 12 月 31 日的资产负债表。

### 习题二

ABC 公司 2013 年 7 月份发生如下经济业务：

（1）销售 A 产品 750 件，单价 90 元，增值税率 17%，款项尚未收回。

（2）销售 B 产品 1 000 件，单价 160 元，增值税率 17%，款项已存入银行。

（3）收到 A 产品货款，存入银行。

（4）结转已销 A、B 产品的实际生产成本，A 产品单位成本 60 元，B 产品单位成本 120 元。

（5）用银行存款支付广告费 4 000 元。

（6）用现金支付管理人员工资 9 000 元。

（7）预提应由本月负担的银行借款利息 1 200 元。

（8）向希望工程捐款 1 800 元。

（9）收到某购货单位由于未及时履行供销合同而支付给本单位的违约金 300 元，存入银行。

（10）结转本期主营业务收入和营业外收入。

（11）结转本期主营业务成本、销售费用、管理费用、财务费用和营业外支出。

（12）按利润总额的 25%计算企业所得税。

（13）按净利润的 10%提取法定盈余公积金。

（14）按税后净利润额的 30%计算应付投资者股利。

要求：

（1）根据上述经济业务编制会计分录。

（2）根据上述资料编制利润表。

# 第十四章

# 财务报表分析

**学习目标**

通过本章的学习，应当理解财务报表分析的意义，掌握财务报表分析的基本方法，着重掌握偿债能力、获利能力分析的主要分析指标的原理及其运用，并了解现金流量表的分析方法。

**引导案例**

李刚欲购买一家公司股票并准备长期持有。他从懂会计知识的朋友那里了解到，有关股利方面的指标有股利支付率，便想找一家股利支付率高的公司进行投资，以便获取较高的回报。

**问题讨论**：他这种想法有道理吗？会计应该把这笔费用记到公司账上吗？会计主体有何意义？

## 第一节　财务报表分析的意义和方法

### 一、财务报表分析的意义

财务报表分析是以企业编制的财务报表及相关资料为依据，对其财务状况和经营成果进行评价，为企业未来的决策、规划和控制提供相应的信息。财务报表分析对报表使用者具有重要意义。

（1）有助于报表使用者评价企业的财务状况和经营业绩。

（2）有助于报表使用者合理地进行投资决策。

（3）有助于报表使用者评价和预测企业未来的现金流量。

财务报表分析时的相关资料包括财务报表、报表注释及财务情况说明书，注册会计师的审计报告，其他有关资料如证券监管部门、行业协会等提供的资料。

## 二、财务报表分析的方法

财务报表常见的分析方法如图 14-1 所示。

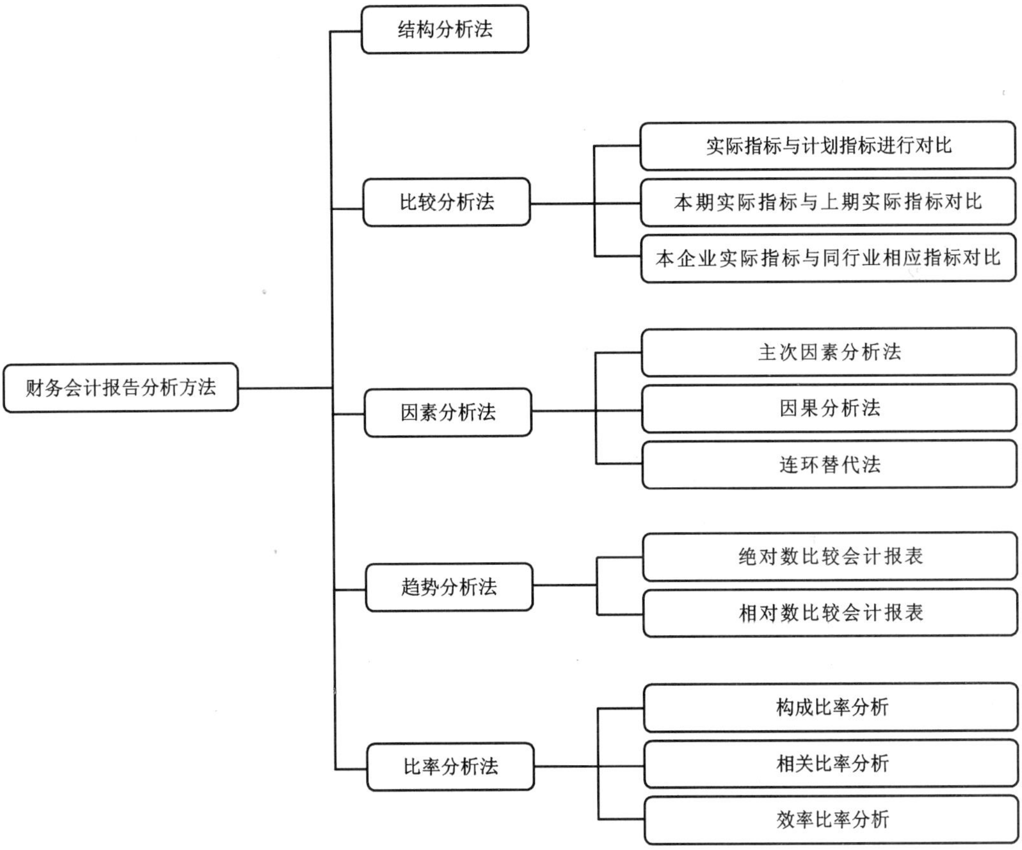


图 14-1　财务报表分析方法

（1）结构分析法主要是以企业的资产负债表、利润表、现金流量表等资料为依据，对企业财务状况构成的合理性、利润的构成和现金流量的来源及流向等进行总体的测算与分析，以便从财务的角度发现企业面临的潜在风险。

（2）比较分析法是一贯性和可比性的集中体现。它通常是利用同一企业的不同时期，或同一时期的不同企业的有关相同性质或类别的指标，进行横向和纵向的对比分析，进而确定差异，分析原因。

（3）因素分析法是用来揭示经济指标变化的原因、测定各个因素对经济指标变动影响程度的分析方法。

（4）趋势分析是根据一个企业连续数期的会计报表资料的各个项目进行比较，以求出金额和百分比增减变动的方向和幅度，从而揭示当期财务状况和经营状况增减变化的性质及趋向。趋势分析法通常采用图示方法，即做成统计图表，但财务人员通常采用的方法是编制比较会计报表。

（5）比率分析是会计报表内两个或两个以上项目之间关系的分析，它用相对数来表示，因而又称为财务比率。该比率指标可以揭示企业的财务状况及经营成果等情况。财务比率的种类较多，概括起来主要有反映偿债能力的比率、反映营运能力的比率和反映获利能力的比率。

构成比率分析又称结构比率分析，它以某项经济指标的各个组成部分占总体的比重为依据，分析部分与总体的关系，了解项目结构上的变化。

相关比率分析以某经济指标与其他经济指标进行对比，求出两者的比率，反映有关经济活动的相互关系。例如，利润与销售收入的比率反映企业每销售1元所创造的利润。

效率比率分析是通过计算某一项经济活动的所费与所得的比率，反映投入与产出的关系，考察企业的经营成果，评价企业的经济效益。例如，销售成本与销售利润的比率、资金占用额与销售收入的比率等，可以反映企业获利能力的大小。

采用比率分析法应注意：比率指标中对比指标要有相关性；对比指标的计算口径要一致；衡量标准要有科学性。

## 第二节 偿债能力分析

### 一、短期偿债能力分析

#### （一）流动比率

流动比率是一个被广泛用于表示流动资产与流动负债之间关系的比率。其计算公式为：

$$流动比率=\frac{流动资产}{流动负债}$$

**例14-1** ABC公司2013年年末的流动资产为141 896万元，流动负债为167 792万元，则：

$$流动比率=\frac{141\ 896}{167\ 792}=0.85$$

一般认为，企业的流动比率等于或稍大于2比较合适，但一个企业究竟保持多大的流动比率为好，应视企业的具体情况而定。在运用流动比率指标进行分析评价时，必须注意以下几点：

（1）债权人大多认为流动比率越高越好，但从管理的观点来看，这个指标应有一个上限，流动比率太高，有可能表明企业资金的运用效率不高。

（2）企业在编制财务报表提供给银行或其他债权人之前，可能故意美化流动比率。例如，在会计期末偿还流动负债或推迟购货等。

（3）会计期末的流动比率不一定能代表全年的流动状况。因为有些公司的会计年度结算日处于营业活动的淡季，所以年底的流动比率有可能比年度中其他时间的结果要好。

### （二）速动比率

由于存货、预付货款的流动性较差，因此可以不考虑这些项目，而用速动比率指标来补充说明流动比率。速动比率是速动资产与流动负债的比值，其中速动资产是具有高度变现性的流动资产，包括货币资金、交易性金融资产及应收款项等。

速动比率有时又被叫作酸性测试比率，其计算公式为：

$$速动比率=\frac{速动资产}{流动负债}$$

$$=\frac{流动资产-存货-预付货款}{流动负债}$$

**例 14-2**　承【例 14-1】，ABC 公司 2013 年年末的存货为 88 936 万元，其速动资产为 52 960 万元（预付货款年末余额为 0），则：

$$速动比率=\frac{141\ 896-88\ 936}{167\ 792}=0.32$$

根据速动比率分析企业的短期偿债能力时，应注意速动资产中应收账款的比例及应收账款的账龄和可收回性。在速动比率相同的条件下，应收账款所占的比例越低，账龄越短，说明速动资产的质量越好，变现能力越强。分析时可借助应收账款周转率来了解应收账款质量，以便对速动比率做出正确评价。

应当说明的是，国际上通常认为，速动比率在 1 以上表明企业具有良好的财务状况及较强的短期偿债能力，但在不同行业和企业也有所区别。例如，零售商店通常只有现金销售，应收账款很少，所以这类企业的速动比率一般明显低于 1，但仍有很强的短期偿债能力。

### （三）现金比率

现金比率是衡量企业短期偿债能力的一项参考指标，其计算公式为：

$$现金比率=\frac{现金}{流动负债}$$

**例 14-3**　承【例 14-1】，ABC 公司 2013 年年末货币资金为 14 747 万元，短期投资年末余额为 0，则：

$$现金比率=\frac{14\ 747}{167\ 792}=0.09$$

现金比率越高，说明企业的短期偿债能力越强，反之则较弱。但在一般情况下，企业的流动负债不是马上就需要全部偿还的，因此，要求企业随时保持足够的现金和现金等价物以备偿还流动负债既不现实也没有必要，如果真是这样，反而说明企业的货币资金和短期投资过多，说明企业在资金管理方面存在问题。因此在实际工作中，分析人员并不重视这个指标，只有当企业的应收账款和存货都存在严重问题或企业陷入财务困境时，才利用现金比率分析企业的短期偿债能力。从这个意义上讲，现金比率表明了企业在最坏情况下偿付流动负债的能力。

## 二、长期偿债能力分析

### （一）资产负债率

资产负债率，也叫负债比率、举债经营比率，是指负债总额与全部资产总额之比，用来衡量企业利用债权人提供资金进行经营活动的能力，反映债权人发放贷款的安全程度。

其计算公式为：

$$资产负债率=\frac{负债总额}{资产总额}$$

**例 14-4** ABC 公司 2013 年年末资产总额为 520 572 万元，负债总额为 275 566 万元，则：

$$资产负债率=\frac{275\ 566}{520\ 572}=0.53$$

资产负债率是衡量债权人权益安全性的尺度，它将总负债表达为总资产的一定比例，即总负债除以总资产。

资产负债率是衡量债权人长期信用风险的尺度。借款金额占总资产的比率越小，企业不能偿还到期债务的风险也越小。从债权人的观点来看，资产负债率越低，他们的资金就越安全。大多数财务结构合理的公司一般将资产负债率维持在 0.5 以下。不过，需要重申的是，财务分析人员应结合行业特点做出具体分析，如银行业的资产负债率一般较高，常常超过 0.9。

### （二）负债与有形净资产比率

负债与有形净资产比率是负债总额与有形净资产的比值，表示企业有形净资产对债权人权益的保障程度。有形净资产是股东权益扣除无形资产和长期待摊费用后的余额。其计算公式为：

$$负债与有形净资产比率=\frac{负债总额}{有形净资产}$$

$$有形净资产=所有者权益-无形资产-长期待摊费用$$

该比率的分母剔除了资产总额中那些价值存在着极大不确定性的资产，与资产负债率相比，它更能合理地衡量企业在清算时对债权人权益的保障程度。该比率越低，表明企业的长期偿债能力越强。

**例 14-5**　ABC 公司 2013 年年末负债总额为 275 566 万元，所有者权益总额为 215 623 万元，无形资产为 5 924 万元，长期待摊费用为 3 657 万元，则：

$$负债与有形净资产比率=\frac{275\,566}{215\,623-5\,924-3\,657}=1.34$$

这一结果表明该企业的长期偿债能力较弱。

### （三）产权比率

产权比率也称负债对所有者权益的比率，这一比率是衡量企业长期偿债能力的指标之一。其计算公式如下：

$$产权比率=\frac{负债总额}{所有者权益总额}$$

**例 14-6**　ABC 公司 2013 年年末负债总额为 275 566 万元，所有者权益总额为 215 623 万元，则：

$$产权比率=\frac{275\,566}{215\,623}=1.28$$

产权比率是用来表明由债权人提供的和由投资者提供的资金来源的相对关系，反映企业基本财务结构的稳定性。一般来说，所有者提供的资本大于借入资本为好，但也不能一概而论。该指标同时表明了债权人投入的资本受到所有者权益保障的程度，或者说企业清算时对债权人利益的保障程度。

### （四）利息保障倍数

利息保障倍数也称为已获利息倍数，是企业生产经营所获得的息税前利润与利息费用的比率，它是衡量企业偿付负债利息能力的指标。其中，息税前利润是指扣除利息和税务支出之前的利润。其计算公式为：

$$利息保障倍数=\frac{息税前利润}{利息费用}$$

息税前利润可以用总利润加利息费用求得，用来说明是否有足够的利润支付到期的利息。利息保障倍数一般会大于1，通常认为这个指标越大越好。但计算时可能存在利息费用数据不好获取的问题。我国会计实务中将利息费用计入财务费用时并不单独记录，所以作为外部使用者通常得不到准确的利息费用的数据。实践中分析人员通常用财务费用代替利息费用进行计算，这样就会存在误差。

一般来说，此指标只要大于1，企业即可举债，但是企业偿还利息的能力在短时间内主要取决于企业的现金支付能力，与利息保障倍数无关。实际上，如果利息保障倍数小于1，则表明企业的财务成果不足以回报债权人，从长期来看，最终会损害股东的利益。因此，利息保障倍数的真正作用在于从股东的角度评价企业当前的借债政策是否有利。

例 14-7　ABC公司2013年年末的净利润为39 558万元，利息费用为5 266万元，所得税为18 903万元，则：

$$\text{利息保障倍数}=\frac{39\,558+5\,266+18\,903}{18\,903}=12.10$$

结果表明，该公司所获利润支付利息的能力较强。

## 第三节　营运能力分析

营运能力主要指企业资产营运的效率和效益，反映企业的资产管理水平和资金周转情况。营运能力分析的主要内容包括流动资产营运能力分析、固定资产营运能力分析和总资产营运能力分析。

### 一、应收账款周转情况分析

应收账款周转情况分析主要通过应收账款周转率和应收账款周转天数来说明。

#### （一）应收账款周转率

应收账款周转率又称应收账款周转次数，指年度内应收账款转为现金的平均次数，它说明应收账款的变现速度和管理效率。其计算公式为：

$$\text{应收账款周转率}=\frac{\text{赊销净收入}}{\text{平均应收账款余额}}$$

$$\text{赊销净收入}=\text{营业收入}-\text{现销收入}-（\text{销售退回}+\text{销售折让}+\text{销售折扣}）$$

$$\text{平均应收账款余额}=\frac{\text{期初应收账款余额}+\text{期末应收账款余额}}{2}$$

在实际操作中，计算平均应收账款余额时，通常还应考虑应收票据平均余额。

例 14-8　ABC 公司 2013 年的营业收入为 799 115 万元，期初应收账款为 17 568 万元，期末应收账款为 21 675 万元，则：

$$应收账款周转率=\frac{799\,115}{\frac{17\,568+21\,675}{2}}=40.73$$

应收账款周转率可以用来估计应收账款的收款速度，账款回收迅速既可以节约资金，也说明企业信用状况良好，不易发生坏账损失。一般认为应收账款周转率越高越好。

### （二）应收账款周转天数

应收账款周转天数是指应收账款周转一次所需要的天数，其计算公式为：

$$应收账款周转天数=\frac{360}{应收账款周转率}$$

如果应收账款周转天数长于企业通常的放款期或信用期，则表明企业信用管理欠佳，收账不力，以致资金沉淀于应收账款中；反之，应收账款周转天数越短，表明企业销货之后能迅速收回现金，可加速资金周转。通常如果应收账款周转天数低于同行业太多，可能是该企业的信用政策偏紧，从而影响销售。

## 二、存货周转情况分析

存货是指企业在生产经营中为销售或耗用而储备的资产，它属于流动资产中变现能力最弱、风险最大的资产，但存货又是流动资产中收益率最高的资产。

存货周转情况分析主要通过存货周转率和存货周转天数来说明：

### （一）存货周转率

存货周转率也叫存货周转次数，是企业在一定时期内存货占用资金可周转的次数。存货周转率可用来测定企业存货的变现速度，衡量企业的销货能力及存货是否储备过量。它是对企业供、产、销各环节管理状况的综合反映。其计算公式为：

$$存货周转率=\frac{营业成本}{存货平均余额}$$

$$存货平均余额=\frac{期初存货余额+期末存货余额}{2}$$

通常情况下，存货周转率越高，表示企业存货管理效率越高，存货从资金投入到销售收回的时间越短，在销售净利率相同的情况下，获取的利润就越多；反之，存货周转率过低，表示企业的存货管理效率欠佳，产销配合不好，存货积压过多。

例 14-9　ABC 公司 2013 年年末的营业成本为 668 249 万元，期初存货余额为 63 918 万元，期末存货余额为 88 936 万元，则：

$$存货周转率=\frac{668\,249}{\frac{63\,918+88\,936}{2}}=8.74$$

表明 ABC 公司 2013 年度存货平均周转 8.74 次。

### （二）存货周转天数

存货周转天数是企业的存货自入库登账之日起到发运出售之日止的平均天数，即存货周转一次所需要的天数，其计算公式为：

$$存货周转天数=\frac{360}{存货周转率}$$

存货周转率和存货周转天数分析的目的是找出公司存货管理中存在的问题，从而提高存货管理的水平，使存货管理在保证公司生产经营连续性的同时，尽可能少地占用公司的经营资金，提高公司资金的使用效率，促进公司管理水平的提高。

## 三、固定资产周转情况分析

### （一）固定资产周转率

固定资产周转率是指企业在一定期间内营业收入净额与固定资产平均净值的比率，其计算公式为：

$$固定资产周转率=\frac{营业收入净额}{固定资产平均净值}$$

$$固定资产平均净值=\frac{期初固定资产净值+期末固定资产净值}{2}$$

例 14-10　ABC 公司 2013 年度的营业收入为 799 115 万元，期初固定资产净值为 316 542 万元，期末固定资产净值为 349 248 万元，则该公司 2013 年度的固定资产周转率为：

$$固定资产周转率=\frac{799\,115}{\frac{316\,542+349\,248}{2}}=2.40$$

固定资产周转率高，不仅表明企业固定资产利用充分，同时也表明固定资产投资得当，固定资产结构合理，能够充分发挥其效率；反之，固定资产周转率低，表明固定资产的使用效率不高，企业营运能力欠佳。同样，这个比率也是要根据企业的行业特点来进行分析率与总资产周转率构成的综合指标，即：

$$总资产报酬率=\frac{利润总额+利息支出}{销售净额}\times\frac{销售净额}{平均资产总额}$$

$$=销售利润率\times总资产周转率$$

可见，影响总资产报酬率的因素有两个：一是总资产周转率，该指标反映了企业资产的运营能力，是资产经营效果的直接体现；二是销售利润率，该指标反映了企业生产经营的赢利能力，产品的赢利能力越强，销售利润率就越高。因此，资产的经营能力受商品的赢利能力和资产的运营效率两方面的影响。

### （二）所有者权益报酬率

所有者权益报酬率也称净资产报酬（收益）率或股东权益报酬率，它是净利润和净资产平均余额的比率。其计算公式为：

$$所有者权益报酬率=\frac{净利润}{所有者权益平均余额}\times100\%$$

$$所有者权益平均余额=\frac{期初所有者权益余额+期末所有者权益余额}{2}$$

**例 14-17** ABC 公司 2013 年度的净利润为 39 558 万元，期初所有者权益为 186 350 万元，期末所有者权益为 215 623 万元，则：

$$所有者权益报酬率=\frac{39\,558}{\frac{186\,350+215\,623}{2}}\times100\%=19.70\%$$

所有者权益报酬率是从所有者角度分析企业赢利水平的高低，该指标反映所有者权益的收益水平。所有者权益报酬率越高，说明应由企业所有者享受的净利润就越高，投资赢利水平也越高，企业的获利能力越强。

### （三）资本收益率

资本收益率是企业一定期间的税后利润与实收资本的比率。其计算公式为：

$$资本收益率=\frac{净利润}{实收资本}\times100\%$$

**例 14-18** ABC 公司 2013 年度的净利润为 39 558 万元，实收资本为 86 702 万元，则：

$$资本收益率=\frac{39\,558}{86\,702}\times100\%=45.63\%$$

资本收益率指标用于衡量企业运用所有者投入资本获取收益的能力，该比率越高，说明企业所有者投入资本的获利能力越强。

## 四、股本收益情况分析

由于股份制公司自身的特点，其获利能力除了可通过一般企业获利能力指标进行分析外，还可进行一些特殊指标的分析，特别是与一些公司股票价格或市场价值相关的指标分析，主要有以下几种。

### （一）普通股每股收益

普通股每股收益是根据普通股的收益除以发行在外的普通股股数计算的，它反映了每股发行在外的普通股所能分摊到的净收益额。该指标是股东衡量企业获利能力的重要指标，每股利润水平高低和分红方案的好坏，直接影响证券市场股票价格和投资者在二级市场的收益，是股东和潜在投资者进行股票投资的重要参考依据。其计算公式为：

$$\text{普通股每股收益}=\frac{\text{净利润}-\text{优先股股利}}{\text{发行在外的普通股股数}}$$

普通股每股收益是影响股票价格行情的一个重要财务指标，在其他因素不变的情况下，普通股每股收益越大，说明企业的获利能力越强。

### （二）市盈率

市盈率是普通股每股市价与每股收益的比率。其计算公式为：

$$\text{市盈率}=\frac{\text{普通股每股市价}}{\text{普通股每股收益}}$$

财务分析者用市盈率来表达公司股票市值与每股收益之间的关系。在公司经营亏损的情况下，市盈率无法计算。

理论上来说，市盈率应表达为×:1，但是实务上一般省略了":1"，就用前一个数字表述市盈率。许多报纸的财经版都刊载上市公司公布的每天的市盈率。市盈率反映了投资者对公司未来经营情况的预期。预期越好，市盈率就越高。一般来讲，公司合理的股份定位为每股收益的12～15倍，如果投资者预测公司的每股收益增速较快，那么，投资者可能付出的股价将是每股收益的20～30倍甚至更高。过低的市盈率反映了投资者对公司每股收益水平下降的预期，这样股票的价值会被低估。同样，过高的市盈率预示着投资者认为公司的每股收益水平将上涨，同时也意味着股票价值被高估。

值得一提的是，如果每股收益下降到相当低的水平，股票价格并不随着每股收益水平的降低而跌到相当低的水平，也就是说，尽管公司投资者对公司赢利前景并不看好，但每股收益相当低的公司也有可能市盈率较高，这种现象在我国的ST股票中比较常见。

### （三）普通股每股股利

普通股每股股利是指每一普通股取得的现金股利额，是评价投资于普通股每股所得报酬的指标。其计算公式为：

$$普通股每股股利=\frac{支付给普通股的现金股利}{发行在外的普通股股数}$$

### （四）股利分派率

股利分派率是指普通股每股现金股利与普通股每股收益额的比率。其计算公式为：

$$股利分派率=\frac{普通股每股现金股利}{普通股每股收益}$$

股利分派率反映了企业的股利方针。该指标高，说明企业把普通股收益较多的部分分配给了股民，企业留得少；该指标低，说明企业将收益中的大部分留在企业用于发展，少部分分红。有的股民对获取定期的现金股利感兴趣，有的股民（包括企业经营者）则希望把收益多留一部分在企业，用于扩大生产规模，增加净收益，最终因提高股票价值而受益。可见，股利分派率是企业内外众多人关心的指标，直接关系到企业发展的后劲及股票对股民的吸引力，所以董事会在确定该比率的高低时，一定要权衡多方利益，慎重行事。

## 本章小结

● 本章着重介绍了财务分析的基本原理和方法，具体包括财务分析的意义、财务报表分析的基本方法，偿债能力分析、营运能力分析、获利能力分析和现金流量分析中所运用的主要指标和分析方法。

● 财务报表分析是对财务报表所提供的历史数据进行进一步加工、分析、比较、评价和解释，以便更好地满足会计信息使用者的需要。

● 财务报表分析的具体方法包括结构分析法、比较分析法、因素分析法、趋势比例法和比率分析法。要有效运用这些方法，必须清醒地认识到各种方法的优缺点，特别是局限性。

● 偿债能力分析的目的是评价企业偿还债务的能力，可以分为短期偿债能力分析和长期偿债能力分析。短期偿债能力分析主要关注流动比率、速动比率和现金比率等指标；长期偿债能力分析主要关注资产负债率、负债与有形净资产比率、产权比率、利息保障倍数等指标。

● 营运能力分析主要是分析企业资产运营的效率和效益，通过对反映资产运营效率与效益的指标进行计算分析评价企业的营运能力，为企业提高经济效益指明方向。

● 赢利能力分析主要是评价企业为投资者获取报酬的能力。它主要关注总资产报酬率、净资产报酬率（所有者权益报酬率）、每股收益等指标。

● 通过本章的学习，我们可以凭借企业的各种财务比率，在一定程度上分析企业的财务状况、经营成果及现金流量等问题。

## 引导案例分析

股利支付率只能说明公司的股利政策和支付能力，其高低并不能反映企业的赢利能力和未来的发展趋势。以被投资企业股利支付率高低作为购买股票的标准显然是不妥的。

## 复习思考题

1. 财务报表分析有何意义？
2. 试说明财务报表分析的具体方法。
3. 反映偿债能力的财务指标有哪些？请加以评述。
4. 反映营运能力的财务指标有哪些？请加以评述。
5. 反映赢利能力的财务指标有哪些？请加以评述。
6. 企业的偿债能力与赢利能力有何联系？

## 练习题

资料：ABC公司向银行申请贷款100 000元，以供业务周转之用。公司提供的财务资料如表14-1、表14-2所示。

表14-1 资 产 负 债 表

编制单位：ABC公司　　2013年12月31日　　单位：元

| 资　　产 | 金　　额 | 负债及所有者权益 | 金　　额 |
|---|---|---|---|
| 流动资产 | | 流动负债 | |
| 现金 | 520 | 应付票据 | 10 000 |
| 银行存款 | 9 800 | 应付账款 | 50 000 |
| 应收账款 | 68 680 | 流动负债合计 | 60 000 |
| 存货 | 83 000 | 长期负债 | |
| 流动资产合计 | 162 000 | 应付债券 | 50 000 |
| 固定资产 | 64 300 | 减：应付债券折价 | 2 600 |
| | | 长期负债合计 | 47 400 |
| | | 股东权益 | |
| | | 股本 | 80 000 |
| | | 资本公积 | 6 000 |
| | | 盈余公积 | 27 100 |
| | | 未分配利润 | 5 800 |
| | | 股东权益合计 | 118 900 |
| 资产总计 | 226 300 | 权益总计 | 226 300 |

表 14-2　利 润 表

编制单位：ABC 公司　　2013 年度　　单位：元

| 项　目 | 金　额 |
|---|---|
| 销售净额 | 250 000 |
| 减：销售成本 | 150 000 |
| 销售毛利 | 100 000 |
| 减：销售费用 | 14 100 |
| 管理费用 | 42 900 |
| 财务费用 | 23 000 |
| 营业利润 | 20 000 |
| 加：营业外净收入 | 1 000 |
| 利润总额 | 21 000 |
| 减：所得税费用 | 3 000 |
| 净利润 | 18 000 |

要求：

（1）计算下列财务比率：流动比率、速动比率、应收账款周转率、存货周转率和销售利润率。

（2）根据计算结果，说明银行应否给予贷款？为什么？

# 附　录　A

# 《企业会计准则》

《企业会计准则——基本准则》
《企业会计准则第 1 号——存货》
《企业会计准则第 2 号——长期股权投资》
《企业会计准则第 3 号——投资性房地产》
《企业会计准则第 4 号——固定资产》
《企业会计准则第 5 号——生物资产》
《企业会计准则第 6 号——无形资产》
《企业会计准则第 7 号——非货币性资产交换》
《企业会计准则第 8 号——资产减值》
《企业会计准则第 9 号——职工薪酬》
《企业会计准则第 10 号——企业年金基金》
《企业会计准则第 11 号——股份支付》
《企业会计准则第 12 号——债务重组》
《企业会计准则第 13 号——或有事项》
《企业会计准则第 14 号——收入》
《企业会计准则第 15 号——建造合同》
《企业会计准则第 16 号——政府补助》
《企业会计准则第 17 号——借款费用》
《企业会计准则第 18 号——所得税》
《企业会计准则第 19 号——外币折算》
《企业会计准则第 20 号——企业合并》
《企业会计准则第 21 号——租赁》
《企业会计准则第 22 号——金融工具确认和计量》
《企业会计准则第 23 号——金融资产转移》

《企业会计准则第 24 号——套期保值》
《企业会计准则第 25 号——原保险合同》
《企业会计准则第 26 号——再保险合同》
《企业会计准则第 27 号——石油天然气开采》
《企业会计准则第 28 号——会计政策、会计估计变更和差错更正》
《企业会计准则第 29 号——资产负债表日后事项》
《企业会计准则第 30 号——财务报表列报》
《企业会计准则第 31 号——现金流量表》
《企业会计准则第 32 号——中期财务报告》
《企业会计准则第 33 号——合并财务报表》
《企业会计准则第 34 号——每股收益》
《企业会计准则第 35 号——分部报告》
《企业会计准则第 36 号——关联方披露》
《企业会计准则第 37 号——金融工具列报》
《企业会计准则第 38 号——首次执行企业会计准则》

# 附 录 B

# 会计科目表

| 顺序号 | 编　号 | 会计科目名称 | 会计科目适用范围说明 |
|---|---|---|---|
| 一、资产类 | | | |
| 1 | 1001 | 现金 | |
| 2 | 1002 | 银行存款 | |
| 3 | 1003 | 存放中央银行款项 | 银行专用 |
| 4 | 1011 | 存放同业 | 银行专用 |
| 5 | 1015 | 其他货币资金 | |
| 6 | 1021 | 结算备付金 | 证券专用 |
| 7 | 1031 | 存出保证金 | 金融共用 |
| 8 | 1051 | 拆出资金 | 金融共用 |
| 9 | 1101 | 交易性金融资产 | |
| 10 | 1111 | 买入返售金融资产 | 金融共用 |
| 11 | 1121 | 应收票据 | |
| 12 | 1122 | 应收账款 | |
| 13 | 1123 | 预付账款 | |
| 14 | 1131 | 应收股利 | |
| 15 | 1132 | 应收利息 | |
| 16 | 1211 | 应收保户储金 | 保险专用 |
| 17 | 1221 | 应收代位追偿款 | 保险专用 |
| 18 | 1222 | 应收分保账款 | 保险专用 |
| 19 | 1223 | 应收分保未到期责任准备金 | 保险专用 |
| 20 | 1224 | 应收分保保险责任准备金 | 保险专用 |
| 21 | 1231 | 其他应收款 | |
| 22 | 1241 | 坏账准备 | |
| 23 | 1251 | 贴现资产 | 银行专用 |
| 24 | 1301 | 贷款 | 银行和保险共用 |
| 25 | 1302 | 贷款损失准备 | 银行和保险共用 |
| 26 | 1311 | 代理兑付证券 | 银行和证券共用 |
| 27 | 1321 | 代理业务资产 | |
| 28 | 1401 | 材料采购 | |
| 29 | 1402 | 在途物资 | |
| 30 | 1403 | 原材料 | |

续表

| 顺序号 | 编　号 | 会计科目名称 | 会计科目适用范围说明 |
|---|---|---|---|
| 31 | 1404 | 材料成本差异 | |
| 32 | 1406 | 库存商品 | |
| 33 | 1407 | 发出商品 | |
| 34 | 1410 | 商品进销差价 | |
| 35 | 1411 | 委托加工物资 | |
| 36 | 1412 | 包装物及低值易耗品 | |
| 37 | 1421 | 消耗性生物资产 | 农业专用 |
| 38 | 1431 | 周转材料 | 建造承包商专用 |
| 39 | 1441 | 贵金属 | 银行专用 |
| 40 | 1442 | 抵债资产 | 金融共用 |
| 41 | 1451 | 损余物资 | 保险专用 |
| 42 | 1461 | 存货跌价准备 | |
| 43 | 1501 | 待摊费用 | |
| 44 | 1511 | 独立账户资产 | 保险专用 |
| 45 | 1521 | 持有至到期投资 | |
| 46 | 1522 | 持有至到期投资减值准备 | |
| 47 | 1523 | 可供出售金融资产 | |
| 48 | 1524 | 长期股权投资 | |
| 49 | 1525 | 长期股权投资减值准备 | |
| 50 | 1526 | 投资性房地产 | |
| 51 | 1531 | 长期应收款 | |
| 52 | 1541 | 未实现融资收益 | |
| 53 | 1551 | 存出资本保证金 | 保险专用 |
| 54 | 1601 | 固定资产 | |
| 55 | 1602 | 累计折旧 | |
| 56 | 1603 | 固定资产减值准备 | |
| 57 | 1604 | 在建工程 | |
| 58 | 1605 | 工程物资 | |
| 59 | 1606 | 固定资产清理 | |
| 60 | 1611 | 融资租赁资产 | 租赁专用 |
| 61 | 1612 | 未担保余值 | 租赁专用 |
| 62 | 1621 | 生产性生物资产 | 农业专用 |
| 63 | 1622 | 生产性生物资产累计折旧 | 农业专用 |
| 64 | 1623 | 公益性生物资产 | 农业专用 |
| 65 | 1631 | 油气资产 | 石油天然气开采专用 |
| 66 | 1632 | 累计折耗 | 石油天然气开采专用 |
| 67 | 1701 | 无形资产 | |
| 68 | 1702 | 累计摊销 | |
| 69 | 1703 | 无形资产减值准备 | |
| 70 | 1711 | 商誉 | |
| 71 | 1801 | 长期待摊费用 | |
| 72 | 1811 | 递延所得税资产 | |
| 73 | 1901 | 待处理财产损溢 | |
| 二、负债类 | | | |
| 74 | 2001 | 短期借款 | |
| 75 | 2002 | 存入保证金 | 金融共用 |
| 76 | 2003 | 拆入资金 | 金融共用 |

续表

| 顺 序 号 | 编　　号 | 会计科目名称 | 会计科目适用范围说明 |
|---|---|---|---|
| 77 | 2004 | 向中央银行借款 | 银行专用 |
| 78 | 2011 | 同业存放 | 银行专用 |
| 79 | 2012 | 吸收存款 | 银行专用 |
| 80 | 2021 | 贴现负债 | 银行专用 |
| 81 | 2101 | 交易性金融负债 | |
| 82 | 2111 | 卖出回购金融资产款 | 金融共用 |
| 83 | 2201 | 应付票据 | |
| 84 | 2202 | 应付账款 | |
| 85 | 2205 | 预收账款 | |
| 86 | 2211 | 应付职工薪酬 | |
| 87 | 2221 | 应交税费 | |
| 88 | 2231 | 应付股利 | |
| 89 | 2232 | 应付利息 | |
| 90 | 2241 | 其他应付款 | |
| 91 | 2251 | 应付保户红利 | 保险专用 |
| 92 | 2261 | 应付分保账款 | 保险专用 |
| 93 | 2311 | 代理买卖证券款 | 证券专用 |
| 94 | 2312 | 代理承销证券款 | 证券和银行共用 |
| 95 | 2313 | 代理兑付证券款 | 证券和银行共用 |
| 96 | 2314 | 代理业务负债 | |
| 97 | 2401 | 预提费用 | |
| 98 | 2411 | 预计负债 | |
| 99 | 2501 | 递延收益 | |
| 100 | 2601 | 长期借款 | |
| 101 | 2602 | 长期债券 | |
| 102 | 2701 | 未到期责任准备金 | 保险专用 |
| 103 | 2702 | 保险责任准备金 | 保险专用 |
| 104 | 2711 | 保户储金 | 保险专用 |
| 105 | 2721 | 独立账户负债 | 保险专用 |
| 106 | 2801 | 长期应付款 | |
| 107 | 2802 | 未确认融资费用 | |
| 108 | 2811 | 专项应付款 | |
| 109 | 2901 | 递延所得税负债 | |
| 三、共同类 | | | |
| 110 | 3001 | 清算资金往来 | 银行专用 |
| 111 | 3002 | 外汇买卖 | 金融共用 |
| 112 | 3101 | 衍生工具 | |
| 113 | 3201 | 套期工具 | |
| 114 | 3202 | 被套期项目 | |
| 四、所有者权益类 | | | |
| 115 | 4001 | 实收资本 | |
| 116 | 4002 | 资本公积 | |
| 117 | 4101 | 盈余公积 | |
| 118 | 4102 | 一般风险准备 | 金融共用 |
| 119 | 4103 | 本年利润 | |
| 120 | 4104 | 利润分配 | |
| 121 | 4201 | 库存股 | |

续表

| 顺 序 号 | 编　　号 | 会计科目名称 | 会计科目适用范围说明 |
|---|---|---|---|
| 五、成本类 | | | |
| 122 | 5001 | 生产成本 | |
| 123 | 5101 | 制造费用 | |
| 124 | 5201 | 劳务成本 | |
| 125 | 5301 | 研发支出 | |
| 126 | 5401 | 工程施工 | 建造承包商专用 |
| 127 | 5402 | 工程结算 | 建造承包商专用 |
| 128 | 5403 | 机械作业 | 建造承包商专用 |
| 六、损益类 | | | |
| 129 | 6001 | 主营业务收入 | |
| 130 | 6011 | 利息收入 | 金融共用 |
| 131 | 6021 | 手续费收入 | 金融共用 |
| 132 | 6031 | 保费收入 | 保险专用 |
| 133 | 6032 | 分保费收入 | 保险专用 |
| 134 | 6041 | 租赁收入 | 租赁专用 |
| 135 | 6051 | 其他业务收入 | |
| 136 | 6061 | 汇兑损益 | 金融专用 |
| 137 | 6101 | 公允价值变动损益 | |
| 138 | 6111 | 投资收益 | |
| 139 | 6201 | 摊回保险责任准备金 | 保险专用 |
| 140 | 6202 | 摊回赔付支出 | 保险专用 |
| 141 | 6203 | 摊回分保费用 | 保险专用 |
| 142 | 6301 | 营业外收入 | |
| 143 | 6401 | 主营业务成本 | |
| 144 | 6402 | 其他业务支出 | |
| 145 | 6405 | 营业税金及附加 | |
| 146 | 6411 | 利息支出 | 金融共用 |
| 147 | 6421 | 手续费支出 | 金融共用 |
| 148 | 6501 | 提取未到期责任准备金 | 保险专用 |
| 149 | 6502 | 提取保险责任准备金 | 保险专用 |
| 150 | 6511 | 赔付支出 | 保险专用 |
| 151 | 6521 | 保户红利支出 | 保险专用 |
| 152 | 6531 | 退保金 | 保险专用 |
| 153 | 6541 | 分出保费 | 保险专用 |
| 154 | 6542 | 分保费用 | 保险专用 |
| 155 | 6601 | 销售费用 | |
| 156 | 6602 | 管理费用 | |
| 157 | 6603 | 财务费用 | |
| 158 | 6604 | 勘探费用 | |
| 159 | 6701 | 资产减值损失 | |
| 160 | 6711 | 营业外支出 | |
| 161 | 6801 | 所得税 | |
| 162 | 6901 | 以前年度损益调整 | |

# 附 录 C

# 增值税税率税目表

<table>
<tr><td>小规模纳税人</td><td colspan="2">包括原增值税纳税人和营改增纳税人<br>从事货物销售，提供增值税加工、修理修配劳务，以及营改增各项应税服务</td><td>征收率 3%</td></tr>
<tr><td rowspan="20"></td><td colspan="2">原增值税纳税人</td><td>税率</td></tr>
<tr><td colspan="2">销售或进口货物（另有列举的货物除外）；提供加工、修理修配劳务</td><td>17%</td></tr>
<tr><td colspan="2">粮食、食用植物油、鲜奶</td><td rowspan="6">13%</td></tr>
<tr><td colspan="2">自来水、暖气、冷气、热气、煤气、石油液化气、天然气、沼气，居民用煤炭制品</td></tr>
<tr><td colspan="2">图书、报纸、杂志</td></tr>
<tr><td colspan="2">饲料、化肥、农药、农机（整机）、农膜</td></tr>
<tr><td colspan="2">国务院规定的其他货物</td></tr>
<tr><td colspan="2">农产品（指各种动、植物初级产品）；音像制品；电子出版物；二甲醚</td></tr>
<tr><td colspan="2">出口货物</td><td>0%</td></tr>
<tr><td colspan="3">营改增试点增值税纳税人</td></tr>
<tr><td>交通运输业</td><td>陆路（含铁路）运输、水路运输、航空运输和管道运输服务</td><td>11%</td></tr>
<tr><td>邮政业</td><td>邮政普遍服务、邮政特殊服务、其他邮政服务</td><td>11%</td></tr>
<tr><td rowspan="8">现代服务业</td><td>研发和技术服务</td><td rowspan="6">6%</td></tr>
<tr><td>信息技术服务</td></tr>
<tr><td>文化创意服务</td></tr>
<tr><td>物流辅助服务</td></tr>
<tr><td>鉴证咨询服务</td></tr>
<tr><td>广播影视服务</td></tr>
<tr><td>有形动产租赁服务</td><td>17%</td></tr>
<tr><td>财政部和国家税务总局规定的应税服务</td><td>0%</td></tr>
<tr><td rowspan="3">纳税人</td><td colspan="2">境内单位和个人提供的往返香港、澳门、台湾的交通运输服务境内单位和个人在香港、澳门、台湾提供的交通运输服务</td><td>0%</td></tr>
<tr><td colspan="2">境内单位和个人提供的国际运输服务、向境外单位提供的研发服务和设计服务</td><td>0%</td></tr>
<tr><td colspan="2">境内单位和个人提供的规定的涉外应税服务</td><td>免税</td></tr>
</table>

# 参考文献


[1] 中华人民共和国财政部. 企业会计准则[M]. 北京：经济科学出版社，2006.

[2] 财政部会计司编写组. 企业会计准则讲解[M]. 北京：人民出版社，2007.

[3] 中国注册会计师协会. 注册会计师全国统一考试辅导教材：会计[M]. 北京：中国财政经济出版社，2013.

[4] 朱小平. 初级会计学[M]. 北京：中国人民大学出版社，2005.

[5] 葛家澍. 会计学[M]. 北京：高等教育出版社，2008.

[6] 刘永泽，陈立军. 中级财务会计[M]. 大连：东北财经大学出版社，2012.

[7] 陈国辉，迟旭升. 基础会计[M]. 大连：东北财经大学出版社，2012.

[8] 王义华，陈晓园. 会计学[M]. 北京：中国铁道出版社，2007.

[9] 魏素艳. 新编会计学[M]. 北京：清华大学出版社，2004.

[10] 陈国辉. 基础会计[M]. 北京：清华大学出版社，2007.

# 反侵权盗版声明